CONTROLE DE CONVENCIONALIDADE NA ADMINISTRAÇÃO PÚBLICA

CONTRACORRENTE

Pablo Á. Gutiérrez Colantuono

CONTROLE DE CONVENCIONALIDADE NA ADMINISTRAÇÃO PÚBLICA

Tradução de Igor Ravasco

SÃO PAULO

2024

CONTRACORRENTE

Alameda Itu, 852 | 1º andar |
CEP 01421 002
www.editoracontracorrente.com.br
contato@editoracontracorrente.com.br

EDITORES
Camila Almeida Janela Valim
Gustavo Marinho de Carvalho
Rafael Valim
Walfrido Warde
Silvio Almeida

EQUIPE EDITORIAL
COORDENAÇÃO DE PROJETO: Erick Facioli
REVISÃO: Douglas Magalhães
PREPARAÇÃO DE TEXTO E REVISÃO TÉCNICA: Amanda Dorth
DIAGRAMAÇÃO: Gisely Fernandes
CAPA: Maikon Nery

EQUIPE DE APOIO
Fabiana Celli
Carla Vasconcelos
Regina Gomes
Nathalia Oliveira

Dados Internacionais de Catalogação na Publicação (CIP)
(Câmara Brasileira do Livro, SP, Brasil)

Gutiérrez Colantuono, Pablo Á.
Controle de convencionalidade na Administração Pública / Pablo Á. Gutiérrez Colantuono. -- 1. ed. -- São Paulo : Editora Contracorrente, 2024. -- (Coleção teoria contemporânea do direito administrativo)

Bibliografia.
ISBN 978-65-5396-164-7

1. Administração pública 2. Direito administrativo - Brasil I. Título. II. Série.

23-184094 CDD-354.81

Índices para catálogo sistemático:

1. Brasil : Administração pública 354.81
Aline Graziele Benitez - Bibliotecária - CRB-1/3129

@editoracontracorrente
Editora Contracorrente
@ContraEditora
Editora Contracorrente

SUMÁRIO

APRESENTAÇÃO À EDIÇÃO BRASILEIRA

Aqui e agora estamos a escrever estas palavras introdutórias à edição brasileira de nosso novo livro. A alegria que nos invade é imensurável. Palavras não são suficientes para agradecer à nossa "casa" editorial Contracorrente e, em especial, ao seu editor, o Professor Rafael Valim.

A nossa viagem acadêmica pelo Brasil, que começou há muitos anos, moldou muitas das ideias deste livro. Juntamente com várias experiências em otros países da América Latina, permitiu-nos questionar sobre as novas dimensões das Administrações Públicas, à luz do grande impacto dos sistemas presidencialistas latino-americanos nos domínios social, econômico, produtivo, ambiental e, notadamente, no domínio dos direitos e garantias dos cidadãos.

A tomada de decisão nas estruturas administrativas em geral apresenta-se-nos frequentemente com uma distribuição estática das competências e com uma implantação vertical, de cima para baixo. A construção horizontal da tomada de decisão, somada a espaços institucionais intermitentes e flexíveis, são duas das várias ideias que propomos nestes novos tempos.

As perspectivas individuais, colectivas e humanas das pessoas permitem-nos tematizar a solidariedade como um princípio convencional consagrado no Pacto de São José da Costa Rica e que alimenta todas as cartas constitucionais dos países signatários daquele instrumento internacional regional. A realização dos nossos direitos explica-se, em parte, pelo fato de sermos membros de uma comunidade e da humanidade no seu conjunto. Os deveres humanos indicam assim o alcance dos direitos humanos.

A dimensão convencional do sistema internacional incorporado ao direito interno é transversal ao nosso trabalho. A influência dos tratados de direitos humanos na relação interna entre os cidadãos e as Administrações Públicas é um dos principais eixos que desenvolvemos. A tutela administrativa efetiva como causa de proteção de direitos, ao lado de outras garantias e direitos "criados" pela evolução da Corte Interamericana de Direitos Humanos, é uma caraterística da atividade materialmente administrativa. Seus fundamentos e projeções são amplamente tratados nesta obra.

O controle de convencionalidade tem sido frequentemente abordado pelos publicistas na perspetiva do juiz interno, mas não na perspetiva da aplicação desse controle pela própria Administração. Embora tenhamos em conta as tensões existentes na esfera judicial e tenhamos dado a nossa própria definição de controle interno de convencionalidade, o nosso olhar se voltou principalmente para as Administrações Públicas, dentro das quais, segundo afirmamos, o controle é exercido. Explicamos a simetria e a sinergia existentes entre o controle de constitucionalidade e o controle de convencionalidade.

Hoje, graças à generosidade da Editora Contracorrente, nosso livro, publicado originalmente pela editora Astrea, na Argentina, é oferecido em língua portuguesa, devidamente revisto e corrigido, com supressões e acréscimos típicos das evoluções que toda idéia gera no tempo.

Publicistas brasileiros do porte dos Professores Celso Antônio Bandeira de Mello, Pedro Serrano, Romeu Felipe Bacellar Filho, Silvio Luís Ferreira da Rocha e Rafael Valim, juntamente com vários autores latino-americanos, sem dúvida influenciaram as ideias que aqui desenvolvemos. A eles o meu agradecimento e reconhecimento de sempre.

Neuquén. Patagônia Argentina. América Latina.

PREFÁCIO

A Sociedade Internacional constitui-se pelo conjunto de países que resolveram se unir ou associar-se de modo voluntário. Ela foi erguida a partir da premissa de que todos os Estados são iguais entre si, de forma que uma das fontes normativas da sociedade internacional são os tratados internacionais.

O tratado designa uma realidade convencional, um acordo de vontades. É designado de múltiplos modos: acordo, ajuste, convenção, compromisso, arranjo, ata, ato, carta, código, constituição, declaração.

O tratado, uma vez assinado e em vigor, torna-se autêntico e o Estado signatário já não poderia contrariar as suas finalidades. Diz o artigo 26 da Convenção de Viena: "todo tratado em vigor obriga as partes e deve ser cumprido por elas de boa-fé".

Recordo que a Convenção de Viena sobre o Direito dos Tratados (1969) estabelece, em seu art. 27, que "um Estado não pode invocar disposições de seu Direito interno para justificar o inadimplemento de um tratado".

Independentemente de internalizados na ordem jurídica nacional, os tratados, uma vez subscritos, devem ser obedecidos pelo Estado. Os procedimentos internos de aprovação constituem simples fatos do ponto de vista interno e irrelevantes do ponto de vista internacional.

Haveria, assim, uma dupla incidência normativa: a advinda do Direito interno e a advinda do Direito Internacional, com prevalência ordinária do Direito Internacional, exceto em matéria de direitos humanos, em que se deve dar prevalência à fonte que proporciona a norma mais favorável em termos de proteção da pessoa. Por isso, os tratados mais importantes são os de direitos humanos, pois eles objetivam proteger os direitos da pessoa humana, independentemente de qualquer condição.

Hoje, temos diversos sistemas regionais de proteção dos direitos humanos: o europeu, o americano e o africano. Eles são coexistentes e complementares uns dos outros.

A Conferência Interamericana Especializada sobre Direitos Humanos em San José da Costa Rica adotou o texto da Convenção Americana de Direitos Humanos em 22 de novembro de 1969, denominada de *Pacto de San José da Costa Rica*. Ela entrou em vigor internacionalmente em 18 de julho de 1978, após a ratificação do Peru. No Brasil, a ratificação ocorreu em setembro de 1992, e o Decreto de promulgação em novembro do mesmo ano.

Inúmeros tratados internacionais subscritos pelo Brasil produzem efeitos imediatos na ordem jurídica interna e, por isso, devem ser observados pelos poderes constituídos, inclusive a Administração Pública.

O contraste entre a adequação e compatibilidade de um ato com um tratado pode ser feito pelo Poder Judiciário naquilo que se denomina de "juízo de convencionalidade", isto é, um contraste entre o direito que emerge do tratado subscrito pelo país e os atos praticados pelos poderes constituídos para invalidá-los se estiverem em desconformidade com o tratado.[1]

---

1 FIGUEIREDO, Marcelo. *O Direito Transnacional e algumas de suas dimensões*. São Paulo: D'Plácido, 2019, p. 99.

Haveria, então, no Direito brasileiro, o *controle de convencionalidade* como um novo tipo de controle da produção normativa interna, cujo fundamento seria a observância de regras jurídicas benéficas oriundas dos tratados internacionais de direitos humanos ratificados e em vigor no Estado, sem que isso exclua o controle internacional de convencionalidade exercido pela Corte Interamericana de Direitos Humanos quando o Poder Judiciário nacional não protege os direitos humanos internacionalmente protegidos.

Marcelo Figueiredo defende que

> todas as ações cabíveis no controle abstrato de constitucionalidade perante o Supremo Tribunal Federal servem também ao controle de convencionalidade. Teríamos assim tantas modalidades de ações de inconvencionalidade quanto hoje existem as ações de inconstitucionalidade, de modo que se estabelecem dois tipos de controle de convencionalidade: o abstrato e o concreto.[2]

Para nós, o Direito Administrativo moderno evoluiu com o Estado Social e Democrático de Direito para se beneficiar, também, do ponto de vista teórico, dos frutos produzidos por movimentos como o neoconstitucionalismo, o pós-positivismo, a radicalidade dos direitos humanos e fundamentais. Nesse contexto, atualmente *três seriam as características do Direito Administrativo moderno*: a Juridicidade; a Centralidade dos Direitos Fundamentais e a Justicialidade.

A ***Juridicidade*** indica estar a Administração Pública não sujeita apenas à legalidade, mas, também, às normas constitucionais, aos princípios e aos valores que integram o ordenamento jurídico. A atuação da Administração Pública deve conformar-se à Constituição,

2 FIGUEIREDO, Marcelo. O *Controle de Constitucionalidade e de Convencionalidade no Brasil*. São Paulo: Malheiros Editores, 2016, p. 95.

às Leis e ao Direito. Moralidade, impessoalidade, igualdade, eficiência e economicidade são valores que regulam o agir da Administração Pública além da legalidade.

A *Centralidade* dos Direitos Fundamentais conecta-se com a ideia de Juridicidade. Toda a dogmática do Direito Administrativo deve ser reelaborada à luz a *Teoria dos Direitos Fundamentais.* Dessa forma, os institutos do Direito Administrativo, por estarem relacionados, em última análise, a uma forma de exercício de poder, podem ser compreendidos à luz de categorias da teoria dos Direitos Fundamentais, como a) formas de organização, implantação e garantias dos direitos fundamentais; b) formas de restrições aos direitos fundamentais.

A *Justiciabilidade* indica que a Administração Pública, suas políticas e atos estão sujeitos a exame, contraste e julgamento pelo Poder Judiciário, quase não remanescendo matérias imunes ao controle judicial.

Juridicidade, Centralidade dos Direitos Fundamentais e Justiciabilidade configuram *os novos axiomas* sobre os quais construímos o regime jurídico administrativo encarregado de disciplinar as relações entre o Estado-Administração e a sociedade civil representada pelas pessoas naturais e jurídicas.

Todos esses temas – *proteção dos direitos humanos, vinculação da Administração Pública aos direitos humanos, juízo de convencionalidade* – são abordados, com perspicácia, inteligência e maestria nesta obra, de autoria do jurista argentino Pablo Gutiérrez Colantuono, que procura analisar o impacto do controle da convencionalidade no âmbito da Administração Pública.

O autor, Pablo Gutiérrez Colantuono, defende, nesse aspecto, um papel absolutamente relevante da Administração Pública na remoção dos obstáculos e na realização de atos gerais e individuais que deem efetividade às obrigações assumidas pelo Estado por ocasião da celebração dos pactos internacionais de proteção dos direitos humanos.

Nesse ponto, ele está um passo à frente daqueles que defendem o controle de convencionalidade, pois, além desse controle, cuja importância ninguém menospreza, o que o autor esclarece, ao longo de sua obra, é que a Administração Pública, no âmbito de atuação de suas próprias competências, deveria emitir declarações com efeitos jurídicos que refletissem um nível adequado de compatibilidade com os compromissos internacionais assumidos.

O autor chega a exigir uma transformação do Direito Administrativo, com mudanças de abordagens ou reconceituação de suas atividades e conteúdo a partir das construções dogmáticas dos sistemas de proteção dos direitos humanos que implicariam: a) a supressão de leis, regulamentos e práticas administrativas que infrinjam o Sistema Interamericano de Direitos Humanos; b) a emissão de regras e a adoção de práticas que tornem efetivos os direitos e garantias decorrentes do Sistema Interamericano de Direitos Humanos e c) a atividade interpretativa de acordo com a juridicidade que expressa o controle da convencionalidade.

Além disso, o autor defende o papel preventivo das Administrações Públicas, reconhecendo a elas, numa dimensão de garantia, o exercício do *autocontrole da convencionalidade*, como se fosse, diríamos nós, uma espécie de *autotutela* da ordem jurídica internacional protetora dos direitos humanos.

Esse extenso e profundo trabalho sobre a relação entre a convencionalidade e a Administração Pública foi o resultado da tese de doutorado do autor defendida na Espanha, com sucesso.

No Brasil, normalmente, pelo menos, o doutorado é concedido a candidatos que, apenas depois de concedido o título, consolidam sua carreira científica. Com Pablo Gutiérrez Colantuono, ocorreu o contrário, pois, embora jovem, ele, quando obteve o título de Doutor, já tinha consolidado sua trajetória intelectual com êxito, em especial no importante tema da proteção dos direitos humanos na ordem jurídica internacional. Assim, antes mesmo de doutorar-se, ele já era identificado como um profundo conhecedor do Sistema Interamericano de Proteção dos Direitos Humanos.

Resta-nos, além de recomendar a leitura da obra pelos predicados intelectuais e morais do autor, cumprimentar o Conselho Editorial e o corpo diretivo da Editora Contracorrente, Rafael Valim, Camila Valim e Gustavo Marinho, pela feliz iniciativa de traduzi-la e publicá-la no Brasil.

SILVIO LUÍS FERREIRA DA ROCHA

Mestre e Doutor em Direito Civil. Doutor e Livre-Docente em Direito Administrativo. Professor Associado da PUC-SP.

INTRODUÇÃO

1 Conceitos gerais

A constitucionalização da ordem convencional e a convencionalidade da ordem constitucional, juntamente com a globalização dos sistemas jurídicos como um processo mais integral, sem dúvida geram tensões no interior dos Estados.

Entre outros aspectos, Gordillo nos ensina:

> Quando, em 1962, defini o Direito Administrativo excluindo sua qualificação como Direito interno, como era então habitual na doutrina, como se pode ver no Livro I do volume 5, o fiz com base em fenômenos que já estavam no horizonte. Ao longo do tempo, os aspectos internacionais cresceram e multiplicaram-se a cargo de organismos, tribunais judiciais ou arbitrais externos.[3]

---

3 GORDILLO, Agustín. "La corrupción como delito de lesa humanidad". *Revista Jurídica de SanLuis*, nº 1, 2017. Disponível em: https://ar.ijeditores.com/articulos.php?Hash=f041d9712800ddbf989f16732f8a394f&hash_t=08f7a9d8d94e32fe3694afa782b4e465. Acessado em: 27.11.2023.

Por outro lado, Pérez Hualde explicou:

> O Direito Constitucional destes tempos mostra-nos um Estado comprometido com políticas ativas para tornar os direitos fundamentais verdadeiramente exequíveis, e essas políticas devem ser elaboradas de forma particularmente consensual. "Políticas públicas efetivas exigem discussão e consenso (...) o direito a um tratamento humano não implica apenas que o Estado deve respeitá-la (obrigação negativa), mas também exige que o Estado tome todas as medidas adequadas para assegurá-la (obrigação positiva), no cumprimento de seu dever geral estabelecido no art. 1.1 da Convenção Americana". Nada mais é do que a linha já traçada por Bidart Campos, para quem o Direito Internacional dos direitos humanos tem precedência até mesmo sobre o Direito de integração e o Direito Comunitário, uma vez que, como tem sido enfatizado, desde a Declaração Universal das Nações Unidas (1948), tornou-se um "denominador axiológico comum" sobre as ideias de dignidade, liberdade e igualdade humanas.[4]

Cabe lembrar que, para Ferrajoli, a internacionalização dos direitos fundamentais e a constitucionalização dos direitos sociais são as duas conquistas mais importantes do constitucionalismo do século XX.[5]

A abertura interna às diversas ordens externas implica a existência de um intenso tráfego de construções a partir dos novos polos de produção, aplicação, interpretação e interpelação normativa. Como explicaremos, a própria instância internacional assume – ou deveria ao menos ser assumida – impactada por essa abertura, e não

---

4 PÉREZ HUALDE, Alejandro. "La necesaria determinación de la desigualdad para el tratamiento equitativo de los derechos fundamentales". *Anuario Iberoamericano de Derecho Administrativo Social*, nº 2, 2019.

5 FERRAJOLI, Luigi. *Derechos y garantías*: la ley del más débil. Trad. Perfecto Andrés Ibáñez e Andrea Greppi. Madrid: Trotta, 2004, pp. 57-59.

apenas a interna. Estamos falando de permeabilidades recíprocas e horizontais, e não unilaterais e verticais. É por essa razão que exploraremos a espontaneidade e a completude como fundamentos da prevenção derivados da construção da garantia centrada nas Administrações Públicas.

Nada, aliás, permanece o mesmo uma vez aceita a adesão a um modelo caracterizado por uma ordem interno-internacional. Disso, às vezes, parece que não foi tomada consciência suficiente. A constitucionalização dos diversos tratados de direitos humanos traz consigo uma profunda mudança cultural interna, tanto dos poderes do Estado quanto dos próprios cidadãos.

Surge o desafio de imaginar dispositivos que possam viabilizar permeabilidades recíprocas em vez de barreiras ou zonas de tensão, sob pena de enfraquecimento da nova dimensão constitucional e convencional.

Neste trabalho, trataremos das consequências da irrupção na ordem interna, pelo menos no plano constitucional, dos tratados de direitos humanos,[6] especificamente do Sistema Interamericano de Direitos Humanos (doravante, SIDH), por possuir um tribunal com competências consultivas e jurisdicionais, e suas projeções no campo do Direito Administrativo na relação entre cidadãos e Administrações Públicas. É a partir dessa parcela do fenômeno da interconexão de sistemas[7] que surge a prevenção no SIDH no campo

---

6 A respeito, explicava Gordillo: "Não podemos fazer livre interpretação nacional dos tratados internacionais. (...) O caráter internacional dos direitos humanos é hoje incontestável, mas é apenas mais um dado de uma realidade jurídica universal bastante maior" (GORDILLO, Agustín. "Hacia la unidad del orden jurídico mundial". *In*: ______. *Tratado de derecho administrativo*. Buenos Aires: Fundación de Derecho Administrativo, 2009, pp. XXII-6 e XXII-7).

7 É um clássico citar, no fenômeno da interconexão dos sistemas, a obra BAQUER, Lorenzo Martín-Retortillo. *La interconexión de los ordenamientos jurídicos y el sistema de fuentes del derecho*. Madrid: Civitas, 2004.

das Administrações Públicas. Trata-se de uma expressão do dever genérico de garantia, que produz várias projeções no próprio âmbito daqueles que estão no elo com a cidadania.

Essa abordagem nos levará a rever o chamado controle de convencionalidade em duas dimensões: a) uma, mais comumente temática, que consiste na articulação entre juízes internos e o sistema internacional regional do SIDH, mas aqui a novidade será a abordagem que ofereceremos; e b) uma segunda, menos estudada, que é o controle interno das próprias Administrações Públicas desse controle de convencionalidade. Esta última dimensão é a que ilumina uma nova atividade das Administrações Públicas, o papel preventivo com projeções diversas.

A primeira dimensão é motivada pelo fato de que são evidentes as consequenciais, às vezes tensas, da a existência de um tribunal internacional regional sobre direitos humanos em relação aos tribunais internos dos Estados. Focaliza os níveis de compatibilidade interna internacional, os efeitos das sentenças deste tribunal regional, os níveis exigidos de execução de sentenças na ordem interna, a natureza do controle interno de convencionalidade, entre outras questões.

O tema pode ser analisado em diferentes níveis: desde os aspectos processuais utilizados para incorporar os tratados de direitos humanos ao sistema interno, passando pelas perspectivas de suas hierarquias, até finalmente analisar as consequências da aplicação do subsistema de direitos humanos uma vez constitucionalizado.

Além disso, sabe-se que um tribunal, a nível regional "fora dos Estados-membros", gera normas e regras que terão de ser aplicadas pelas diferentes autoridades internas através da aplicação adequada do controle de convencionalidade nas respectivas áreas.

A introdução do chamado controle interno de convencionalidade permite analisar a compatibilidade interna com as normas e critérios da Corte Interamericana de Direitos Humanos (doravante, Corte IDH) e as áreas de aplicação pelas autoridades internas. Esse controle interno da convencionalidade merecerá nossa atenção especial e sobre ele formularemos nossa própria definição e fundamentos. Trataremos dessas questões no primeiro capítulo.

A segunda dimensão expressa a reorientação geral das competências públicas a partir dos compromissos internacionais. Os poderes do Estado são moldados a partir de obrigações assumidas internacionalmente. Isso gera, no mínimo, a necessidade de ressignificar o conteúdo e a direção das competências públicas. Estas, insistimos, presumem-se atualizadas em seus limites e orientações pela abertura interna internacional a partir do dever de cumprimento das obrigações internacionais contraídas pelos Estados. É o legislador, o administrador e o juiz que especificam as obrigações assumidas em nome dos Estados. Aqui, as Administrações Públicas, foco de nosso estudo, como uma das autoridades obrigadas, aparecem com uma nova atividade: a preventiva e suas projeções. Este é o tema principal deste trabalho, que trataremos no capítulo II.

Enfrentamos o controle judicial dentro da garantia da jurisdição de convencionalidade com impacto direto na área de direitos, garantias e liberdades em que se inserem as competências administrativas públicas. Um novo controle judicial interno convencional das Administrações Públicas emerge da exigência interna de controle de convencionalidade como ferramenta de aplicação do Direito Internacional dos Direitos Humanos.

Mas, antes disso, no plano preventivo, no âmbito das próprias Administrações Públicas, esse nível de convenção aparece como expressão do Estado dentro dos limites da constitucionalidade. A incidência do controle interno de convencionalidade insere-se nessa nova dimensão constitucional, agora analisada no âmbito das Administrações Públicas.

A jurisdição constitucional interna é, assim, estendida à jurisdição convencional, de modo a questionar, no plano interno, o cumprimento pelas autoridades das normas estabelecidas no sistema internacional.

Trata-se de um novo controle externo do Poder Judiciário, enquanto interno das próprias Administrações Públicas.

Simultaneamente, a partir da dimensão cidadã, surge uma nova garantia. Esta permite alcançar a proteção e a validade desses direitos, garantias e liberdades consagrados no Pacto de San José de Costa Rica (doravante, PSJCR).

O controle interno de convencionalidade é um dever das autoridades, ao mesmo tempo que se coloca como uma nova garantia cidadã; é dessa forma que o explicaremos e fundamentaremos.

A convivência constitucional e convencional impõe o desafio de encontrar simetrias necessárias, de modo a não gerar distorções internas entre o controle de constitucionalidade preexistente da atividade administrativa com o controle de convencionalidade no próprio campo da função administrativa.

Faz parte do desafio que nos colocamos neste trabalho investigar os novos contornos do controle de convencionalidade na própria sede das Administrações Públicas como ferramenta concreta do novo constitucionalismo: o controle interno de convencionalidade.

A convencionalidade no sistema interno fala de obrigações com projeções concretas nos diferentes poderes do Estado. Não são meras referências ou efeitos interpretativos internos dessas decisões que advêm do sistema regional de direitos humanos. É importante incorporar as normas e interpretações dos autênticos órgãos de aplicação e interpretação do sistema.

As decisões e interpretações da Corte IDH – por meio de pareceres e acórdãos consultivos[8] – geram efeitos diretos nos sistemas

---

8 Os pareceres consultivos têm uma importância marcante no campo normativo do sistema americano. Basta ler com atenção para perceber a importância dessa via interpretativa da Corte IDH e seu impacto direto na real vigência dos direitos humanos: igualdade e não discriminação, apenas para dar um exemplo, como parte do direito imperativo do Direito

domésticos, não apenas no caso em que o Estado-membro é parte, mas em toda a jurisprudência que se constrói em tal órgão jurisdicional internacional.

Esse modelo de interconexão do ordenamento interno com o sistema internacional de direitos humanos percorre, com certas nuances, os países que adotaram o SIDH.

É fundamental compreender isso para nos aprofundarmos no constitucionalismo e no convencionalismo dos direitos humanos regional e interamericano, e aquele outro, o europeu, que tanto no plano convencional internacional quanto no interno é diferente, pelo menos na parcela de estudo que envolve este trabalho.

Além das diferenças existentes e já com um olhar contextual maior, ambos incorporam uma nova linguagem.[9] Esse é o ponto central em qualquer análise de ordenamentos interconectados a partir de sistemas de direitos humanos. As consequências para as Administrações Públicas e suas relações com os cidadãos não são menores: suas próprias competências expressam o novo marco dos direitos humanos. Caso contrário, estaríamos fora dos limites da constitucionalidade e da convencionalidade.

Internacional dos direitos humanos, não parece admitir a possibilidade de um Estado retirar sua eficácia interna pelo simples fato de não ter sido ele quem solicitou o respectivo parecer consultivo onde esse princípio foi estabelecido (o tratamento que recebeu da Corte Interamericana pode, entre outros, ser consultado na Corte IDH, OC-18/03, 17/09/2003, "Condición jurídica y derechos de los migrantes indocumentados", solicitada por los Estados Unidos Mexicanos. Disponível em: https://www.acnur.org/fileadmin/Documentos/BDL/2003/2351.pdf).

9 "Os direitos introduzem uma nova linguagem primeiro no Conselho da Europa e depois na União Europeia, e em geral na integração europeia" (GARCÍA ROCA, Javier; SANTOLAYA, Pablo (Coord.). *La Europa de los derechos*: el Convenio Europeo de Derechos Humanos. Madrid: Centro de Estudios Políticos y Constitucionales, 2005, p. 17).

2 Por que cuidar das Administrações Públicas e da convencionalidade?

A América Latina tem uma tradição de eleições presidenciais fortes, característica incontestável da distribuição e exercício do poder. Por sua vez, as várias interrupções democráticas deixaram sequelas que sobreviveram para além desses períodos de fato. Estes fenômenos tiveram um impacto[10] negativo em certas áreas da Administração Pública. Algumas características autoritárias e uma ampla presença "intervencionista regulatória" na tentativa de "moldar um estilo de cidadania" são dados objetivos que podem revelar-se como consequência, em parte, daquelas realidades e, diga-se de passagem, de um trânsito das Administrações Públicas sem perceber a centralidade das pessoas e de suas circunstâncias como estruturantes de suas atividades e procedimentos.

Dentro de nossas Administrações Públicas, existem formas de gerir, de articular, de se expressar com dispositivos, mecanismos e metodologias que nem sempre fortalecem a ampliação de sua base democrática. A maior democratização em termos de maior legitimidade à legalidade da ação administrativa é um desafio desses novos tempos. Espaços e arquivos são abertos ao conhecimento dos cidadãos, mecanismos participativos são reforçados, mas, muitas vezes, não há dispositivos de governança administrativa que se encarreguem desse retorno do pensamento e sentimento de cidadania. Ainda falta o desenho de dispositivos que expressem a permeabilidade efetiva

---

10 Como ensina Cassese, "não se pode entender a Administração e seu Direito Administrativo se não se estuda a cultura administrativa de um país e seus valores cívicos. A próxima tarefa dos pesquisadores de Direito Administrativo será reintegrar a sociedade e a política ao estudo da Administração, analisando os diversos elos e conexões entre sociedade e Administrações, nos quais a política costuma atuar como intermediária" (CASSESE, Sabino. *Derecho administrativo*: historia y futuro. Sevilla: Instituto Nacional de Administración Pública – Derecho Global, 2014, p. 455).

no desenho de políticas públicas e administrativas; em particular, da expressão cidadã.

As Administrações Públicas devem assumir as consequências da participação cidadã, expressando nas suas decisões as razões que valorizam para discordar ou concordar com a expressão dos cidadãos.

Em nossa opinião, parte desse déficit democrático é a tendência de homogeneizar a relação cidadão-Administrações Públicas com dispositivos concebidos e utilizados igualmente, sem diferenciar a pessoa ou as condições que a cercam. Prova disso é continuar utilizando, no Direito Administrativo, a expressão *administrado* para indicar homogeneamente a cidadania, sob uma ideia que ainda sobrevive em alguns setores de se deparar com uma relação de subordinação desta em relação às Administrações Públicas. A cidadania é cultural, social, constitucional e convencionalmente diversa; esse conceito de administrado destila, inconscientemente, a partir do cultural, o oposto.

A outra expressão a que aludimos é a de "moldar" padrões culturais de comportamento, ignorando o direito à autodeterminação dos modelos de vida como expressão da liberdade e do direito à privacidade.

Por fim, e como acontece culturalmente em outros poderes do Estado, muitas vezes se segue a lógica do "arquivo" e do "procedimento", mas não a da pessoa e das condições que a cercam.

É verdade que muito se tem feito na evolução das nossas Administrações Públicas, das suas atividades e funções, para mitigar esses efeitos negativos – leis de acesso à informação pública, digitalização e transparência dos procedimentos internos, contratos eletrônicos, mecanismos abrangentes de reparação em matéria de responsabilidade do Estado, limitação e enquadramento da discricionariedade administrativa, entre outras ações. No entanto, ainda há muito a fazer. É preciso fazê-lo de forma criativa, repensando o conteúdo e, de certa forma, o modelo de governança e cidadania.

Nessa linha, sempre fomos motivados pela busca de novas ferramentas, novas categorias, ou pela revisão das já existentes, a fim de examinar sua compatibilidade com a evolução das Administrações Públicas, os parâmetros de constitucionalidade e convencionalidade e, fundamentalmente, com os sentimentos e pensamentos dos cidadãos a quem se tem por finalidade satisfazer.

Nesse contexto, a rica doutrina expressa pela Corte IDH a respeito do papel das Administrações Públicas na determinação de direitos e obrigações pode ser o contrapeso ao autoritarismo e ao "intervencionismo" que observamos. Ou, pelo menos, explica sua própria jurisprudência evolutiva sobre esse ponto. Prova disso é a garantia de tutela administrativa efetiva criada evolutivamente pela Corte IDH e que passou a canalizar o procedimento administrativo dentro dos padrões construídos e enriquecidos do devido processo legal, e que, ao mesmo tempo, gera um salto cultural qualitativo na gestão das diversas atividades e funções das Administrações Públicas.

Estas partem, agora, sem dúvida, da dignidade das pessoas como centralidade sobre a qual se constrói qualquer expressão discricionária ou não das Administrações Públicas.

Dos diversos subsistemas e microssistemas jurídicos do espaço constitucional e convencional, emerge que a dignidade da pessoa humana se constitui como centro do sistema de Direito Administrativo. Isso explica a razão de ser do poder, seu alcance e sua finalidade.

No cenário atual, o Poder Público é limitado pela dignidade da pessoa humana,[11] e os limites são derivados dos direitos humanos

---

11 "A dignidade humana deve ser o cânone para a elaboração de políticas públicas e para as dotações orçamentárias para que a partir dela sejam articuladas todas as políticas públicas de um sistema comprometido com a humanização da realidade" (MUÑOZ, Jaime Rodríguez-Arana. "Derecho administrativo y derechos sociales fundamentales". *Ius Humani*, vol. 6, 2017, p. 502. Disponível em: https://www.iushumani.org/index.php/iushumani/article/view/113/162. Acessado em: 27.11.2023).

como atributos inerentes à dignidade humana.[12] Em outras palavras, a dignidade da pessoa humana constitui o limiar mínimo a partir do qual devem ser desenhadas as diversas normas para a adjudicação ou distribuição de bens em uma sociedade.[13] Ao mesmo tempo, uma supervisão administrativa eficaz permite-nos moldar Administrações Públicas que devem refletir, em parte, aquilo a que, na construção europeia, se tem chamado o direito a uma boa Administração.

A obra de Rodríguez-Arana Muñoz é referência obrigatória sobre o assunto.[14] Na sua opinião, o direito a uma boa Administração é o direito de qualquer pessoa a ter os interesses gerais objetivamente abordados pelas autoridades públicas, e é um direito fundamental.

Nesse sentido, Hachem e Valencia Tello afirmam:

> O direito fundamental à boa Administração Pública nasceu no ambiente do Direito Comunitário europeu e foi posteriormente aperfeiçoado e fortalecido pelo Direito Administrativo ibero-americano (...) este direito foi instituído pela Carta dos Direitos Fundamentais da União Europeia (doravante designada "CDFUE") em 2000, proclamada em 7 de dezembro de 2000, alterada em 12 de dezembro de 2007, ratificada em 13 de dezembro de 2007, publicada em 18 de dezembro de 2000 a original e em 14 de dezembro de 2007 a reforma, entrada em vigor em 1 de dezembro de 2009 e, posteriormente, foi desenvolvido de forma mais ampla pela Carta Ibero-Americana de Direitos e Deveres do Cidadão em relação à Administração

---

12 Corte IDH, 29/07/1988, "Velásquez Rodríguez vs. Honduras" (Fondo), série C, nº 4, parágrafo 165. Disponível em: https://www.corteidh.or.cr/docs/casos/articulos/seriec_04_esp.pdf.

13 GARZÓN VALDÉS, Ernesto. "¿Cuál es la relevancia moral del concepto de dignidad humana?" *In*: ______. *Propuestas*. Madrid: Trotta, 2011, p. 100.

14 Poderiam citar-se múltiplas produções científicas do autor, entre elas, MUÑOZ, Jaime Rodríguez-Arana. *El buen gobierno y la buena administración de instituciones públicas*. Cizur Menor: Thomson-Aranzadi, 2006.

> Pública, de 2013 (...). Consequentemente, o direito à boa Administração Pública busca agrupar todo o conjunto de direitos que os cidadãos têm perante as Administrações Públicas, com o objetivo de garantir o pleno gozo dos direitos fundamentais e, ao mesmo tempo, reinterpretar as competências dos poderes públicos dentro das democracias constitucionais.[15]

Certamente, essa não foi a única contribuição na área do nosso Direito Administrativo; várias construções de normas pela Corte IDH atravessam nossa disciplina.

Falamos de um Direito Administrativo de constitucionalidade e convencionalidade como expressão da interconexão dos sistemas jurídicos. Como Cassese afirma claramente:

> Os sistemas nacionais, tradicionalmente fechados entre si, não só se tornaram permeáveis em relação a sistemas jurídicos mais amplos (europeus, globais), como se tornaram porosos e permitem intercâmbios, transplantes, importações e exportações, imitações, adaptações mútuas, convergências, inter-relações, desenvolvimentos paralelos, diálogo e aprendizagem comum.[16]

Neste trabalho, tratamos de demonstrar e fundamentar um novo papel de nossas Administrações Públicas nessa constitucionalidade convencionalizada ou na convencionalidade constitucionalizada: o papel preventivo das Administrações Públicas e suas projeções.

---

15 HACHEM, Daniel Wunder; TELLO, Diana Carolina Valencia. "Reflexiones sobre el derecho fundamental a la buena Administración pública en el derecho administrativo brasilero". *Revista Digital en Derecho Administrativo*, nº 21, 2019, pp. 47-75. Disponível em: https://revistas.uexternado.edu.co/index.php/Deradm/article/view/5700/7096. Acessado em: 27.11.2023.

16 CASSESE, Sabino. *Derecho administrativo*: historia y futuro. Sevilla: Instituto Nacional de Administración Pública – Derecho Global, 2014, p. 416.

As visões de subsistemas articulados em um amplo espaço constitucional dentro do qual se dá a internacionalização da ordem interna nem sempre são compatíveis entre si para aqueles que operam e aplicam essa ordem. Por vezes, como se sabe, verificam-se decisões estatais que, justificando-se em "proteções internas", retiram-se do sistema ou pretendem retomar o que já não lhes pertence por terem sido soberanamente cedidas a outras instituições internacionais.[17]

O contexto de fluidez e intenso trânsito entre o sistema "interno" e o "internacional" tem levado à geração de "fricções" institucionais baseadas em diferentes critérios jurisprudenciais entre tribunais internos e tribunais internacionais. Estas, a nosso ver, foram causadas por mal-entendidos ou por aplicações incorretas dos princípios da subsidiariedade e da complementaridade.

Tudo isto se refere a uma questão muito importante, como o controle interno da convencionalidade realizado pelas autoridades internas, e que trataremos aqui, mas o faremos de uma perspectiva diferente e, se quiserem, nova: a aplicação pelas Administrações Públicas do controle de convencionalidade no seu próprio âmbito de atuação.

---

17 Nesse sentido, é notória a posição da Venezuela, que mais de uma vez rejeitou as ordens proferidas pela Corte IDH em seus acórdãos com a técnica de retirar seus efeitos por meio do controle de constitucionalidade interna. Uma vez editados no plano internacional, a Câmara Constitucional do Supremo Tribunal de Justiça examina-os, procedendo a um controlo de constitucionalidade que concluirá que não estão em conformidade com a sua própria Constituição. Tal armamento jurídico justifica, em sua opinião, a violação de uma sentença internacional. Estamos diante de um Estado que, pelas razões que ensaia, repudia como inconstitucionais as decisões da Corte IDH e as declara inexequíveis na ordem interna. São exemplos: Corte IDH, 05/08/2008, "Apitz Barbera *et alii* ('Corte Primera de lo Contencioso Administrativo') vs. Venezuela" (Excepción preliminar, fondo, reparaciones y costas), série C, nº 182. Disponível em: www.corteidh.or.cr/docs/casos/articulos/seriec_182_esp.pdf; e o acórdão ditado no sistema interno, TSJ Venezuela, Sala Constitucional, 18/12/2008, expte. 08-1572; o mencionado país renunciou ao PSJCR em 06/09/2012.

As Administrações Públicas, como um dos sujeitos impactados pelas obrigações gerais dos artigos 1º, § 1º, e 2º do PSJCR, como explicaremos, são chamadas a reformular seus dispositivos de modo a permitir suficiente permeabilidade às normas internacionais incorporadas ao sistema interno sob o plano da constitucionalidade-convencionalidade. A dimensão preventiva das Administrações Públicas aparece como expressão da fusão no mesmo patamar constitucional da convencionalidade constitucionalizada, ou a constitucionalidade da convencionalidade.

Os direitos, garantias e liberdades consagrados no PSJCR implicam, no que diz respeito à relação cidadão-Administrações Públicas, uma nova dimensão em que a tensão se resolve sob o controle da convencionalidade como nova ferramenta de interdição da ação administrativa.

O alcance do controle da convencionalidade nas sedes das Administrações Públicas será analisado a partir de uma tríplice dimensão: a) supressão de normas (regulamentos) e práticas administrativas que violem o SIDH; b) emissão de normas e adoção de práticas que deem efetividade aos direitos e garantias; e c) interpretação de acordo com a juridicidade expressada pelo controle da convencionalidade.

A nova ordem caracterizada pela convencionalidade da ordem interna pelo SIDH significa que estamos diante de novos fenômenos: o direito a novos direitos, o direito a novas garantias, uma tríplice dimensão destas na dinâmica (individual, coletiva e da própria humanidade) com consequências no plano da finalidade das Administrações Públicas e um notável "alargamento" da juridicidade, entre outros que iremos destacar e estudar. Poderemos identificar uma nova área de intersecção das nossas Administrações Públicas com os cidadãos.

> Caracteriza-se pela coconstrução de um modo de viver e gerir os espaços públicos – em sentido amplo, não restrito a edifícios e/ou infraestruturas – em que "cada parte" se integra num todo a partir do seu próprio papel. A percepção do "meio

> ambiente" e da qualidade de vida é um tema da mais alta ordem no tema do que tem sido chamado de direito à cidade.[18]

Como indicou Rodríguez-Arana Muñoz,

> o Direito Administrativo do século XXI é diferente do Direito Administrativo do século passado na medida em que o substrato político e social que lhe serve de base é bastante diferente, assim como o atual modelo de Estado.[19]

---

18 GUTIÉRREZ COLANTUONO, Pablo Ángel. "El derecho a la ciudad y un anclaje posible desde el Pacto de San José de Costa Rica". *Anuario Iberoamericano de Derecho Urbanístico*, nº 1, 2018. Disponível em: http://gutierrezcolantuono.com.ar/pdfs/Anuario-Iberoamericano-Desarrollo-Urbanistico-2018.pdf. Acessado em: 27.11.2023.

19 MUÑOZ, Jaime Rodríguez-Arana. *El buen gobierno y la buena administración de instituciones públicas*. Cizur Menor: Thomson-Aranzadi, 2006.

CAPÍTULO I

CONTROLE INTERNO DE CONVENCIONALIDADE

1.1 O surgimento dos sistemas integrados dos direitos humanos

A coexistência em um mesmo sistema de vários subsistemas, especialmente o da ordem internacional dos direitos humanos, gera a necessidade de harmonizá-los de tal forma que a realização dos valores que os contêm aconteça antes do cancelamento de espaços de direitos.

É comum observarmos maior atrito naqueles sistemas integrados em que encontramos a presença de tribunais com jurisdição contenciosa. É o caso da Corte IDH no SIDH.[20]

Surgem aparentes discussões em torno da superioridade de um tribunal internacional – regional ou universal – sobre os máximos

---

20 É o caso também da Corte Europeia de Direitos Humanos, a Corte Africana de Direitos Humanos e dos Povos e, na ordem comunitária, o Tribunal de Justiça da União Europeia, para mencionar alguns.

tribunais constitucionais internos. Eles são aparentes, já que é sabido que tribunais internacionais desse tipo não se destinam a ser assumidos como tribunais de quarta instância.[21] A jurisdição internacional é subsidiária da interna, e só após se passar por ela é que se pode acessar a jurisdição internacional alegando-se responsabilidade fora das fronteiras do Estado.

Subjacentes a esse contexto estão a conveniência e a necessidade de mecanismos temáticos ou mecanismos de complementaridade entre jurisdições nacionais e internacionais.

Nesse sentido, diferentes variáveis e expressões sobre o tema foram testadas. Todas, de uma forma ou de outra, falam de mecanismos de fluidez entre jurisdições em suas construções. O entrelaçamento por critérios convergentes de julgamentos nacionais e internacionais aparece como um mecanismo ideal, pelo menos na teoria, embora na prática encontre obstáculos que, às vezes, não são fáceis de serem removidos. Alguns referem-se, consciente e inconscientemente, a mecanismos ilimitados de soberania derivados de outras concepções do Estado de Direito. Veremos alguns casos representativos do que argumentamos neste trabalho: o enfoque equivocado que se incorreu mais de uma vez devido por se olhar o orgânico antes da convergências dos direitos fundamentais.

Na busca de convergências, mais do que das tensões dos subsistemas que se interligam no nível da unidade sistêmica constitucional-convencional, o controle da convenção interna aparece como ferramenta ideal para isso.[22] Tem alcance além do controle judicial

---

21 Corte IDH, 24/02/2012, "Atala Riffo e meninas vs. Chile" (Fondo, reparaciones y costas), série C, nº 239, parágrafo 65. Disponível em: www.corteidh.or.cr/docs/casos/articulos/seriec_254_esp.pdf.

22 Em outras palavras, a doutrina latino-americana afirma que "o fortalecimento de uma convivência sustentável entre ambas as dimensões jurisdicionais é uma necessidade prioritária para assegurar, na medida do possível, a proteção integral dos direitos essenciais" (BAZÁN, Víctor. "El control de convencionalidad como instrumento para proteger

da convencionalidade, uma vez que todas as autoridades públicas internas de um Estado assumem a obrigação de fornecer efeito útil ao SIDH.[23]

1.2 O controle de convencionalidade interno

É uma ferramenta do sistema aberto e dinâmico proposto pelo sistema integrado de direitos fundamentais.[24]

É uma garantia cidadã e um instrumento de controle judicial interno em sua origem que depois se desloca dentro da respectiva competência para a área de atuação das Administrações Públicas.

Diremos, por ora, que ela assume uma dupla natureza: de garantia cidadã e de obrigação estatal.

Tal controle, com os seus pontos positivos e negativos, tem por finalidade analisar a compatibilidade da legislação interna com a regional internacional dos direitos humanos, de ofício e nas condições processuais e de competência em vigor nos Estados-membros. Nessa tarefa, e este é um dos acréscimos que tem gerado mais críticas, os tribunais nacionais devem levar em conta a jurisprudência da própria Corte IDH na interpretação das normas regionais e internacionais de direitos humanos.

---

derechos esenciales y prevenir responsabilidad internacional del Estado". *Anuario Iberoamericano de Justicia Constitucional*, nº 19, 2015, p. 36).

23 Em palavras do ex-presidente da Corte IDH, Sergio García Ramírez, "a grande batalha pelos direitos humanos será vencida no campo interno, do qual é coadjuvante ou complemento, não substituto, o internacional" (Corte IDH, 24/11/2006, "Trabalhadores demitidos do Congresso (Aguado Alfaro el alii) vs. Peru, sentencia de excepciones preliminares, fondo, reparaciones y costas", série C, nº 158, parágrafo 11, voto fundamentado do juiz García Ramírez. Disponível em: www.corteidh.or.cr/docs/casos/articulos/seriec_158_esp.pdf).

24 Ver neste sentido CANARIS, Claus-Wilhelm. *El sistema en la jurisprudencia*. Madrid: Consejo General del Notariado, 1998, p. 55.

A doutrina na América Latina tem tratado do controle da convencionalidade interna. Assim, García Ramírez o define da seguinte maneira:

> [É] o poder conferido ou reconhecido a certos órgãos jurisdicionais – ou a todos os órgãos jurisdicionais (...) – assegurar a coerência entre os atos internos – portanto, essencialmente, as disposições internas de aplicação geral: Constituições, leis, regulamentos etc. – com as disposições do Direito Internacional.[25]

Por sua vez, Sagüés sustenta:

> O controle da convencionalidade desempenha um duplo papel: em primeiro lugar, obriga os tribunais nacionais a não aplicar as regras internas (inclusive as constitucionais) ao referido Pacto (ou Convenção Americana de Direitos Humanos) e à interpretação do Pacto pela Corte Interamericana de Direitos Humanos. Em segundo lugar, também os obriga a interpretar o Direito interno de acordo com o Pacto e sua interpretação pela Corte Interamericana de Direitos Humanos. É a interpretação "harmonizadora" ou "adaptativa" do Direito local com o Pacto e a exegese dada ao Pacto pela Corte Interamericana. Isso leva à rejeição de interpretações do Direito interno contrárias ao referido Pacto e/ou à forma como foi entendido pela Corte Interamericana.[26]

É verdade que o controle de convencionalidade foi uma criação pretoriana da Corte IDH e que se buscou impor aos juízes a

---

25 GARCÍA RAMÍREZ, Sergio. "El control judicial interno de convencionalidad". *IUS – Revista del Instituto de Ciencias Jurídicas de Puebla*, ano V, nº 28, 2011, p. 126.

26 SAGÜÉS, Néstor Pedro. "Dificultades operativas del 'control de convencionalidad' en el sistema interamericano". *LLonline*, AR/DOC/5213/2010.

obrigatoriedade de realizar tal controle *ex officio*. Também é verdade que, na atividade desse controle, não apenas deve ser analisada a compatibilidade das normas domésticas com as internacionais, mas também de acordo com os critérios interpretativos que a própria Corte IDH fez delas. Algumas vozes veem nessa autoformulação uma espécie de *autoimposição* de critérios jurisprudenciais aos nacionais. Tudo isso sem que o PSJCR registre previsão alguma sobre esse tema. A isso se soma a crítica usual aos tribunais internacionais na medida em que carecem de ancoragem sociológica onde suas decisões impactam, agravando, assim, seu déficit democrático e, portanto, a legitimidade de suas decisões.

Analisaremos cada uma dessas críticas estudando sua origem e o estado atual na jurisprudência da Corte IDH e das diversas cortes domésticas.

1.2.1 Origem, evolução e situação atual

Há algum tempo, a Corte IDH vem insistindo na obrigação dos juízes nacionais de cada Estado-membro de realizar o devido estudo de compatibilidade entre as normas internacionais do SIDH e as normas internas.[27]

Em uma posição que acreditamos consolidada, definiu em sua origem o que chamamos de controle de convencionalidade interna com os seguintes escopos:

---

27 Quanto ao SEDH, especialmente a interrelação entre a Espanha e a CEDH, Martín-Retortillo Baquer salienta: "e é preciso dizer energicamente, também aqui, que qualquer juiz espanhol – que lida com uma questão de direitos humanos, na medida em que estão contemplados na CEDH – é um juiz da Convenção Europeia – isto é, parodiando intencionalmente a expressão 'juiz de Direito Comunitário'. Tal como a jurisprudência de Estrasburgo, é a nossa jurisprudência" (MARÍN ASÍS, José R. *Vías concurrentes para la protección de los derechos humanos*: perspectivas españolas y europeas. Madrid: Civitas, 2006, p. 105).

> Este tribunal estabeleceu em sua jurisprudência que está ciente de que as autoridades nacionais estão sujeitas ao Estado de Direito e, portanto, são obrigadas a aplicar as disposições em vigor no ordenamento jurídico. Mas quando um Estado é parte de um tratado internacional como a Convenção Americana, esse tratado vincula todos os seus órgãos, inclusive seus juízes, que devem assegurar que os efeitos das disposições da Convenção não sejam diminuídos pela aplicação de normas ou interpretações contrárias ao seu objeto e finalidade. Os juízes e órgãos ligados à administração da justiça em todos os níveis são obrigados a exercer *ex officio* um "controle de convencionalidade" entre as normas domésticas e a Convenção Americana, evidentemente no âmbito de suas respectivas competências e das correspondentes normas processuais. Nessa tarefa, juízes e órgãos ligados à administração da justiça devem levar em conta não apenas o tratado, mas também a interpretação que a Corte IDH fez dele.[28]

Assim, em sua versão original, a Corte IDH estrutura um mandamento internacional aos Estados-membros em duas direções: 1) a obrigação de dar efeito útil à Convenção e 2) a obrigação de implantar o chamado controle de convencionalidade, cuja obrigação recai sobre a chefia do Poder Judiciário e de outros órgãos ligados à administração da justiça.

---

28 Corte IDH, 26/11/2010, "Cabrera García e Montiel Flores vs. México" (Excepción preliminar, fondo, reparaciones y costas), série C, nº 220, parágrafo 225. Disponível: www.corteidh.or.cr/docs/casos/articulos/seriec_220_esp.pdf; ver, também, Corte IDH, 01/09/2010, "Ibsen Cárdenas e Ibsen Peña vs. Bolívia" (Fondo, reparaciones y costas), série C, nº 217, parágrafo 202. Disponível: www.corteidh.or.cr/docs/casos/articulos/seriec_217_esp1.pdf; Corte IDH, 24/02/2011, "Gelman vs. Uruguai" (Fondo y reparaciones), série C, nº 221, parágrafo 193. Disponível: https://www.corteidh.or.cr/docs/casos/articulos/seriec_221_esp1.pdf; entre muitos outros casos.

O primeira caminhará para um dever de todas as autoridades, e o segunda, para o âmbito das próprias Administrações Públicas para além do Poder Judiciário.

Esse controle exercido não apenas pelos juízes, como veremos, destina-se a operar de ofício e a analisar a compatibilidade entre o sistema interno da norma interna e o arcabouço normativo do PSJCR. Além disso, o estudo de compatibilidade deve incluir os critérios interpretativos que a Corte Interamericana realiza do PSJCR.

Chamamos esse controle de convencionalidade de interno para diferenciá-lo do externo que a Corte IDH implanta, complementa e subsidiariamente, diante de sua própria sede internacional. Esgotados os recursos internos, parece apresentar-se como emergente do dever primário do Estado garantir o cumprimento do quadro geral de obrigações previsto nos artigos 1º, §§ 1º e 2º do PSJCR. Nesse sentido, mantém-se o paralelismo de funções que se baseia originalmente nos deveres de promoção e proteção dos direitos em geral. É dever de todo Estado proteger, promover e adaptar seu sistema interno à observância de direitos, liberdades e garantias, enquanto o organismo internacional dos dois órgãos do PSCJR é subsidiário, complementar e coadjuvante do nacional. Esse organismo internacional é acionado uma vez esgotados os recursos internos na presença de uma queixa envolvendo o dever de responder no sistema internacional pelos eventos ocorridos na sede doméstica.

Nesse sentido, a Corte IDH disse:

> A responsabilidade do Estado nos termos da Convenção só pode ser executada no nível internacional depois que o Estado tiver tido a oportunidade de declarar a violação e reparar os danos causados por seus próprios meios.

Isso se baseia no princípio da complementaridade (subsidiariedade), que informa transversalmente o SIDH, conforme expresso no Preâmbulo da Convenção Americana de Direitos Humanos (doravante, CADH), que reconhece que a proteção internacional é "*coadjuvante ou complementar àquela oferecida pelo Direito interno dos Estados americanos*".

A respeito disso, afirma a Corte IDH:

> Dessa forma, o Estado é o principal garantidor dos direitos humanos do povo, de modo que, se ocorrer um ato de violação desses direitos, é o próprio Estado que tem o dever de resolver a questão no âmbito interno e, [se for o caso,] reparar, antes de ter que responder perante instâncias internacionais como o Sistema Interamericano, o qual deriva da natureza subsidiária do processo internacional em relação aos sistemas nacionais de garantias dos direitos humanos.[29]

O controle de convencionalidade é interno, na medida em que juízes e demais autoridades judiciais – veremos a extensão disso ao restante das autoridades públicas – aplicam as regras e interpretações do PSCJR para analisar a compatibilidade das normas e comportamentos estatais com as internacionais. É externa, uma vez que é implantada subsidiariamente pela própria Corte IDH em face do fracasso da prevenção interna da responsabilidade do Estado e na presença de uma denúncia perante a Comissão Interamericana de Direitos Humanos (doravante, CIDH), uma vez esgotados os recursos internos.

O controle interno de convencionalidade emerge da criação jurisprudencial da Corte IDH, dado que carece de previsão expressa nos textos do SIDH. Trata-se de uma criação jurisprudencial típica, mas já no cenário internacional, com a particularidade de gerar

---

29 Corte IDH, 30/11/2012, "Massacre de Santo Domingo vs. Colômbia" (Excepciones preliminares, fondo y reparaciones), série C, nº 259, parágrafo 142. Disponível: www.corteidh.or.cr/docs/casos/articulos/seriec_259_esp.pdf.

nos Estados-membros um novo dever por parte dos juízes, em sua versão original.

Dessa forma, no âmbito do PSJCR, cria-se uma ferramenta não convencionalmente prevista ou expressamente assumida pelos Estados, cujo fundamento segundo os juízes da Corte IDH aninha-se no próprio PSJCR, em razão da interpretação evolutiva que apresenta, dada sua natureza de tratado de direitos humanos.

A Corte IDH indicou

> que os tratados de direitos humanos são instrumentos vivos, cuja interpretação deve acompanhar a evolução dos tempos e das condições de vida atuais. Tal interpretação evolutiva é coerente com as regras gerais de interpretação estabelecidas no art. 29 da Convenção Americana, bem como da Convenção de Viena sobre o Direito dos Tratados. Nesse sentido, esta Corte tem afirmado que, na interpretação de um tratado, são levados em conta não apenas os acordos e instrumentos formalmente relacionados a ele (artigo 31.2 da Convenção de Viena), mas também o sistema no qual ele está inscrito (artigo 31.3 do mesmo instrumento). Da mesma forma, essa corte considerou que poderia "abordar a interpretação de um tratado sempre que a proteção dos direitos humanos estivesse diretamente envolvida em um Estado-membro do sistema interamericano", mesmo que esse instrumento não provenha do mesmo sistema regional de proteção.[30]

30 Corte IDH, 27/06/2012, "Povo Indígena Kichwa de Sarayaku vs. Equador" (Fondo y reparaciones), série C, nº 245, parágrafo 161. Disponível: https://corteidh.or.cr/docs/casos/articulos/seriec_245_esp.pdf. Reiterado pela CIDH. "Informe preliminar sobre pobreza, pobreza extrema y derechos humanos en las Américas". *CIDH*, 2016, pp. 19/20. Disponível: www.oas.org/es/cidh/desc/docs/Pobreza-DDHH-InformePreliminar-2016.pdf. Acessado em: 04/12/2023.

De fato, tanto o Tribunal Europeu de Direitos Humanos (doravante, TEDH) quanto a Corte IDH conceituaram suas cartas fundadoras como instrumentos vivos e, sob essa doutrina, reconheceram direitos implícitos.[31]

O significado de uma interpretação evolutiva é dar à pessoa mais um instrumento de tutela. A abordagem evolucionista, a partir da qual o objetivo do intérprete do PSJCR deve ser ampliar sua zona de proteção, é a que emerge de uma leitura harmônica dos artigos 1°, 2° e 29° da CADH.

Este talvez seja seu ponto de maior fraqueza, juntamente com a falta de ancoragem sociológica mínima da corte internacional nos países onde sua criação pretoriana impacta precisamente. Abordaremos mais adiante essa dupla fraqueza do controle interno de convencionalidade.

O controle de convencionalidade interna, assim concebido originalmente pela Corte IDH, encontrará dinamismo para sua expansão tanto na influência recíproca interna-internacional e internacional-interna das construções quanto na capacidade de ser implantado para além dos juízes e das esferas estritamente judiciais. A verdade é que o princípio evolutivo permitiu e permite constatar que o controle interno de convencionalidade atravessa diferentes funções do Estado, pois é a proteção e promoção dos direitos fundamentais que prevalece sobre qualquer obstáculo de ordem orgânica ou territorial da própria organização do Estado. Claro, sempre dentro das respectivas áreas de competência.

31 Assim, se apontou que "os tratados de direitos humanos são instrumentos vivos, cuja interpretação tem que acompanhar a evolução dos tempos e as condições de vida atuais" (Corte IDH, 19/11/1999, "Caso das 'Crianças de Rua' (Villagrán Morales *et alii*) vs. Guatemala" (Fondo), série C, n° 63, parágrafo 193. Disponível em: www.corteidh.or.cr/docs/casos/articulos/Seriec_63_esp.pdf).

1.2.2 O emblemático caso "Almonacid Arellano" da Corte Interamericana de Direitos Humanos

Devemos nos referir à primeira decisão em que se enuncia o controle de convencionalidade interna. Permitirá compreender o contexto em que ela emerge e analisar se as projeções futuras a que a figura chegou estão ligadas àquele contexto do caso específico em que foi utilizada pela primeira vez.

O nascimento do controle de convencionalidade é marcado por este caso, dado que é plenamente reconhecido pelo tribunal. No entanto, desde a sua criação, o tribunal faz uma comparação entre os dois sistemas e destaca a prioridade da regra supranacional. O termo é usado pela primeira vez no voto fundamentado do juiz Sergio García Ramírez no caso da Corte IDH "Myrna Mack Chang".[32] No caso "Tibi vs. Equador", aponta o mesmo magistrado:

> Em outras palavras, se os tribunais constitucionais controlam a "constitucionalidade", o tribunal internacional de direitos humanos decide sobre a "convencionalidade" desses atos. Por meio do controle de constitucionalidade, os órgãos internos buscam conformar a atividade do Poder Público – e, possivelmente, de outros agentes sociais – à ordem que o Estado de Direito implica em uma sociedade democrática. O Tribunal Interamericano, por sua vez, pretende conformar essa atividade à ordem internacional consagrada na convenção fundadora da jurisdição interamericana e aceita pelos Estados partes no exercício de sua soberania.[33]

32 Corte IDH, 25/11/2003, "Myrna Mack Chang vs. Guatemala" (Fondo, reparaciones y costas), série C. nº 101, voto concorrente fundamentado do juiz García Ramírez, parágrafo 27. Disponível em: www.corteidh.or.cr/docs/casos/articulos/seriec_101_esp.pdf.

33 Corte IDH, 07/09/2004, "Tibi vs. Equador" (Excepciones preliminares, fondo, reparaciones y costas), série C, nº 114, parágrafo 3. Disponível em: www.corteidh.or.cr/docs/casos/articulos/seriec_101_esp.pdf www.corteidh.or.cr/docs/casos/articulos/seriec_114_esp.pdf.

Há consenso suficiente em sustentar que é no caso "Almonacid Arellano"[34] que, pela primeira vez, a Corte IDH afirma a existência desse tipo de controle como uma obrigação interna do Estado.

É no momento da revisão de uma lei de anistia que surge tal controle sobre uma questão de extrema sensibilidade na grande maioria das áreas geográficas de incidência da jurisdição da Corte IDH. A doutrina adotada de que esse tipo de lei não produz efeito desde sua promulgação em relação aos crimes qualificados como de lesa humanidade tem sido uma das decisões mais importantes da Corte IDH. Isso foi decidido para garantir em vários países a efetiva vigência do dever de investigar, julgar, condenar e buscar a verdade dos fatos ocorridos nos períodos de golpes de Estado (governos militares e ditaduras na América Latina).

Nesse contexto, a Corte IDH, embora reconheça a responsabilidade internacional do Chile, utiliza pela primeira vez a figura do controle de convencionalidade. E o faz com a convicção de que se trata de competência que emerge da falta de adequação, no sistema interno por parte do Poder Legislativo, de suas normas ao critério de proibição de anistiar ou perdoar aqueles crimes classificados como crimes contra a humanidade.

O "fracasso" do legislador em sua tarefa de não violação do sistema internacional de direitos humanos faz com que ele olhe para o juiz, de modo que, no âmbito das obrigações do art. 1º, § 1º, do PSJCR, implemente tal controle de modo a dar efetividade aos

---

34 Corte IDH, 26/09/2006, "Almonacid Arellano *et alii* vs. Chile" (Excepciones preliminares, fondo, reparaciones y costas), série C, nº 154. Disponível em: www.corteidh.or.cr/docs/casos/articulos/seriec_154_esp.pdf. A noção de controle da convencionalidade progressiva e evolutivamente tem tomado consistência de tal forma que adquiriu, por esses tempos, o grau de doutrina consolidada no assunto. A grande maioria dos tribunais internos do SIDH refere-se, com diferentes nuances, a esse conceito em seus acórdãos.

direitos, liberdades e garantias consagrados no referido Pacto. É o olhar que alavanca o controle da convencionalidade no caso.

Note-se, pelas consequências que se podem inferir disso mais adiante, que a Corte IDH passa, na construção do controle de convencionalidade interna, a indicar que a primeira responsabilidade cabe aos Parlamentos no sentido de abolir e não adotar normas contrárias à Convenção. Isso se deve à conduta interpretativa do art. 2° do PSJCR, que impõe a obrigatoriedade de retirar como dever genérico.

Em seu início, a Corte IDH parece pensar o controle interno de convencionalidade como uma formulação flexível, tanto no dever de exercê-lo pelos juízes internos quanto no âmbito desse controle, ao mesmo tempo que parece não impor um modelo específico de controle, mas apenas a necessidade de praticar um controle de convencionalidade interno de acordo com as regras de competências e aspectos processuais vigentes no sistema interno.[35]

Note-se que, em "Almonacid", ela é introduzida com novo alcance, seguindo a jurisprudência da Corte IDH pelos juízes internos, utilizando a expressão "uma espécie" de controle da convencionalidade.

É interessante notar a evolução que o conceito apresenta a partir do impacto do princípio evolutivo dos direitos humanos se tomarmos sua formulação na origem até aquela existente nestes tempos: de uma espécie de controle pensado da perspectiva orgânica judicial para o próprio campo de competência dentro das Administrações Públicas.

---

35 Note-se que, nessa primeira etapa, o mandato em relação às normas da CADH e a interpretação que a Corte IDH realiza em relação a elas são orientados pelo "dever de levar em conta" o referido órgão normativo e interpretativo. E com o alcance de que é uma "espécie" de controle da convencionalidade que importa um mandato aos juízes para "levar em conta" a referida Convenção, bem como a interpretação que a Corte IDH faz.

A efetiva tutela administrativa e o direito a novos direitos são, entre outras, expressões desse fenômeno[36] que trataremos neste trabalho.

1.2.3 A consolidação do critério "Almonacid Arellano" na casuística da Corte Interamericana de Direitos Humanos

O controle da convencionalidade assim expresso foi posteriormente reafirmado no caso "Trabalhadores demitidos do Congresso (Aguado Alfaro e outros) vs. Peru", no qual se afirmava:

> Quando um Estado ratifica um tratado internacional como a Convenção Americana, seus juízes também estão sujeitos a ela, o que os obriga a garantir que a eficácia da Convenção não seja diminuída ou anulada pela aplicação de leis contrárias às suas disposições, objeto e finalidade. Em outras palavras, os órgãos do Poder Judiciário devem exercer não apenas um controle de constitucionalidade, mas também uma "convencionalidade" *ex officio* entre as normas internas e a Convenção Americana, evidentemente no âmbito de suas respectivas competências e das normas processuais correspondentes. Essa função não deve ser limitada exclusivamente pelas declarações ou atos dos demandantes em cada caso concreto, embora não implique que esse controle deva ser sempre exercido, sem considerar outros pressupostos formais e materiais de admissibilidade e procedência desse tipo de ação.[37]

---

36 Corte IDH, 02/02/2001, "Baena Ricardo *et alii* vs. Panamá" (Fondo, reparaciones y costas), série C, nº 72, parágrafos 126 e 127. Disponível em: www.corteidh.or.cr/docs/casos/articulos/Seriec_72_esp.pdf.

37 Corte IDH, 24/11/2006, "Trabalhadores demitidos do Congresso (Aguado Alfaro *et alii*) vs. Peru" (Excepciones preliminares, fondo, reparaciones y costas), série C, nº 158, parágrafo 128. Disponível: www.corteidh.or.cr/docs/casos/articulos/seriec_158_esp.pdf.

A expressão "uma espécie" de controle de convencionalidade que aparece no caso "Almonacid" não é usada aqui; no entanto, a sua aplicação pelos tribunais nacionais parece tornar-se mais flexível, sujeitando-o às regras processuais internas e às regras de competência concebido em cada Estado. Parece que a própria Corte IDH reconhece as margens de livre apreciação que os Estados possuem e aposta no princípio norteador da subsidiariedade.

Surge a premissa de que a Corte IDH deve atuar tanto em sua jurisdição contenciosa quanto consultiva, de acordo com sua natureza subsidiária e complementar, evitando usurpar as competências dos Estados Parte em sua atuação como principal responsável pela proteção dos direitos humanos em sua jurisdição, o que é posteriormente reafirmado no caso "Massacre de Santo Domingo vs. Colômbia".[38]

Em seu voto simultâneo no caso "Trabalhadores demitidos do Congresso (Aguado Alfaro e outros) vs. Peru", o juiz Sergio García Ramírez expressou o que mais tarde seria a regra nas construções subsequentes da Corte IDH sobre o controle de convencionalidade em relação ao *corpus iuris* interamericano de direitos humanos que os Estados consentiram livre e soberanamente:

> Na espécie, ao se referir a um "controle de convencionalidade", a Corte Interamericana teve em vista a aplicabilidade e aplicação da Convenção Americana de Direitos Humanos, Pacto de San José. No entanto, a mesma função é implementada, por razões idênticas, em relação a outros instrumentos da mesma natureza, integrantes do *corpus iuris* de direitos humanos do qual o Estado é parte: Protocolo de San Salvador, Protocolo relativo à Abolição da Pena de Morte, Convenção para Prevenir e Punir a Tortura, Convenção de Belém

38 Corte IDH, 30/11/2012, "Massacre de Santo Domingo vs. Colômbia" (Excepciones preliminares, fondo y reparaciones), série C, nº 259, parágrafo 142. Disponível em: www.corteidh.or.cr/docs/casos/articulos/seriec_259_esp.pdf.

> do Pará para a Erradicação da Violência contra a Mulher, Convenção sobre Desaparecimento Forçado, etc. O que está em jogo é que haja conformidade entre os atos domésticos e os compromissos internacionais assumidos pelo Estado, que geram certos deveres para ele e reconhecem certos direitos para os indivíduos.[39]

O critério estabelecido em "Almonacid Arellano" também foi explicado pelo juiz Sergio García Ramírez em seu voto simultâneo no caso "La Cantuta vs. Peru".

Lá ele explicou:

> A Corte também avançou no esclarecimento de que os compromissos assumidos em decorrência da Constituição de um Estado como parte do convênio internacional sobre direitos humanos, vinculam o Estado como um todo. Isso se projeta nos órgãos executivos, legislativos e jurisdicionais, bem como nos entes autônomos externos a esses Poderes tradicionais, que fazem parte do próprio Estado. Por conseguinte, não é admissível que um desses órgãos se abstenha de cumprir o compromisso do Estado do qual é membro ou o contrarie diretamente sob o fundamento de que outro órgão não fez sua parte no sistema geral de recepção e cumprimento dos deveres internacionais. Essa ideia requer maior reflexão, que expõe suas facetas e implicações, e certamente sugere a conveniência de construir, também aqui, a oportuna e suficiente "ponte" que liga a ordem internacional à ordem interna.[40]

---

39 Corte IDH, 24/11/2006, "Trabalhadores demitidos do Congresso (Aguado Alfaro *et alii*) vs. Peru" (Excepciones preliminares, fondo, reparaciones y costas), série C, nº 158, voto fundamentado do juiz García Ramírez, parágrafo 2. Disponível em: www.corteidh.or.cr/docs/casos/articulos/seriec_158_esp.pdf.

40 Corte IDH, 29/11/2006, "La Cantuta vs. Peru" (Fondo, reparaciones y costas), série C, nº 162, voto fundamentado do juiz García Ramírez, parágrafo 8. Disponível em: www.corteidh.or.cr/docs/casos/articulos/seriec_162_esp.pdf.

A partir de uma leitura reflexiva desses votos, o controle de convencionalidade parece emergir de diferentes planos: o primeiro permite extrair das tradições constitucionais internas dos países a construção do controle da convencionalidade no âmbito da Corte IDH ao decidir casos no plano internacional, e o segundo permite considerar que a construção desce novamente às cortes constitucionais por meio do controle da convencionalidade como ferramenta processual dos juízes internos.

Nesse ponto, parece que o controle de convencionalidade, desde o seu início, emerge como uma ferramenta que se nutre constantemente entre as jurisdições interna e internacional, de modo a permear reciprocamente e, assim, conseguir a adaptação dos comportamentos estatais internos ao arcabouço obrigatório genérico dos artigos 1º, §§ 1º e 2º do PSJCR.

Com relação ao SEDH na época da história da evolução da jurisdição constitucional, em 2005, Häberle afirmou:

> Os dois "tribunais *constitucionais* europeus" em Luxemburgo e em Estrasburgo devem ser destacados: o Tribunal de Justiça das Comunidades Europeias e o Tribunal Europeu dos Direitos Humanos, na minha perspectiva, foram postos em marcha desde o início para serem tribunais constitucionais autônomos setorialmente limitados, ou seja, no quadro do Direito Constitucional da União Europeia (antiga Comunidade Econômica Europeia) ou no âmbito da Convenção Europeia dos Direitos Humanos de 1950. Nos últimos anos, a intensidade do intercâmbio científico ou pretoriano e a comparação jurídica dos tribunais constitucionais a nível nacional e europeu (reforçando-se mutuamente) é mais evidente, mesmo que isso nem sempre seja dito com suficiente clareza nos acórdãos. Basta pensar em princípios como o Estado de Direito; proporcionalidade; direitos fundamentais específicos; cláusula, escrita ou não, do conteúdo essencial dos direitos fundamentais; ou as muitas garantias particulares do devido processo legal, que são em grande parte de natureza euro-comunitária e fazem parte

da cultura comunitária europeia (legal e constitucional), com particular referência ao Tribunal Constitucional alemão.[41]

O controle de convencionalidade é um instrumento de influência recíproca que forma uma área de intersecção dos direitos humanos entre os critérios da Corte IDH e cada um dos Estados-membros. Nessa área de intersecção, os direitos humanos têm um impacto transversal, tanto em termos de regulamentação quanto de critérios a eles aplicáveis em toda a ordem comum dos direitos humanos convencionais e constitucionais.

Isso explica o erro que se incorre em tematizar a partir de hierarquias, ou seja, subordinações de um tribunal sobre outros, ou de imposições. A influência recíproca, o diálogo convergente entre diferentes jurisdições no plano horizontal dos direitos humanos é uma condição para a validade e o exercício desse controle da convencionalidade.

Não estamos diante da ideia de impor uma ordem a outra.

Este mecanismo novo, permeável, aberto e dinâmico é uma ferramenta que adquire uma dupla característica. É função do juiz derivada das obrigações dos artigos 1º, § 1º e 2º do PSJCR, mas ao mesmo tempo se traduz em garantia de jurisdição constitucional-convencional interna.[42]

---

41 HÄBERLE, Peter. "La jurisdicción constitucional en la fase actual de desarrollo del Estado constitucional". *In*: HESSE, Konrad; HÄBERLE, Peter. *Estudios sobre la jurisdicción constitucional*: con especial referencia al tribunal constitucional alemán. Trad. Joaquin Brage Camazano. México: Porrúa, 2005, p. 133.

42 No SEDH, o reconhecimento do poder dos juízes ordinários de não aplicarem as leis, quando está em causa a eficácia do Direito Comunitário, é bastante antigo na jurisprudência comunitária. Está ligado à doutrina do primado que está fixada no acórdão "Costa vs. Enel", 15/06/1964, e conclui no julgamento "Simmmenthal", 09/03/1978. Por seu turno, a proteção cautelar só foi confirmada pelo acórdão "Factortame", de 19/06/1990: "a plena eficácia do Direito Comunitário seria

1.2.4 Em busca de novas e maiores áreas de projeção de controle de convencionalidade

Sustentamos que o conceito de controle de convencionalidade é dinâmico, uma vez que é modificado por novas decisões da própria Corte IDH e pela influência recíproca junto às cortes constitucionais internas. É um conceito aberto às permeabilidades das interpretações evolutivas, ancorado nas transformações sociológicas e culturais dos países onde se projeta sua aplicação.

Assim, no caso "Radilla Pacheco", dizia-se:

> Para esta corte, não apenas a supressão ou edição das normas de Direito interno garantem os direitos contidos na Convenção Americana, de acordo com a obrigação prevista no art. 2° do referido instrumento. Exige também o desenvolvimento de práticas estatais condutoras à efetiva observância dos direitos e liberdades nela consagrados. Por conseguinte, a existência de uma regra não garante, por si só, que a sua aplicação seja adequada. É preciso que a aplicação das normas ou sua interpretação, como práticas jurisdicionais e manifestação da ordem pública estatal, seja ajustada à mesma finalidade perseguida pelo art. 2° da Convenção.[43]

---

completamente diminuída se uma norma de Direito nacional pudesse impedir o órgão jurisdicional de conhecer de um litígio regido pelo Direito Comunitário de conceder medidas provisórias destinadas a assegurar a plena eficácia da decisão judicial que deve decidir sobre a existência dos direitos invocados com base no Direito Comunitário. Daqui resulta que, se o juiz, nas circunstâncias, concedesse medidas cautelares se não enfrentasse uma norma de Direito nacional, é obrigado a excluir a aplicação dessa regra" (MACHADO, Santiago Muñoz. *Constitución*. Madrid: Iustel, 2004, p. 207). Em seguida, vários acórdãos marcam a evolução da tutela cautelar ao ampliar seu escopo como instrumento para os juízes nacionais ("Zückerfabrik", 21/02/1991; "Atlanta", 09/11/1995, entre outros).

43 Corte IDH, 23/11/2009, "Radilla Pacheco vs. Estados Unidos Mexicanos" (Excepciones preliminares, fondo, reparaciones y costas), série C, n°

Aqui, a Corte IDH enfatiza a necessidade de que as práticas judiciais, em termos de aplicação e interpretação de normas, sejam atravessadas pelo dever de proporcionar efeito útil e pela compatibilidade entre as normas e interpretações domésticas com as internacionais do SIDH e a interpretação da Corte IDH. Tudo isso na cabeça dos juízes, pelo menos nesse ponto da evolução do controle interno da convencionalidade.

No precedente "Cabrera García e Montiel Flores", a Corte IDH alerta para a necessidade de que esse dever-garantia seja aplicado não apenas pelos juízes. Lá expressou:

> Este Tribunal estabeleceu em sua jurisprudência que está ciente de que as autoridades nacionais estão sujeitas ao Estado de Direito e, portanto, são obrigadas a aplicar as disposições em vigor no ordenamento jurídico. Mas quando um Estado é parte de um tratado internacional como a Convenção Americana, todos os seus órgãos, inclusive seus juízes, também estão sujeitos a ela, o que os obriga a garantir que os efeitos das disposições da Convenção não sejam diminuídos pela aplicação de normas contrárias ao seu objeto e finalidade. Os juízes e órgãos envolvidos na administração da justiça em todos os níveis são obrigados a exercer *ex officio* um "controle de convencionalidade" entre as normas internas e a Convenção Americana, evidentemente no âmbito de suas respectivas competências e das correspondentes normas processuais. Nessa tarefa, juízes e órgãos ligados à administração da justiça devem levar em conta não apenas o tratado, mas também a interpretação dele pela Corte Interamericana, intérprete final da Convenção Americana.[44]

209, parágrafo 338. Disponível em: www.corteidh.or.cr/docs/casos/articulos/seriec_209_esp.pdf.

44 Corte IDH, 26/11/2010, "Cabrera García e Montiel Flores vs. México" (Excepción preliminar, fondo, reparaciones y costas), série C, nº 220, parágrafo 225. Disponível em: www.corteidh.or.cr/docs/casos/articulos/seriec_220_esp.pdf.

Assim, pelo menos nessa versão do controle interno de convencionalidade, dois aspectos claros da dinâmica interna dos poderes parecem ser distinguidos. Todas as autoridades públicas são obrigadas a proporcionar efeitos úteis ao PSJCR, enquanto o controle de convencionalidade deve ser exercido por juízes e órgãos ligados à administração da justiça. Insista-se mais uma vez que todos os órgãos devem assegurar o efeito útil do PSJCR, que tem transcendência como veremos em relação à posição das Administrações Públicas perante o PSJCR e o que seus intérpretes naturais decidem, informam e recomendam: a CIDH e a Corte IDH.

Isso não é menor na nossa área de estudo, nas relações entre cidadãos e Administrações Públicas no âmbito da determinação de direitos e obrigações.

A Corte Interamericana avançará, então, ainda mais nesse critério, estendendo a outros sujeitos estatais a obrigação de implantar o devido controle interno de convencionalidade.

O controle de convencionalidade exercido como dever, como explicamos, desenvolve-se sob dois lemas específicos: 1) o dever de levar em conta os tratados e as interpretações feitas pela própria Corte IDH, e 2) sob os parâmetros processuais e competências internas que emergem do princípio da subsidiariedade e da livre margem de apreciação[45] dos Estados-membros.

Aqui a flexibilidade do sistema responde àquela origem do controle de convencionalidade, à permeabilidade entre as diferentes

45 A Corte IDH deve atuar, tanto em sua jurisdição contenciosa quanto consultiva, de acordo com sua natureza subsidiária e complementar, uma vez que os Estados Parte são os principais responsáveis pela proteção dos direitos humanos em sua jurisdição (Corte IDH, 30/11/2012, "Massacre de Santo Domingo vs. Colômbia" (Excepciones preliminares, fondo y reparaciones), série C, nº 259, parágrafo 142. Disponível em: www.corteidh.or.cr/docs/casos/articulos/seriec_259_esp.pdf).

jurisdições constitucionais e convencionais domésticas e internacionais da Corte IDH que indicamos no caso que origina a doutrina.

Outros antecedentes significativos na construção do controle interno de convencionalidade são os casos "López Mendoza vs. Venezuela" e "Atalaya Riffo", nos quais se afirma que "é necessário que sejam aplicadas interpretações judiciais e administrativas e garantias judiciais, adequando-se aos princípios estabelecidos na jurisprudência deste tribunal".[46]

1.2.5 O olhar de influência recíproca

No caso de "Atala Riffo", a Corte IDH, a partir da reafirmação desse instrumento processual, explicou o alcance dessa permeabilidade das cortes constitucionais:

> Os juízes e órgãos ligados à administração da justiça em todos os níveis são obrigados a exercer *ex officio* um "controle de convencionalidade" entre as normas internas e a Convenção Americana, no âmbito de suas respectivas competências e dos regulamentos processuais correspondentes. Nessa tarefa, juízes e órgãos ligados à administração da justiça devem levar em conta não apenas o tratado, mas também a interpretação dele pela Corte Interamericana, intérprete final da Convenção Americana.
>
> 283. Assim, por exemplo, tribunais da mais alta hierarquia da região, como a Câmara Constitucional da Suprema Corte de Justiça da Costa Rica, a Corte Constitucional da Bolívia, a Suprema Corte de Justiça da República Dominicana, a Corte Constitucional do Peru, a Suprema Corte de Justiça da

46 Corte IDH, 01/09/2011, "López Mendoza vs. Venezuela" (Fondo, reparaciones y costas), série C, nº 233, parágrafo 228. Disponível em: https://corteidh.or.cr/docs/casos/articulos/seriec_233_esp.pdf; Corte IDH, 24/02/2012, "Atala Riffo e meninas vs. Chile" (Fondo, reparaciones y costas), série C, nº 239, parágrafo 284. Disponível em: https://corteidh.or.cr/docs/casos/articulos/seriec_239_esp.pdf.

Argentina, a Corte Constitucional da Colômbia, a Suprema Corte do México e a Suprema Corte do Panamá se referiram e aplicaram o controle de convencionalidade levando em conta as interpretações feitas pela Corte Interamericana.[47]

1.2.6 Um ponto de virada, o caso "Gelman"

Acreditamos que é em "Gelman", enquanto a Corte IDH intervém em sua função específica de supervisão das sentenças, que se expressa mais claramente o alcance que pretende dar a essa ferramenta para fortalecer um espaço comum de direitos humanos.[48] Ali o Tribunal Interamericano disse:

> Assim, é possível observar duas manifestações distintas dessa obrigação dos Estados de exercer o controle de convencionalidades, dependendo se a sentença foi proferida em um caso do qual o Estado foi parte ou não. Isso porque a norma convencional interpretada e aplicada adquire diferentes vínculos, dependendo se o Estado foi parte material ou não no processo internacional.

Em primeiro lugar, no que se refere ao controle interno de convencionalidade, diferencia-se os efeitos da sentença da Corte

---

47 Corte IDH, 24/02/2012, "Atala Riffo e meninas vs. Chile" (Fondo, reparaciones y costas), série C, nº 239, parágrafos 282 e 283. Disponível em: www.corteidh.or.cr/docs/casos/articulos/seriec_254_esp.pdf. Para uma análise pormenorizada a partir da jurisprudência da Corte IDH e com relação aos sistemas internos dos países latino-americanos, com acórdãos das Cortes nacionais e doutrina sobre o controle difuso por parte de todos os juízes, sem distinção, consultar BREWER-CARÍAS, Allan Randolph; SANTOFIMIO GAMBOA, Jaime Orlando. *Control de convencionalidad y responsabilidad del Estado*. Bogotá: Universidad Externado de Colombia, 2013, pp. 46-71.

48 Corte IDH, res. de 20/03/2013, "Gelman vs. Uruguai", supervisão de cumprimento de acórdão. Disponível em: www.corteidh.or.cr/docs/supervisiones/gelman_20_03_13.pdf.

IDH com autoridade de coisa julgada internacional a partir de duas manifestações: direta para as partes na disputa internacional e indireta para todos os Estados parte na CADH. Prossegue o tribunal:

> Com relação à primeira manifestação, quando há uma sentença internacional proferida em caso julgado em relação a um Estado que tenha sido parte no caso submetido à jurisdição da Corte Interamericana, todos os seus órgãos, inclusive seus juízes e órgãos ligados à administração da justiça, também estão sujeitos ao tratado e ao julgamento desta corte, o que os obriga a assegurar que os efeitos das disposições da Convenção e, consequentemente, das decisões da Corte Interamericana, não sejam diminuídos pela aplicação de normas contrárias ao seu objeto e finalidade ou por decisões judiciais ou administrativas que tornem ilusório o cumprimento total ou parcial da sentença. Ou seja, nesse caso, encontra-se na presença de coisa julgada internacional, razão pela qual o Estado é obrigado a cumprir e aplicar a sentença. O Estado do Uruguai encontra-se nesta situação relativamente à sentença proferida no processo "Gelman". Por conseguinte, precisamente porque o controle da convencionalidade é uma instituição que serve de instrumento de aplicação do Direito Internacional, no caso em apreço em que existe coisa julgada, trata-se simplesmente de o utilizar para cumprir na íntegra e de boa-fé o que foi ordenado no acórdão proferido pela Corte no caso concreto, portanto, seria incongruente usar essa ferramenta como justificativa para deixar de cumpri-la, como assinalado anteriormente.

Do parágrafo supracitado, extraem-se as diretrizes para o controle de convencionalidade interna como instrumento para alcançar a efetividade da coisa julgada dos direitos humanos com base no caráter vinculante das sentenças proferidas pela Corte IDH:

1) É baseado no art. 27 da Convenção de Viena sobre o Direito dos Tratados, de 1969.

2) As autoridades nacionais têm o dever de cumprir de boa-fé o Direito Internacional.

3) As obrigações gerais contidas no art. 2º do PSJCR são os seguintes:

   a) Supressão de normas e práticas de qualquer natureza que impliquem violação às garantias previstas na CADH ou que desrespeitem os direitos nela reconhecidos ou dificultem o seu exercício.

   b) Emissão de normas e desenvolvimento de práticas conducentes à efetiva observância dessas garantias.

4) As sentenças do Tribunal são inapeláveis e definitivas (art. 67, PSJCR), assumindo o caráter de coisa julgada e os Estados Partes, pelo art. 68, § 1º, comprometeram-se a cumprir a decisão da Corte IDH em qualquer caso em que sejam partes.

5) Os Estados Partes devem assegurar o cumprimento das disposições convencionais e seus próprios efeitos, tanto substantivos quanto processuais. O controle de convencionalidade aplica-se ao Direito convencional e, no caso de coisa julgada por referido instrumento, deve-se afastar qualquer norma, interpretação ou prática interna que contrarie ou dificulte o cumprimento das disposições de determinado caso.

O Tribunal prossegue sua análise:

> No que se refere à segunda manifestação do controle de convencionalidade, nas situações e casos em que o Estado em questão não tenha sido parte no processo internacional em que se estabeleceu determinada jurisprudência, pelo simples fato de ser parte da Convenção Americana, todas as suas autoridades públicas e todos os seus órgãos, inclusive órgãos democráticos, juízes e outros órgãos ligados à administração da justiça em todos os níveis, estão obrigados pelo Tratado, devendo, por conseguinte, exercer, no âmbito das respectivas

> competências e dos correspondentes regulamentos processuais, um controle de convencionalidade tanto na emissão e aplicação de normas, em termos da sua validade e compatibilidade com a Convenção, como na determinação, julgamento e resolução de situações particulares e casos específicos, levando em conta o próprio tratado e, conforme o caso, os precedentes ou diretrizes jurisprudenciais da Corte Interamericana.

A decisão delimita que o controle interno da convencionalidade é uma ferramenta que permite a aplicação, em instâncias internas, dos critérios interpretativos da Corte IDH previstos nos casos em que o Estado-membro não tenha sido parte.

Para a Corte Interamericana, é um falso dilema invocar razões de constitucionalidade interna para justificar a não aplicação do controle de convencionalidade de normas, critérios ou acórdãos proferidos pela Corte IDH.

Especificamente, de tal decisão, a nosso ver, é possível extrair do controle da convencionalidade as seguintes diretrizes:

1) O controle interno de convencionalidade é uma ferramenta para alcançar os efeitos da coisa julgada dos direitos humanos com base no caráter vinculante das sentenças proferidas pela Corte IDH.

2) O controle interno de convencionalidade é uma ferramenta que permite a aplicação, em instâncias internas, dos critérios interpretativos da Corte IDH previstos nos casos em que o Estado-membro não tenha sido parte.

3) O controle interno de convencionalidade é a externalização do princípio da subsidiariedade ou complementaridade.

4) É um falso dilema invocar razões de constitucionalidade interna para justificar a não aplicação do controle de convencionalidade de normas, critérios ou acórdãos proferidos pela Corte IDH.

5) Como consequência da eficácia jurídica da CADH em todos os Estados, tem havido um "controle dinâmico e complementar das obrigações dos Estados de respeitar e garantir os direitos humanos nos tratados, conjuntamente entre autoridades domésticas (principalmente obrigadas) e organismos internacionais (de forma complementar), para que os critérios decisórios possam ser moldados e adaptados entre si".[49]

6) Estende-se a todas as autoridades, embora sempre sujeitas às regras de jurisdição e de acordo com os regimes processuais internos.

7) Os critérios administrativos não podem tirar efetividade das normas e interpretações que a Corte IDH fez deles, e a autoridade pública (qualquer uma) deve exercer o controle de convencionalidade.

Acreditamos que esses critérios são complementados pela decisão da Corte IDH no caso "Fontevecchia e D'Amico"[50] na tarefa de supervisão do não cumprimento da condenação pelo mais alto tribunal interno argentino. Ali se enfatiza:

> A obrigação de cumprir as decisões do tribunal corresponde a um princípio básico de Direito sobre a responsabilidade internacional do Estado, amparado pela jurisprudência internacional, segundo o qual os Estados devem cumprir o tratado internacional de boa-fé (*pacta sunt servanda*) e, como esta Corte já assinalou e conforme previsto no art. 27 da Convenção de Viena sobre o Direito dos Tratados, de

49 O assunto foi explicado amplamente no caso Corte IDH, 30/11/2012, "Massacre de Santo Domingo vs. Colômbia" (Excepciones preliminares, fondo y reparaciones), série C, nº 259, parágrafo 143. Disponível em: www.corteidh.or.cr/docs/casos/articulos/seriec_259_esp.pdf.

50 Corte IDH, res. de 18/10/2017, "Fontevecchia e D'Amico vs. Argentina" supervisão de cumprimento de acórdão. Disponível em: www.corteidh.or.cr/docs/supervisiones/fontevecchia_18_10_17.pdf.

> 1969, não podem, por razões de ordem interna, deixar de assumir a responsabilidade internacional já estabelecida. As obrigações da convenção dos Estados Partes vinculam todos os poderes e órgãos do Estado, ou seja, todos os poderes do Estado (Executivo, Legislativo, Judiciário ou outros poderes do Poder Público) e outras autoridades públicas ou estatais, em qualquer nível, incluindo os mais altos tribunais de justiça dos mesmos (*sic*), têm o dever de cumprir de boa-fé o Direito Internacional.[51]

Parece necessário reiterar repetidamente que as cortes internacionais de direitos humanos não reavaliam juízos internos, nem reanalisam fatos ou provas sob a ideia de realizar um novo julgamento. Ao contrário, avaliam se os fatos internos estudados em um caso contencioso são externalização convergente ou não dos compromissos internacionais assumidos. Nos termos do PSJCR, trata-se apenas de analisar se foi cumprido o quadro geral de obrigações dos artigos 1º, § 1 e 2º, no que se refere a qualquer obrigação em particular decorrente dos direitos protegidos e promovidos no referido sistema.

Nesse sentido, a Corte IDH disse:

> Nesse sentido, o Tribunal reitera que a jurisdição internacional é subsidiária, coadjuvante e complementar e, portanto, não desempenha as funções de um tribunal de "quarta instância". A Corte não é um tribunal de recurso ou de apelação para dirimir divergências entre as partes sobre algum escopo de avaliação de provas ou aplicação do Direito interno em aspectos que não estejam diretamente relacionados ao cumprimento de obrigações internacionais de direitos humanos. Por isso, tem entendido que, em princípio, "compete aos tribunais do

---

51 Corte IDH, res. de 20/03/2013, "Gelman vs. Uruguay", supervisão de cumprimento de acórdão, parágrafo 59. Disponível em: www.corteidh.or.cr/docs/supervisiones/gelman_20_03_13.pdf.

> Estado examinar os fatos e as provas apresentadas em casos particulares".[52]

1.3 Fundamentos do controle interno de convencionalidade

Antes de testar o conceito de controle de convencionalidade como conclusão deste primeiro capítulo, o que nos permitirá entrar plenamente no segundo – o controle de convencionalidade no âmbito das Administrações Públicas –, devemos aprofundar os fundamentos do controle interno de convencionalidade.

Os casos citados no parágrafo anterior mostram a evolução que vem ocorrendo no SIDH e anunciam, pelo menos a partir da posição da Corte IDH, as bases para a instalação deste, apesar de carecer de previsão expressa no próprio PSJCR.

A Corte IDH parece deduzir de certas normas expressas o que não aparece na superfície da CADH. A base seria encontrada na intersecção com as obrigações estatais que, ao contrário do controle de convencionalidade, têm regulamentação expressa:

a) O marco geral obrigacional.

b) O efeito útil.

c) O princípio de subsidiariedade ou complementariedade.

d) A prevenção da responsabilidade internacional.

e) O controle interno de convencionalidade e a execução das sentenças.

52 Corte IDH, 24/02/2012, "Atala Riffo e meninas vs. Chile" (Fondo, reparaciones y costas), série C, nº 239, parágrafo 65. Disponível em: www.corteidh.or.cr/docs/casos/articulos/seriec_254_esp.pdf.

Tudo isso está ligado pela interpretação evolutiva que já mencionamos.

1.3.1 O marco geral obrigacional

Como já foi dito, é central para a construção realizada pela Corte IDH o quadro geral das obrigações estatais, contido nos artigos 1º, § 1º e 2º do PSJCR.

Essas disposições permitem deduzir que o que é relevante para a Convenção Americana de Direitos Humanos é que o exercício dos direitos, entendido como gozo efetivo na vida cotidiana, é assegurado por medidas estatais, legislativas ou não. Isso foi confirmado pela Corte Interamericana ao destacar que o art. 1º, § 1º, da CADH obriga os Estados Partes não apenas a respeitar os direitos e liberdades reconhecidos pela própria Convenção, mas também a garantir seu livre e pleno exercício a todas as pessoas sujeitas à sua jurisdição, o que estende o dever inicial de não adotar comportamentos violadores à necessária adoção de medidas de conteúdo positivo.

De fato, "garantir implica a obrigação do Estado de tomar todas as medidas necessárias para remover os obstáculos que possam existir para que os indivíduos possam usufruir dos direitos reconhecidos pela Convenção".[53]

Consequentemente, é ilegal qualquer forma de exercício do Poder Público que viole em si os direitos reconhecidos pelo PSJCR; ou seja, qualquer circunstância em que um órgão ou funcionário do Estado ou de uma instituição de caráter público viole indevidamente

---

53 Corte IDH, OC-11/90, 10/08/1990, "Excepciones al agotamiento de los recursos internos (arts. 46.1, 46.2.a y 46.2.b Convención Americana sobre Derechos Humanos)", solicitada por la Comisión Interamericana de Derechos Humanos, parágrafo 34. Disponível em: www.corteidh.or.cr/docs/opiniones/seriea_11_esp.pdf.

um desses direitos.[54] Assim como a tolerância do Estado a circunstâncias ou condições que impeçam os indivíduos de acessarem o gozo de direitos, deve ser entendido como violação da art. 1º, § 1º, da CADH.[55]

Como explicado:

> Em virtude do dever de respeitá-los, o Estado não pode violá-los diretamente, mesmo que não os tenha reconhecido em seu Direito interno; e em virtude do dever de garanti-los, não pode violá-los indiretamente, negando a seus titulares a proteção jurisdicional e governamental necessária para exigir seu cumprimento, tanto contra autoridades públicas quanto contra os próprios particulares, mesmo sob o pretexto de que tal proteção não tenha sido assegurada por sua ordem interna. Em outras palavras, o mero desrespeito a tais direitos e a mera negação de sua proteção, governamental ou jurisdicional, configurariam violações diretas a eles, de acordo com o dever de respeitá-los e garanti-los estabelecido pelo art. 1.1 da Convenção.[56]

---

54 Corte IDH, 29/07/1988, "Velásquez Rodríguez vs. Honduras" (Fondo), série C, nº 4, parágrafo 169. Disponível em: www.corteidh.or.cr/docs/casos/articulos/seriec_04_esp.pdf.

55 Corte IDH, OC-11/90, 10/08/1990, "Excepciones al agotamiento de los recursos internos (arts. 46.1, 46.2.a y 46.2.b Convención Americana sobre Derechos Humanos)", solicitada por la Comisión Interamericana de Derechos Humanos, parágrafo 34. Disponível em: www.corteidh.or.cr/docs/opiniones/seriea_11_esp.pdf; Corte IDH, 28/02/2003, "Cinco pensionistas' vs. Peru" (Fondo, reparaciones y costas), série C, nº 98. Disponível em: www.corteidh.or.cr/docs/casos/articulos/Seriec_98_esp.pdf.

56 Corte IDH, OC-7/86, 29/08/1986, "Exigibilidad del derecho de rectificación o respuesta (arts. 14.1, 1.1 y 2 Convención Americana sobre Derechos Humanos)", solicitada pelo Governo da Costa Rica, opinião separada do juiz Piza Escalante, parágrafo 30. Disponível em: https://www.corteidh.or.cr/docs/opiniones/seriea_07_esp.pdf.

O compromisso assumido pelos Estados-membros no art. 1º da CADH deve ser entendido como o dever dos Estados Partes de organizar todo o aparato governamental e, em geral, todas as estruturas por meio das quais se manifesta o exercício do Poder Público de modo que sejam capazes de assegurar juridicamente o livre e pleno exercício dos direitos humanos.[57]

Essa noção vai além do dever de instituir uma ordem normativa voltada para a proteção de direitos. Requer o desenho e a implementação de uma conduta governamental permanente que assegure a existência, na realidade, de uma efetiva garantia do livre e pleno exercício dos direitos humanos.[58]

Assim, é possível distinguir entre o dever de respeito contido no art. 1º, § 1º, da CADH, que é inerente à natureza do compromisso internacional de não violar os direitos que a ele acarreta e de ditar as medidas necessárias para garantir plenamente a efetividade de tais direitos na ordem interna, a que se refere o art. 2º.

Como se observa, o dever geral previsto no art. 2º do PSJCR implica a adoção de medidas em dois aspectos. De um lado, a abolição das regras e práticas de qualquer natureza que impliquem violação às garantias previstas no PSJCR. Por outro lado, a emissão de normas e o desenvolvimento de práticas conducentes à efetiva

57 Corte IDH, 20/01/1989, "Godínez Cruz vs. Honduras" (Fondo), série C, nº 5. Disponível em: www.corteidh.or.cr/docs/casos/articulos/seriec_05_esp.pdf; Corte IDH, OC-11/90, 10/8/1990, "Excepciones al agotamiento de los recursos internos (arts. 46.1, 46.2.a y 46.2.b Convención Americana sobre Derechos Humanos)", solicitada pela Comissão Interamericana de Direitos Humanos, parágrafo 23. Disponível em: www.corteidh.or.cr/docs/opiniones/seriea_11_esp.pdf.

58 Corte IDH, 29/07/1988, "Velásquez Rodríguez vs. Honduras" (Fondo), série C, nº 4. parágrafo 167. Disponível em: www.corteidh.or.cr/docs/casos/articulos/seriec_04_esp.pdf.

observância dessas garantias.[59] Em ambos, é fundamental o papel do parlamento como primeiro ator do rol de autoridades obrigadas a retirar e adotar medidas conducentes a dar certa efetividade aos direitos, liberdades e garantias do PSJCR. Mas não menos relevante é o papel das Administrações Públicas na remoção de obstáculos e na expedição de atos de alcance geral e individual que dão efetividade às obrigações do referido Pacto. Trata-se de um eixo central na redefinição das funções das Administrações Públicas a partir do subsistema de direitos humanos.

A Corte IDH indicou com relação ao art. 2º:

> [Este artigo] diz respeito não apenas à adaptação normativa formal da ordem jurídica interna à Convenção, por meio da adoção de "medidas legislativas", mas também à adoção de "outras" medidas para dar efetividade aos direitos. Entre essas medidas podem estar aquelas destinadas a especificar ou materializar as normas que o próprio Estado adotou para satisfazer um direito (no caso, atos formais para o reconhecimento do direito de propriedade coletiva).[60]

---

59 Corte IDH, 18/09/2003, "Bulacio vs. Argentina" (Fondo, reparaciones y costas), série C, nº 100. Disponível em: www.corteidh.or.cr/docs/casos/articulos/seriec_100_esp.pdf; Corte IDH, OC-13/93, 16/07/1993, "Ciertas atribuciones de la Comisión Interamericana de Derechos Humanos (arts. 41, 42, 44, 46, 47, 50 y 51 de la Convención Americana sobre Derechos Humanos)", solicitada pelos governos da República Argentina e da República Oriental do Uruguai. Disponível em: www.corteidh.or.cr/docs/opiniones/seriea_13_esp.pdf; Corte IDH, 29/11/2006, "La Cantata vs. Peru" (Fondo, reparaciones y costas), série C, nº 162, parágrafo 172. Disponível em: www.corteidh.or.cr/docs/casos/articulos/seriec_162_esp.pdf.

60 Corte IDH, 06/02/2020, "Comunidades indígenas membros da Associação Lhaka Honhat (Nuestra Tierra) vs. Argentina" (Fondo, reparaciones y costas), série C, nº 400, parágrafo 120. Disponível em: www.corteidh.or.cr/docs/casos/articulos/seriec_400_esp.pdf.

Também detalhou o fato de que o art. 2º do PSJCR determina não apenas a "emissão de normas", mas também "o desenvolvimento de práticas conducentes à efetiva observância" das "garantias" convencionais.[61]

Além disso, indicou:

> A ação estatal de especificar o que está ordenado em seu próprio regimento interno, quando se refere à adequada observância de um direito convencional, é uma "prática" no sentido expresso. A noção de "prática", ou de medidas de natureza diferente das medidas legislativas, nos termos do art. 2º da Convenção, não se equivalem ao mero ato de aplicação direta ou pontual de disposição normativa.[62]

De acordo com o exposto, uma interpretação harmônica dos artigos 1º, § 1º, e 2º do PSJCR permite identificar as seguintes necessidades essenciais:

a) Em consequência das obrigações gerais de respeitar e garantir os direitos fundamentais, os Estados devem adotar medidas positivas, evitar tomar iniciativas que limitem ou violem um direito fundamental e abolir medidas e práticas que atualmente os restrinjam ou violem.[63]

---

61 Corte IDH, 18/08/200, "Cantoral Benavides vs. Peru" (Fondo), série C, nº 69, parágrafo 178. Disponível em: https://www.corteidh.or.cr/docs/casos/articulos/Seriec_69_esp.pdf; Corte IDH, 09/03/2018, "Ramírez Escobar *et alii* vs. Guatemala" (Fondo, reparaciones y costas), série C, nº 351, parágrafo 243. Disponível em: www.corteidh.or.cr/docs/casos/articulos/seriec_351_esp.pdf.

62 Corte IDH, 06/02/2020, "Comunidades indígenas membros da Associação Lhaka Honhat (Nuestra Tierra) vs. Argentina" (Fondo, reparaciones y costas), série C, nº 400, parágrafo 120, nota 132. Disponível em: www.corteidh.or.cr/docs/casos/articulos/seriec_400_esp.pdf.

63 Corte IDH, OC-18/03, 17/09/2003, "Condición jurídica y derechos de los migrantes indocumentados", solicitada pelos Estados Unidos

b) Em consequência da obrigação adicional do art. 2º do PSJCR, os Estados devem, quando o exercício de um direito ainda não estiver garantido, adaptar seu ordenamento jurídico, no plano normativo ou de qualquer outra natureza, para permitir tal exercício.[64]

É essencial que os órgãos ou funcionários de qualquer poder estatal, seja Executivo, Legislativo ou Judicial, exerçam as suas funções e realizem ou emitam os seus atos, resoluções e sentenças de forma eficaz em conformidade com o Direito Internacional aplicável.[65] Em outras palavras, trata-se de pensar a partir do PSJCR não como um limite externo às decisões adotadas sob os parâmetros do Direito interno, mas como um pressuposto do entendimento global desse Direito.

A Corte IDH constrói a base normativa expressamente imprevista para o controle de convencionalidade a partir dessas duas obrigações-marco, fundamentalmente uma vez detectada a omissão legislativa.

1.3.2 O efeito útil

Se o objeto e a finalidade da CADH é a proteção efetiva dos direitos humanos, ela deve ser interpretada de modo a dar-lhe pleno

---

Mexicanos, parágrafo 81. Disponível em: https://www.acnur.org/fileadmin/Documentos/BDL/2003/2351.pdf.

64 Corte IDH, 14/09/1996, "El Amparo vs. Venezuela" (Reparaciones y costas), série C, nº 28, voto dissidente do juiz Cançado Trindade. Disponível em: www.corteidh.or.cr/docs/casos/articulos/seriec_28_esp.pdf.

65 Corte IDH, OC-18/03, 17/09/2003, "Condición jurídica y derechos de los migrantes indocumentados", solicitada pelos Estados Unidos Mexicanos, parágrafo 171. Disponível em: https://www.acnur.org/fileadmin/Documentos/BDL/2003/2351.pdf.

significado e permitir que o regime tutelar adquira todo o seu "efeito útil".[66]

Como bem assinala Albanese, as propostas de problemas estruturais e de controle de convencionalidade visam projetar soluções que objetivam a obtenção da efetividade do sistema internacional de proteção de direitos. A autora enfatiza que o controle de convencionalidade tende a otimizar a efetividade do sistema internacional, como faz a Corte Europeia com o reconhecimento do "problema estrutural".[67]

Foi criado no SEDH um mecanismo denominado sentenças-piloto através do qual o Tribunal Europeu aborda problemas sistêmicos ou estruturais. Por meio desse procedimento, o Tribunal Europeu seleciona um dos vários pedidos repetitivos para servir de modelo para a resolução de casos idênticos.[68]

É por meio desse procedimento que o Tribunal Europeu seleciona um caso ou um grupo de casos para que a solução possa ser alargada para além deles, de modo a abranger todos os casos repetitivos que tenham a sua origem no mesmo problema estrutural.[69] Através de sentença-piloto, o Tribunal Europeu concede ao Estado

---

66 Corte IDH, 26/06/1987, "Fairén Garbi e Solís Corrales vs. Honduras" (Excepciones preliminares), série C, nº 2, parágrafo 35. Disponível em: www.corteidh.or.cr/docs/casos/articulos/seriec_02_esp.pdf; Corte IDH, 07/09/2022, "Tzompaxtle Tecpile *et alii* vs. México" (excepción preliminar, fondo, reparaciones y costas).

67 ALBANESE, Susana. *Garantías judiciales*. Buenos Aires: Ediar, 2010.

68 Ver URIARTE, Joana Abrisketa. "Las sentencias piloto: el Tribunal Europeo de Derechos Humanos, de juez a legislador". *Revista Española de Derecho Internacional*, vol. LXV/1, 2013, pp. 73-99.

69 QUERALT JIMÉNEZ, Argelia. "Las sentencias piloto como ejemplo paradigmático de la transformación del Tribunal Europeo de Derechos Humanos". *Teoría y Realidad Constitucional*, nº 42, 2018, pp. 395 e ss. Consultar também seu livro QUERALT JIMÉNEZ, Argelia. *El Tribunal de Estrasburgo*: una jurisdicción internacional para la protección de los derechos fundamentales. Valencia: Tirant lo Blanch, 2003. Ver

condenado um prazo para adoptar determinadas medidas gerais. O procedimento das sentenças-piloto foi uma criação jurisprudencial do próprio Tribunal de Estrasburgo, sem base na Convenção Europeia e no Regulamento.

O primeiro caso de uso do procedimento das sentenças-piloto se deu em "Broniowski vs. Polônia", de 22 de junho de 2004. O procedimento-piloto foi regulamentado desde que, em março de 2011, o Tribunal alterou o art. 61 do seu Regulamento, codificando o procedimento pré-existente para a emissão deste tipo de sentença e estabelecendo um quadro regulamentar claro para ele.[70]

O principal instrumento para dar efeito jurídico às regras dos tratados reside no princípio geral do Direito Internacional contido no art. 27 da Convenção de Viena: a impossibilidade de invocar o Direito interno para justificar o não cumprimento do tratado, independentemente da hierarquia desse Direito interno. Essa regra tem sido pacificamente considerada como um princípio geral de Direito e aplicada mesmo no caso de disposições de natureza constitucional.[71]

Qualquer sistema jurídico que se pretenda eficaz deve estabelecer ferramentas para garantir o cumprimento dos compromissos. No nível que nos preocupa, sem dúvida um dos mais importantes é a impossibilidade de invocar o Direito interno – a vontade do Estado – como justificativa para o não cumprimento do acordo. Caso contrário, as obrigações assumidas não seriam legais, mas apenas éticas.

GARCÍA, Ricardo Alonso. *El juez nacional en la encrucijada europea de los derechos fundamentales*. Madrid: Civitas, 2014.

70 CORTE SUPREMA DE JUSTICIA DE LA NACIÓN. *Sentencias piloto de la Corte Europea de Derechos Humanos*. Disponível em: www.csjn.gob.ar/dbre/Sentencias/cedhSentenciasPiloto.html.

71 Corte IDH, OC-14/94, 09/12/1994, "Responsabilidad internacional por expedición y aplicación de leyes violatorias de la Convención (arts. 1 y 2 Convención Americana sobre Derechos Humanos)", solicitada pela Comissão Interamericana de Direitos Humanos. Disponível em: www.acnur.org/fileadmin/Documentos/BDL/2002/1262.pdf?view=1.

Conforme explicado pela Corte Interamericana, condicionar o cumprimento de suas sentenças à sua conformidade com a ordem interna não implicaria apenas liberar o grau de aceitação das diretrizes da Corte Internacional à vontade discricionária do Estado, mas levaria a um cenário em que a análise dessa Corte teria como primeiro parâmetro de referência o Direito interno do Estado e apenas subsidiariamente a Convenção Americana de Direitos Humanos.[72] Essa situação levaria a uma fragmentação da ordem jurídica internacional para a proteção dos direitos humanos e tornaria ilusório o objeto e a finalidade da Convenção.

Como consequência da diretriz do art. 27 da Convenção de Viena, nos casos ou hipóteses de violação das obrigações internacionais assumidas pelos Estados Partes decorrentes de uma possível contradição entre suas normas de Direito interno e as da Convenção, estas serão avaliadas pela Corte IDH nos processos contenciosos como simples fatos ou manifestações de vontade. Todos eles só podem ser sopesados em relação às convenções e tratados envolvidos e independentemente do significado ou hierarquia que a norma nacional tenha dentro da ordem jurídica do respectivo Estado.[73] Isso porque o juízo ponderado realizado pela Corte Interamericana limita-se a verificar se houve um caso de inobservância da CADH, sendo diferente que o órgão ou funcionário tenha agido em desacordo com disposições de Direito interno ou excedendo os limites de sua própria competência.[74]

---

72 Corte IDH, 01/09/2001, "Hilaire vs. Trinidad y Tobago" (Excepciones preliminares), série C, nº 80. Disponível em: www.corteidh.or.cr/docs/casos/articulos/Seriec_80_esp.pdf.

73 Corte IDH, OC-14/94, 09/12/1994, "Responsabilidad internacional por expedición y aplicación de leyes violatorias de la Convención (arts. 1 y 2 Convención Americana sobre Derechos Humanos)", solicitada pela Comissão Interamericana de Direitos Humanos. Disponível em: www.acnur.org/fileadmin/Documentos/BDL/2002/1262.pdf?view=1.

74 Corte IDH, 29/07/1988, "Velásquez Rodríguez vs. Honduras" (Fondo), série C, nº 4, parágrafo 170. Disponível em: https://www.corteidh.or.cr/

Decorre do exposto que a responsabilidade internacional do Estado surge imediatamente com o ilícito internacional que lhe é imputado, embora só possa ser exigida depois de o Estado ter tido a oportunidade de reparar pelos seus próprios meios.[75]

Ora, tudo isso tem significado dentro do controle interno de convencionalidade justamente para fundamentar sua existência. Essa ferramenta permite, de acordo com o princípio da subsidiaredade ou complementaridade, como veremos adiante, ativar na sede nacional a devida adaptação da diversificada experiência nacional – critérios normativos, interpretativos, entre outros – aos padrões normativos e interpretativos do PSJCR, especialmente na figura do controle de convencionalidade, implantado pelos juízes, os quais, na qualidade de últimos intérpretes internos, conferem efetividade ao sistema de direitos humanos. A harmonização constitucional que permite a jurisdição constitucional interna é semelhante à permitida pela jurisdição convencional, evitando, assim, não apenas a divisão da competência, mas sim a prevenção de ilícitos internacionais por violação dos deveres impostos pelo PSJCR.

Essa posição tem sido claramente apoiada pela Corte IDH, especialmente em sua competência para supervisionar as sentenças, mecanismo próprio para conferir efetividade, dentre outros, às suas decisões.

> Os Estados Partes na Convenção devem assegurar o cumprimento das disposições do tratado e seus próprios efeitos (*effet utile*) no nível de suas respectivas leis internas. Esse princípio se aplica não apenas em relação às regras substantivas dos tratados de direitos humanos (ou seja, aquelas que contêm disposições sobre direitos protegidos), mas também em relação

---

docs/casos/articulos/seriec_04_esp.pdf.

75 Corte IDH, 08/07/2004, "Caso dos irmãos Gómez Paquiyauri vs. Peru" (Fondo, reparaciones y costas), série C, nº 110, parágrafo 75. Disponível em: www.corteidh.or.cr/docs/casos/articulos/seriec_110_esp.pdf.

às regras processuais, como as relativas ao cumprimento de decisões da Corte. Estas obrigações devem ser interpretadas e aplicadas de modo a que a garantia protegida seja verdadeiramente prática e eficaz, tendo em conta a natureza especial dos tratados de direitos humanos.[76]

1.3.3 Prevenção de violações de direitos humanos: o princípio da subsidiariedade ou complementaridade

O primeiro elo no cumprimento das obrigações internacionais reside no dever de prevenir violações de direitos humanos,[77] que inclui todas as medidas legais, políticas, administrativas e culturais que promovam a salvaguarda dos direitos humanos e que garantam que quaisquer violações de direitos humanos sejam efetivamente consideradas e tratadas como atos ilícitos.[78]

O carácter preventivo da ação estatal torna-se, assim, o primeiro critério a ter em conta para avaliar a sua adequação às normas exigidas na matéria.

---

76 Corte IDH, res. de 24/06/2015, "Caso das comunidades indígenas Yakye Axa, Sawhoyamaxa e Xákmok Kásek vs. Paraguai", supervisão de cumprimento de acórdão, parágrafo 3. Disponível em: www.corteidh.or.cr/docs/supervisiones/yakie_24_06_15.pdf. Observa-se o mesmo critério em Corte IDH, res. de 17/04/2015, "García Lucero *et alii* vs. Chile", supervisão de cumprimento de acórdão, parágrafo 3. Disponível em: www.corteidh.or.cr/docs/supervisiones/garcia_lucero_17_04_15.pdf.

77 Corte IDH, 20/01/1989, "Godínez Cruz vs. Honduras" (Fondo), série C, nº 5. Disponível em: www.corteidh.or.cr/docs/casos/articulos/seriec_05_esp.pdf; Corte IDH, OC-11/90, 10/08/1990, "Excepciones al agotamiento de los recursos internos (arts. 46.1, 46.2.a y 46.2.b Convención Americana sobre Derechos Humanos)", solicitada pela Comissão Interamericana de Direitos Humanos. Disponível em: www.corteidh.or.cr/docs/opiniones/seriea_11_esp.pdf.

78 Corte IDH, 14/09/1996, "El Amparo vs. Venezuela" (Reparaciones y costas), série C, nº 28, voto dissidente do juiz Cançado Trindade, parágrafo 6. Disponível em: www.corteidh.or.cr/docs/casos/articulos/seriec_28_esp.pdf.

O legislador tem seu papel expressamente atribuído pelo art. 2º do PSJCR sobre a intervenção dos demais poderes do Estado. A adaptação regulatória é importante porque envolve o primeiro elo de uma cadeia de comportamentos estatais que permitirá analisar o papel dos demais poderes internos na ação de prevenção. Isso ativa o devido controle de convencionalidade interna nas mãos do Poder Judiciário para corrigir no sistema interno a falta de adequação regulatória interna que resulta em uma violação do sistema.

Mas o sistema também atribui um papel importante às Administrações Públicas neste domínio: as suas aplicações do sistema jurídico e as suas interpretações emitidas no âmbito das suas próprias competências devem refletir o nível adequado de compatibilidade com os compromissos internacionais assumidos. O papel das Administrações Públicas para a concepção de programas, a resolução de conflitos e solicitações sob o prisma da prevenção ressignifica os elementos fundamentais da organização administrativa.

Para compreender a dimensão preventiva, é necessário atentar para a estrutura do sistema americano. Este não é um modelo limitado à instituição de organismos supranacionais; ao contrário, é composto por dois níveis distintos de proteção relevante, em que o nacional é o primeiro a ser chamado para se adaptar ao sistema internacional. Inicialmente, e principalmente, a tarefa fundamental reside no nível nacional, onde os Estados devem dar cumprimento às suas obrigações. O segundo nível do sistema – a CIDH e a Corte IDH – só opera quando o primeiro não cumpriu seu papel,[79] sendo, portanto, subsidiário e contribuindo para o trabalho nacional.[80]

---

79 Corte IDH, 06/12/2001, "Las Palmeras vs. Colômbia" (Fondo), série C, nº 90, voto fundamentado conjunto dos juizes Cançado Trindade e Pacheco Gómez. Disponível em: www.corteidh.or.cr/docs/casos/articulos/Seriec_90_esp.pdf.

80 Corte IDH, 28/01/2009, "Ríos *et alii* vs. Venezuela" (Excepciones preliminares, fondo, reparaciones y costas), série C, nº 194. Disponível em: www.corteidh.or.cr/docs/casos/articulos/seriec_194_esp.pdf. Ali

Esse caráter preventivo determina uma nova abordagem da dinâmica dos Poderes e, especialmente, das Administrações Públicas e sua relação com a cidadania, e logicamente do consequente controle judicial dessas relações.[81]

O controle de convencionalidade nas sedes das próprias Administrações Públicas, como explicaremos, é expressão da atividade preventiva. Como afirmou a Corte IDH:

> As obrigações dos tratados dos Estados Parte vinculam todos os Poderes e órgãos do Estado, isto é, todos os Poderes do Estado (Executivo, Legislativo, Judiciário ou outros poderes do Poder Público) e outras autoridades públicas ou estatais, em qualquer nível, inclusive as mais altas cortes de justiça, têm o dever de cumprir de boa-fé o Direito Internacional.[82]

---

se enfatizou que o sistema interamericano "é coadjuvante, subsidiário e complementar da proteção que o Direito interno dos Estados Partes deve oferecer" (parágrafo 37).

81 Tal como lembra Cassagne: "nunca foi tarefa fácil no mundo controlar o exercício do Poder Público quando os direitos dos cidadãos são afetados. Muitos séculos tiveram que transcorrer até que sistemas pudessem ser consolidados para impedir, com uma mínima eficácia, o transbordamento da atividade administrativa e legislativa para fora dos limites do direito e da justiça" (CASSAGNE, Juan Carlos. "Consideraciones sobre la justicia administrativa en la Argentina y en otros países de Iberoamérica". *In*: GONZÁLEZ PÉREZ, Jesús; CASSAGNE, Juan Carlos. *La justicia administrativa en Iberoamérica*. Buenos Aires: LexisNexis Abeledo-Perrot, 2005, p. 34). A isso deveremos acrescentar que também não será a partir da prática deste novo ângulo que propomos.

82 Corte IDH, res. de 18/10/2017, "Fontevecchia y D'Amico vs. Argentina", supervisão de cumprimento de acórdão, consid. 13. Disponível em: www.corteidh.or.cr/docs/supervisiones/fontevecchia_18_10_17.pdf.

1.3.4 Prevenção da responsabilidade internacional

Vale lembrar o modo como a Corte IDH construiu a visão do dever de responder a partir da arena internacional, que tem um olhar diferente do dever genérico de resposta adotado pelos sistemas nacionais. A regulamentação dos tipos de responsabilidade é da competência discricionária de cada Estado-membro e o seu limite é a correspondência correta em termos de níveis de proteção entre um sistema interno e o sistema internacional.

Agora, não devemos confundir esse dever interno genérico e a sua regulamentação com uma perspectiva diferente, como o dever de assumir a responsabilidade por atos que constituam violações dos deveres internacionalmente assumidos por cada Estado-membro.

O dever de resposta implica que as soberanias nacionais respeitem as obrigações internacionais com as quais se comprometeram como atributo da própria soberania. O primeiro obriga os Estados a cumprir as decisões dos tribunais internacionais, mas o mais importante e o que propomos: prevenir violações de direitos humanos por meio de Administrações Públicas.

Dito isto, temos de separar do estudo o controle interno de convencionalidade da questão vinculada à responsabilidade internacional e dos mecanismos de reparação e compensação.

A Corte IDH foi clara ao estabelecer, tanto a partir das bases do próprio texto do PSJRC quanto dos costumes internacionais, que o dever de resposta é um princípio geral de Direito.

Expressou no caso "Velásquez Rodríguez":

> É um princípio do Direito Internacional que a jurisprudência tem considerado "mesmo uma concepção geral de Direito", que qualquer violação de uma obrigação internacional que tenha causado dano implica o dever de fazer a reparação adequada. A compensação, por outro lado, é a maneira mais usual de fazer isso ("Factory at Chorzów", Jurisdiction, judgment nº

> 8, 1927, PCIJ, series A, nº 9, p. 21; y "Factory at Chorzów", Merits, judgment nº 13, 1928, PCIJ, series A, nº 17, p. 29; "Reparation for injuries suffered in the service of the United Nations", advisory opinion, ICJ Reports 1949, p. 184) (...).
>
> Isso implica que a Corte, ao determinar a compensação correspondente, deve se basear na Convenção Americana e nos princípios do Direito Internacional aplicável à matéria.[83]

De fato, no caso das "Crianças de Rua", a Corte IDH decidiu:

> É um princípio básico do Direito de responsabilidade internacional do Estado, consagrado no Direito Internacional dos direitos humanos, que todo Estado é internacionalmente responsável por todo e qualquer ato ou omissão de qualquer de seus poderes ou órgãos em caso de violação de direitos internacionalmente consagrados. O art. 1.1 da Convenção Americana é de fundamental importância nesse sentido.[84]

No que diz respeito ao art. 2º, a Corte IDH se manifestou em diferentes pronunciamentos:

> No que diz respeito à obrigação geral de harmonizar a legislação interna com a Convenção, a Corte declarou em várias ocasiões que "no Direito das nações, uma regra consuetudinária prescreve que um Estado que tenha celebrado uma convenção internacional deve fazer as modificações em seu Direito interno necessárias para assegurar a execução das obrigações assumidas". Esse princípio aparece no art. 2º da Convenção, que estabelece a obrigação geral de cada Estado

---

83 Corte IDH, 21/07/1989, "Velásquez Rodríguez vs. Honduras" (Reparaciones y costas), série C, nº 7, parágrafos 25 e 31. Disponível em: https://www.corteidh.or.cr/docs/casos/articulos/seriec_07_esp.pdf.

84 Corte IDH, 19/11/1999, "Caso das 'Crianças de Rua' (Villagrán Morales *et alii*) vs. Guatemala" (Fondo), série C, nº 63, parágrafo 220. Disponível em: www.corteidh.or.cr/docs/casos/articulos/Seriec_63_esp.pdf.

> Parte de adequar seu Direito interno às disposições da própria Convenção, a fim de garantir os direitos nela reconhecidos, o que implica a necessidade de adotar medidas efetivas de Direito interno em seu sentido útil (princípio do *effet utile*). (...) Essa adoção de medidas opera em dois sentidos, a saber: i) abolição de regras e práticas de qualquer natureza que impliquem violação das garantias previstas na Convenção ou que ignorem os direitos nela reconhecidos ou dificultem o seu exercício, e ii) a emissão de regulamentos e o desenvolvimento de práticas conducentes à efetiva observância dessas garantias.[85]

A sistemática do art. 1º, § 1º, conjugado com o art. 2º do PSJCR, que enquadra as diretrizes gerais do dever de resposta dos Estados, pode ser sintetizado, então, sob os seguintes aspectos:

> A garantia implica a obrigação do Estado de tomar todas as medidas necessárias para remover os obstáculos que possam existir para que os indivíduos possam usufruir dos direitos que o PSJCR reconhece.[86]

Portanto, não só é ilícita qualquer forma de exercício do Poder Público que viole por si só os direitos reconhecidos pelo PSJCR, ou seja, qualquer circunstância em que um órgão ou funcionário do Estado ou de uma instituição de natureza pública infrinja indevidamente um desses direitos,[87] como também deve ser entendida como uma

---

85 Corte IDH, 17/11/2009, "Barreto Leiva vs. Venezuela" (Fondo, reparaciones y costas), série C, nº 206, parágrafos 106 e 107. Disponível em: www.corteidh.or.cr/docs/casos/articulos/seriec_206_esp1.pdf.

86 Corte IDH, OC-11/90, 10/08/1990, "Excepciones al agotamiento de los recursos internos (arts. 46.1, 46.2.a y 46.2.b Convención Americana sobre Derechos Humanos)", solicitada pela Comissão Interamericana de Direitos Humanos, parágrafo 34. Disponível em: www.corteidh.or.cr/docs/opiniones/seriea_11_esp.pdf.

87 Corte IDH, 29/07/1988, "Velásquez Rodríguez vs. Honduras" (Fondo), série C, nº 4, parágrafo 169. Disponível em: www.corteidh.or.cr/docs/casos/articulos/seriec_04_esp.pdf.

violação do art. 1º, inciso 1, da Convenção, a tolerância do Estado com circunstâncias ou condições que impeça o gozo de direitos.[88]

Os arts. 1º, § 1, e 2º expressam, assim, o quadro geral de obrigações, a cargo dos próprios Estados, de garantir o livre e pleno exercício dos direitos reconhecidos pelo PSJCR a qualquer pessoa sob sua jurisdição.[89]

Então, e em vários pronunciamentos, todos coincidentes, a Corte IDH estabeleceu:

> A reparação do dano causado pela violação de uma obrigação internacional exige, sempre que possível, a plena restituição (*restitutio in integrum*), que consiste no
>
> restabelecimento da situação anterior. Se isso não for possível, como ocorre na maioria dos casos de violações a direitos humanos, o tribunal determinará medidas para garantir os direitos violados e reparar as consequências que as violações produziram.
>
> Portanto, a Corte tem considerou a necessidade de conceder diversas medidas de reparação, a fim de reparar danos de maneira integral, e além das compensações financeiras, das medidas de restituição, satisfação, a garantia de não repetição tem relevância especial pelos danos causados.
>
> (...) Este Tribunal tem estabelecido que as reparações devem ter um nexo causal com os fatos do caso, as violações declaradas, os danos confirmados, assim como as medidas solicitadas para reparar os danos respectivos. Portanto, a Corte deverá

---

88 Corte IDH, 28/02/2003, "'Cinco aposentados' vs. Perú" (Fondo, reparaciones y costas), série C, nº 98. Disponível em: www.corteidh.or.cr/docs/casos/articulos/Seriec_98_esp.pdf.

89 Corte IDH, 15/10/2014, "Tarazona Arrieta *et alii* vs. Peru" (Excepción preliminar, fondo, reparaciones y costas), série C, nº 286. Disponível em: www.corteidh.or.cr/docs/casos/articulos/seriec_286_esp.pdf.

> observar a ocorrência destes elementos para pronunciar-se devidamente e conforme o direito.[90]

O objetivo da sentença da Corte Interamericana não é apenas determinar a responsabilidade internacional do Estado, mas também restaurar o direito violado e, se isso não for possível, reparar os danos.[91]

A Corte IDH, em primeiro lugar, determina as violações de direitos humanos consagradas no PSJCR e, a partir daí, estabelece se há a configuração dos requisitos exigidos pelo Direito Internacional para responder.

O fato interno que provoca a infração ao sistema gerador da responsabilidade internacional do Estado é aquele que é analisado em níveis de compatibilidade com o PSJCR, a fim de saber se as obrigações de enquadramento estabelecidas nos arts. 1º, § 1, e 2º foram cumpridas, em correspondência com o dever imposto pelas demais disposições particulares do PSJCR.

Por outro lado, no que temos explicado com base no controle interno de convencionalidade, trata-se de uma ferramenta ao menos judicial do sistema interno (veremos que passa pelas próprias Administrações Públicas) que permite exigir que as interpretações judicial e administrativa sejam aplicações dos princípios estabelecidos na jurisprudência da própria Corte IDH.[92]

---

90 Corte IDH, 28/8/2013, "Caso do Tribunal Constitucional (Camba Campos *et alii*) vs. Equador" (Excepciones preliminares, fondo, reparaciones y costas), série C, nº 268, parágrafos 244 e 245. Disponível em: www.corteidh.or.cr/docs/casos/articulos/seriec_268_esp.pdf.

91 Ver GELLI, María Angélica. "Las reparaciones simbólicas por la violación estatal de los derechos humanos". *LLonline*, AR/DOC/1116/2007, mar. 2007.

92 Corte IDH, 31/8/2012, "Furlan e parentes vs. Argentina" (Excepciones preliminares, fondo, reparaciones y costas), série C, nº 246. Disponível em: www.corteidh.or.cr/docs/casos/articulos/seriec_246_esp.pdf.

A ferramenta de controle interno de convencionalidade possibilita a aplicação interna das normas do PSJCR com base no trabalho interpretativo realizado pela Corte Interamericana, gerando a obrigação de adaptação interna por meio das normas estabelecidas pelos arts. 8º e 25º em termos de garantias e proteção judicial suficiente.

Através do controle de convencionalidade, o juiz nacional tem a ferramenta útil para controlar a validade efetiva dos vários direitos e garantias estabelecidos no SIDH.[93] Uma vez verificado pelo sistema internacional que o processo de forma integral não é adequado, o dever de resposta é acionado com base no alcance que a Corte IDH concede às referidas infrações: infração específica que necessariamente será sustentada na violação genérica dos arts. 1º, § 1, e 2º do PSJCR, dependendo dos antecedentes do caso.

É por meio dessa via interpretativa que a Corte IDH analisará qualquer tipo de violação, substancial e processual, dos direitos e garantias cujo dever de respeito e promoção os Estados Partes tenham assumido.

O controle interno de convencionalidade no âmbito de aplicação das Administrações Públicas, permite-lhes que se adaptem preventivamente às normas internacionais, a fim de evitar eventuais responsabilidades futuras.

---

93 Sobre o controle de convencionalidade de juízes internos, recomendamos consultar "Efectos de la cosa juzgada internacional para determinar las reparaciones en el ámbito interno". *Diálogo Jurisprudencial*, nº 5, jul./dez. 2008, pp. 265-314; e "Control de convencionalidad de normas jurídicas internas". *Diálogo Jurisprudencial*, nº 6, jan./jun. 2009, pp. 11-39; na Argentina, PALACIO DE CAEIRO, Silvia B.; CAEIRO PALACIO, María V. (Coord.). *Tratado de derechos humanos y su influencia en el derecho argentino*. Bueno Aires: La Ley, 2017, p. 177. Também SAGÜÉS, María Sofía. "Diálogo jurisprudencia y control de convencionalidad a la luz de la experiencia en el caso argentino". *In*: VIÑAS, Miriam Henríquez; ANTONIAZZI, Mariela Morales (Coord.). *El control de convencionalidad*: un balance a 10 años de Almonacid Arellano vs. Chile. Santiago de Chile: Der, 2017, pp. 281-371.

1.3.5 O controle interno de convencionalidade e a execução das sentenças

Surge no cenário do controle de convencionalidade como uma ferramenta também de eficiência do sistema.

No plano internacional, integra-se o cumprimento do acórdão com o princípio da subsidiariedade dos Estados e do PSJCR, que é o procedimento de fiscalização do cumprimento das sentenças da Corte IDH.[94]

É justamente a obrigatoriedade das sentenças da Corte IDH, em sua versão mais restrita, que dá fundamento suficiente ao controle interno de convencionalidade. Isso se transforma, como disse a Corte IDH, no meio pelo qual a sentença dessa corte é aplicada e internalizada no plano doméstico:

> Assim, quando houver sentença internacional proferida com força de coisa julgada em relação a um Estado que tenha sido parte no processo submetido à jurisdição da Corte, todos os seus órgãos, inclusive seus juízes e órgãos ligados à administração da justiça, também estão sujeitos ao tratado e à sentença desta Corte, o que os obriga a assegurar que os efeitos das disposições da Convenção e, consequentemente, das decisões da Corte Interamericana, não sejam diminuídos pela aplicação de normas contrárias ao seu objeto e finalidade ou por decisões judiciais ou administrativas que tornem ilusório o cumprimento total ou parcial da sentença. Ou seja, nesse caso, há uma coisa julgada internacional, em razão da qual o Estado é obrigado a cumprir e aplicar a sentença. (...) Como consequência da eficácia jurídica da Convenção Americana em todos os Estados Partes, um controle dinâmico e

94 As decisões da Corte IDH produziram situações de conflito em alguns dos países; já nos referimos ao caso "Ministério de Relações Exteriores e Cultos" da Suprema Corte da Argentina; ao caso "Gelman vs. Uruguai" e o caso da Venezuela, que renunciou ao PSJCR em 2012 e se retirou da OEA em 2017.

> complementar de convencionalidade também desempenha um papel importante no cumprimento ou na implementação de uma determinada sentença da Corte Interamericana, especialmente quando tal cumprimento é de responsabilidade dos juízes nacionais.[95]

É oportuno lembrar o que a Corte IDH afirmou com cristalina clareza:

> Os Estados Partes na Convenção não podem invocar disposições de Direito Constitucional ou outros aspectos do Direito interno para justificar o descumprimento das obrigações contidas no tratado. No que respeita ao cumprimento das sentenças da Corte, não se trata de resolver o problema da supremacia do Direito Internacional sobre o Direito nacional na ordem interna, mas apenas de fazer cumprir o que os Estados se comprometeram soberanamente.[96]

Podemos descrever o sistema sob as seguintes características:

a) A Corte IDH é o órgão do SIDH que supervisiona o cumprimento de suas sentenças.

95 Corte IDH, res. De 21/05/2013, "Dos Massacres de Ituango vs. Colômbia", supervisão de cumprimento de acórdão, parágrafos 29 e 30. Disponível em: www.corteidh.or.cr/docs/supervisiones/masacres_21_05_13.pdf. No mesmo sentido se expediu na Corte IDH, res. de 20/03/2013, "Gelman vs. Uruguai", supervisão de cumprimento de acórdão, parágrafos 66, 71 e 73. Disponível em: www.corteidh.or.cr/docs/supervisiones/gelman_20_03_13.pdf.

96 Corte IDH, res. de 18/10/2017, "Fontevecchia y D'Amico vs. Argentina" supervisão de cumprimento de acórdão, consid. 14. Disponível em: www.corteidh.or.cr/docs/supervisiones/fontevecchia_18_10_17.pdf; Corte IDH, 09/09/2022, "Trabalhadores Demitidos da Petroperú *et alii* vs. Peru" (Resolución Solicitudes de Medidas Provisionales y Supervisión de Cumplimiento de Sentencia).

b) O monitoramento do cumprimento é uma atribuição inerente à sua função jurisdicional.

c) A obrigação de se cumprir as suas sentenças se baseia no princípio da boa-fé internacional.

d) Vincula todos os poderes e órgãos do Estado.

e) É essencial garantir o efeito útil do *corpus iuris* interamericano, material e processualmente, de forma pragmática e eficaz.

A supervisão do cumprimento dos acórdãos da Corte Interamericana implica, em primeiro lugar, que a Corte solicite informações ao Estado sobre as atividades realizadas para tal cumprimento no prazo concedido por ela, bem como para obter as observações da CIDH e das vítimas ou de seus representantes.[97]

Uma vez que a Corte IDH tiver essas informações, poderá avaliar se houve cumprimento da resolução, orientar as ações do Estado nesse sentido e cumprir a obrigação de informar à Assembleia Geral da OEA sobre o *status* de cumprimento dos casos que lhe são submetidos.

Da mesma forma, quando julgar pertinente, a Corte IDH convoca o Estado e os representantes das vítimas para uma audiência para supervisionar o cumprimento de suas decisões e ouvir as opiniões da CIDH e das vítimas.

Nas palavras da própria Corte IDH:

> De fato, um mecanismo inovador que a Corte realiza desde 2007 são as audiências de fiscalização do cumprimento de sentenças. Neles, o Tribunal busca acordo entre as partes,

---

97 Ver URBINA, Natalia. "El proceso de supervisión de cumplimiento de sentencias de la Corte Interamericana de Derechos Humanos: breve recorrido por resoluciones emitidas entre 2013/2016". *Revista IIDH*, nº 65, 2017, pp. 329 e ss.

> sugere algumas soluções alternativas, promove o cumprimento, chama a atenção para brechas marcadas por falta de vontade, promove a aproximação de cronogramas de cumprimento para trabalhar entre todos os envolvidos e ainda disponibiliza suas instalações para que as partes possam ter conversas que muitas vezes não são fáceis de serem realizadas no Estado envolvido. Por sua vez, as partes têm a oportunidade de conhecer diretamente suas posições e reagir a elas, gerando espaços de participação, diálogo e pactuação com autoridades estatais e as vítimas ou seus representantes.[98]

Tais audiências podem ser públicas ou privadas, o que se busca é o diálogo entre as partes; até mesmo tem se desenvolvido audiências estruturais.[99] Amigos do tribunal foram autorizados a estar presentes como uma boa prática, terceiros foram convidados a prestar informações (como as defensorias públicas) as promotorias públicas foram acionadas a prestar informações, dentre outros órgãos, tudo para que se conheça as dificuldades enfrentada pelo

98 Corte IDH, res de 22/08/2013, "Yatama vs. Nicaragua", supervisão de cumprimento de acórdão, consid. 12. Disponível em: www.corteidh.or.cr/docs/supervisiones/yatama_22_08_13.pdf.

99 Ver Corte IDH, 26/11/2010, "Cabrera García e Montiel Flores vs. México" (Excepción preliminar, fondo, reparaciones y costas), série C, nº 220. Disponível em: www.corteidh.or.cr/docs/casos/articulos/seriec_220_esp.pdf; Corte IDH, res. de 20/11/2015, "Casos Chocrón Chocrón, Díaz Peña, e Uzcátegui *et alii*, vs. Venezuela", supervisão de cumprimento de acórdãos. Disponível em: www.corteidh.or.cr/docs/supervisiones/chocron_20_11_15.pdf; Corte IDH, res. de 22/11/2016, "Casos Chocrón Chocrón, Díaz Peña, e Uzcátegui *et alii*, vs Venezuela", supervisão de cumprimento de acórdãos. Disponível em: www.corteidh.or.cr/docs/supervisiones/chocron_22_11_16.pdf; Corte IDH, res. de 17/04/2015, "Casos Radilla Pacheco, Fernández Ortega *et alii*, e Rosendo Cantú e outra vs. México", supervisão de cumprimento de acórdãos. Disponível em: www.corteidh.or.cr/docs/supervisiones/radilla_17_04_15.pdf; entre tantos outros casos.

Estado para cumprir as sentenças. Além disso, a Corte IDH realizou visitas *in situ*.[100]

Por outro lado, e já na ordem interna, a eficácia do acórdão da Corte IDH aparece, ao menos em parte, fora de dúvida: com efeito, quando uma condenação pecuniária é imposta em favor da vítima, ela é implementada pela mesma via processual prevista no sistema interno para a execução de sentenças como o Estado (art. 68, PSJCR).

De nossa parte, acreditamos que isso não se aplica apenas em tais casos, mas em geral em todos os casos de condenação de conteúdo indenizatório, compensatório ou outro que importe numa obrigação de fazer.

O encaminhamento pelo PSJCR, em seu art. 68, parágrafo 2, deve ser lido, a nosso ver, de forma evolutiva, pois a Corte IDH tem lido o restante de seus artigos, não ancorado em sua interpretação original, mas naquilo que é modificado conforme indicado pelos diferentes momentos das sociedades em que o Pacto vigora. Se aceitarmos evolutivamente a tutela jurisdicional em áreas não expressamente previstas e o fizermos também criando a garantia de tutela administrativa efetiva, como veremos adiante, será forçoso concluir que isso é possível de ser ampliado a uma parcela dessas garantias de tutela jurisdicional como a execução de sentenças.

A esse respeito, consideramos que o mandamento internacional para executar as sentenças na parte que prevê a indenização compensatória deve ser lido no sentido de que qualquer condenação que impuser obrigações ao Estado que não sejam de natureza penal – mecanismos específicos da natureza do processo – pode ser dotada de eficácia interna pelo mecanismo em vigor em cada Estado-membro para a execução de sentenças contra o Estado.

---

100 Para uma análise pormenorizada do assunto ver Urbina, *El proceso de supervisión de cumplimiento de sentencias de la Corte Interamericana de Derechos Humanos: breve recorrido por resoluciones emitidas entre 2013/2016*, "Revista IIDH", nº 65, 2017, p. 329 e seguintes.

Nos sistemas em que o PSJCR foi incorporado no plano constitucional, fica claro que a efetividade das sentenças da Corte IDH é instrumentalmente similar ao que é feito com as próprias sentenças no sistema interno da ordem constitucional. Ninguém assume competência constitucional para não cumprir as decisões proferidas pelo órgão máximo que aplica e interpreta.

O problema mais simples é abordar o caso do Estado-membro condenado na instância internacional. Este último deve cumprir o dispositivo da decisão da Corte IDH e internalizá-lo pelos respectivos canais. Aqui o problema está no canal institucional interno que permite isso e, no sujeito que nos interessa, nas formas processuais e procedimentais de incorporação do objeto da sentença ao sistema interno.

Muitas vezes a questão não é simples, pois depende tanto do conteúdo da parte decisória da sentença da corte internacional quanto do mecanismo interno que pode internalizar aquela condenação. O cumprimento de tal mandamento judicial internacional é uma obrigação essencial assumida pelos Estados-membros e uma consequência direta do princípio – entre outros – da boa-fé que rege os compromissos internacionais dos Estados.

Nessa tarefa, o juiz interno é claramente um dos facilitadores, no âmbito de suas competências e pelas vias processuais existentes. Esta interpretação é coerente com a margem de livre apreciação de que gozam os Estados-membros na aplicação dos tratados de direitos humanos, a fim de dar certo efeito a todo o sistema.

Vale lembrar o que foi expresso pela Corte IDH em uma interessante decisão:

> De acordo com o disposto no art. 67 da Convenção Americana, "a sentença da Corte será definitiva e irrecorrível", o que produz os efeitos da autoridade da coisa julgada internacional. O cumprimento do disposto na sentença é uma obrigação que não está sujeita a condições, desde que de acordo com o disposto no art. 68.1 da Convenção Americana, "os Estados

> Partes na Convenção comprometem-se a cumprir a decisão da Corte em todos os casos em que sejam partes". Esses Estados têm a obrigação de implementar, tanto em nível internacional quanto interno, de forma pronta e íntegra, o disposto pelo tribunal nas sentenças, e o não cumprimento caracteriza um ilícito internacional.[101]

O controle interno de convencionalidade permite ao juiz executar a sentença interna, e a atuação administrativa preventiva na sede das próprias Administrações Públicas permitirá dar execução aos critérios interpretativos e sentenças da Corte IDH e ao próprio texto do PSJCR.

O foco da proteção internacional deve ser o da convergência na aplicação e interpretação das obrigações internacionais e não o da discussão que por vezes se apresenta sobre quem tem a última palavra sobre os direitos humanos: se a Suprema Corte interna, por seu caráter de *suprema*, ou a Corte IDH, dado seu caráter de último intérprete na matéria.

A Corte IDH parece ter acusado o impacto das tensões geradas, muitas delas para a defesa ferrenha das ordens domésticas; outras pela adoção, em alguns casos, de critérios um tanto exagerados que, a nosso ver, necessariamente feriram as sensibilidades dos mais altos tribunais constitucionais internos.

Ambas as instâncias devem aguçar o conteúdo de suas palavras, uma vez que devem priorizar a efetividade do regime de direitos humanos. Isso se dá por meio do efeito útil do PSJCR e seu cumprimento de boa-fé.[102] Essa construção deve ser coordenada entre as duas jurisdições.

---

101 Corte IDH, res. de 18/10/2017, "Fontevecchia y D'Amico vs. Argentina" supervisão de cumprimento de acórdão, consid. 13. Disponível em: www.corteidh.or.cr/docs/supervisiones/fontevecchia_18_10_17.pdf.

102 Explicou-se e aplicou-se este princípio em CSJN. "Faifman, Ruth M., y otros c/Estado nacional s/daños y perjuicios". *Fallos*, nº 338, 25 mar.

A própria Corte IDH, para além de alguma decisão questionável sobre a modalidade das reparações, parece ter incorporado essa linha de convergência. Isso fica evidente a partir da prática hoje comum de citar em suas decisões a doutrina jurídica dos próprios tribunais constitucionais nacionais. Seus julgamentos passam a dialogar com eles, gerando à Corte IDH uma possível ancoragem sociológica de suas decisões, o que lhe falta. Seus critérios estão em consonância com a convergência, o que se traduz na adoção de critérios consistentes para a aplicação do Direito nacional e internacional dos direitos humanos.

Eis o que disse a Corte IDH:

> Nesse sentido, a jurisprudência recente tem reconhecido que todas as autoridades de um Estado Parte da Convenção têm a obrigação de exercer um "controle de convencionalidade", de modo que a interpretação e a aplicação do Direito nacional sejam consistentes com as obrigações internacionais do Estado em matéria de direitos humanos.
>
> 94. Decorre do exposto que, no sistema interamericano, há um controle dinâmico e complementar das obrigações convencionais dos Estados de respeitar e garantir os direitos humanos, conjuntamente entre as autoridades internas (primariamente obrigadas) e os organismos internacionais (de forma complementar), de modo que os critérios decisórios e os mecanismos de proteção, nacionais e internacionais, podem ser conformados e adequados entre si.[103]

Reafirma, assim, que não há substituição, mas complementaridade, que se nutre de construções dinâmicas recíprocas.

2015, p. 161; CSJN. "Priebke, Erich s/solicitud de extradición-causa 16.063/94". *Fallos*, nº 318, 2 nov. 1995, p. 2.148.

103 Corte IDH, 01/12/2016, "Andrade Salmón vs. Bolivia" (Fondo, reparaciones y costas), série C, nº 330, parágrafos 93 e 94. Disponível em: www.corteidh.or.cr/docs/casos/articulos/seriec_330_esp.pdf.

A regra é, então, adotar critérios de decisão e mecanismos de proteção que possam dialogar entre eles para serem conformados e adequados entre si. Isso não é menor. As construções e discussões sobre o tema devem ser repensadas a partir desse horizonte de convergência.

Para tanto, é necessário que ambas as esferas judiciais, tanto internacionais quanto nacionais, possam ter critérios abertos e dinâmicos:

a) Abertos, ou seja, permeáveis a novas formas de pensar, aplicar e interpretar o Direito.

b) Dinâmicos, de um lado, com as referências contínuas e recíprocas aos sistemas nacionais e internacionais que permitam a circulação de regras e critérios jurisprudenciais baseados no padrão de maior proteção e promoção dos direitos fundamentais. De outro, acompanhando o processo de geração desses padrões em tempos de amadurecimento social e cultural dos diversos países.

Em outras palavras, devem buscar os pontos de equilíbrio. Estes nada mais são do que os mínimos comuns construídos e acordados pelos países que compõem os sistemas regionais, em vez de imposições de alguns a outros poderes internos e internacionais. Essas imposições, como esperado, carecem de durabilidade ao longo do tempo e devem ser substituídas pela busca de critérios convergentes dialogicamente construídos.

A livre margem de apreciação dos Estados-membros permite, muitas vezes, que os tribunais internacionais evitem pronunciar-se para não gerar, no momento errado, uma norma que ainda não emergiu das tradições comuns desses países. As construções internacionais e nacionais, respeitosas e reflexivas, devem ser uma exteriorização dessa ordem pública de direitos humanos que expressa o mínimo ético comum de toda a humanidade, o qual os países são chamados a preservar, promover e ampliar. Isto conduzirá à harmonização e não à contestação.

A margem de apreciação nacional é uma categoria construída no contexto da interpretação da CEDH ligada à diversidade cultural dos Estados que compõem o sistema. Isso não tem sido de maior força no contexto do SIDH.[104]

É verdade que muito se discute e continuará a ser discutido sobre os efeitos sobre a ordem interna dos critérios e regras determinados pela Corte IDH. Espera-se que esse organismo internacional também discuta o impacto que deve receber da própria jurisdição interna. É isso e sua jurisprudência que marcam, embora não exclusivamente, a existência de um consenso mínimo comum em certas áreas dos direitos humanos. O fato de a Corte IDH estar à frente dessa construção ou de as cortes constitucionais regredirem nos avanços evolutivos desse organismo internacional enfraquece o sistema comum de direitos humanos.

Nesse cenário de ordens abertas e dinâmicas, a nosso ver, o controle da convencionalidade aparece como ferramenta essencial para a convergência interna e internacional. Daí o seu valor atual e futuro.

1.4 Recapitulação: afirmações e conclusões

Estamos agora em condições de sistematizar tudo até agora:

a) O controle interno de convencionalidade é a exteriorização do princípio evolutivo dos direitos humanos.

Diremos que a criação do controle de convencionalidade obedece a uma construção do princípio evolutivo do Direito dos Direitos Humanos. Esse princípio, como se sabe, instrui o intérprete

---

104 GARCÍA ROCA, Javier. "Del diálogo entre los tribunales constitucionales y las cortes supranacionales de derechos: algunas cuestiones para disputar". *In*: USERA, Raúl Canosa; MUÑOZ, Jaime Rodríguez-Arana (Coord.). *Jurisdicción de la libertad en Europa e Iberoamérica*. Madrid: Reus, 2014, p. 155.

a desenvolver uma atividade hermenêutica de extensão da zona de proteção, como se depreende da leitura harmônica dos arts. 1º, 2º e 29 do PSJCR. Os termos da Convenção Americana de Direitos Humanos não são analisados segundo sua formulação histórico-textual, mas atual e contextual.

b) O controle interno de convencionalidade é dever do Estado e garantia do cidadão.

Os sistemas constitucionais e convencionais caracterizam-se, muitos deles, por iluminar direitos e garantias que, em princípio, não percebemos expressamente contidos nas Constituições. Os direitos implícitos, a necessidade de todo direito ser protegido e promovido por uma garantia e a interpretação cruzada dos direitos são algumas das âncoras constitucionais e convencionais que tornaram habitual a presença de direitos e garantias que não existiam em sua enunciação positiva, ou que estavam implicitamente contidos. Nesse sentido, o controle interno de convencionalidade vem ratificar essa tradição constitucional latino-americana. Temos que chamar esse fenômeno de direito a novos direitos (incluindo novas garantias). Ampliaremos o assunto no capítulo II.

c) O controle interno de convencionalidade é matizado.

Com efeito, a própria Corte IDH afirma que ela está condicionada às regras processuais e à jurisdição interna próprias. Esse nos parece ser o núcleo central que os diversos tribunais deveriam explorar internamente em vez de criticar sua aplicação por não estar prevista no texto do PSJCR. Por outro lado, a própria Corte IDH a descreve como "uma espécie" de controle de convencionalidade, abrindo possíveis nuances dele.

d) O controle interno de convencionalidade parece ser simétrico ao da constitucionalidade.

Não é possível aceitar um e rejeitar o outro; exigem que um tenha requisitos e efeitos de seu exercício diferentes do outro. Eles se fortalecem e enfraquecem reciprocamente. Em nossa opinião, é um conector que nos permite sustentar a visão sistêmica na multiplicidade de subsistemas.

e) O controle de convencionalidade é instrumental para seu efeito útil na medida em que expressa a incorporação espontânea e de boa-fé ao sistema interno de todas as medidas necessárias para gerar a validade do sistema regional de direitos humanos. Permite a adoção de critérios apropriados e a remoção daqueles que produzem violações da base mínima que os sistemas de direitos humanos importam.

f) O controle interno de convencionalidade tem função pedagógica.

Emite um mandato educativo para o poder sobre o conteúdo em um determinado momento da juridicidade das ações das Administrações Públicas. Pretende-se, assim, garantir a não repetição de infrações internas, a rápida correção de erros e a consolidação de uma atuação estatal com forte impregnação constitucional e convencional. É o controle interno de convencionalidade que concretiza a aplicação, interpretação e impregnação da convencionalidade dos direitos humanos.[105]

g) O controle interno de convencionalidade traz maiores níveis de legitimidade.

Reduzir os elevados défices democráticos dos tribunais é uma tarefa desafiante, possível, embora por vezes complexa. O encontro recíproco entre os tribunais – regional internacional e internos constitucionais – constrói uma base de direitos fundamentais globais regionais. Essa construção é essencialmente uma expressão das

105 Como afirma Santamaría Pastor: "Na Administração, não há espaços isentos da ação do Direito: toda sua atividade é sempre suscetível de ser avaliada com base no respeito às normas escritas e, onde estas não existam, aos princípios gerais do Direito" (PASTOR, Juan Alfonso Santamaría. *Principios de derecho administrativo*. vol. 1. Madrid: Centro de Estudios Ramón Areces, 2002, p. 91).

nossas democracias, uma vez que é uma emergência dos princípios básicos comuns dos povos sobre os quais irradia a justiça interna e internacional. Em seguida, as nomeações entre as cortes regionais internacionais estruturam o conteúdo da ordem pública internacional dos direitos humanos.

h) O controle interno de convencionalidade é aberto e dinâmico.

O controle interno de convencionalidade assim originalmente pensado pela Corte IDH encontrará dinamismo para sua expansão tanto na influência recíproca interna-internacional e internacional-interna das construções quanto na capacidade de ser implementado para além dos juízes e das esferas estritamente judiciais. A verdade é que o princípio evolutivo permitiu e permite constatar que o controle interno de convencionalidade atravessa diferentes funções do Estado, pois é a proteção e promoção dos direitos fundamentais que prevalece sobre qualquer obstáculo de ordem orgânica ou territorial da própria organização do Estado. Claro, sempre dentro das respectivas áreas de competência.

Nesse ponto, parece que o controle de convencionalidade desde o seu início emerge como uma ferramenta que é constantemente alimentada entre as jurisdições internas e internacionais. Isso com o objetivo de permear reciprocamente e, assim, conseguir adequar os comportamentos internos do Estado ao quadro genérico obrigatório dos arts 1°, § 1° e 2° do PSJCR.

i) O controle interno de convencionalidade é um instrumento aplicado pelo Direito Internacional dos direitos humanos.

Permite a aplicação interna das normas defendidas pelo PSJCR, bem como pelo trabalho interpretativo realizado pela Corte IDH. Em seguida, é acionada a obrigação interna de adequação aos padrões estabelecidos pelo PSJCR e aos critérios interpretativos da Corte IDH. Dada a existência de coisa julgada internacional, ela é utilizada para cumprir integralmente e de boa-fé a sentença proferida pela Corte IDH.

j) O controle interno de convencionalidade é um instrumento de influência recíproca.

Permite a criação de um espaço de intersecção dos direitos humanos entre os critérios da Corte IDH e cada um dos Estados-membros. Nessa área de intersecção, os direitos humanos têm um impacto transversal tanto na ordem da normatividade quanto nos critérios que lhes são aplicáveis em toda a ordem comum dos direitos humanos convencionais e constitucionais. Isso explica o erro que se incorre em tematizar a partir de hierarquias, ou seja, subordinações de um tribunal sobre outros, ou de imposições. A influência recíproca, o diálogo convergente entre diferentes jurisdições no nível horizontal dos direitos humanos, é condição para a validade e o exercício do controle de convencionalidade. Não estamos diante da ideia de impor uma ordem sobre outra. Essas afirmações nos levarão a investigar em nosso trabalho o modo de exercer e expressar esse controle de convencionalidade nas áreas das Administrações Públicas e em relação à cidadania.

1.5 Nosso conceito do controle interno de convencionalidade

Podemos, agora, fornecer nossa definição de controle de convencionalidade.

É um dever do Estado e uma garantia cidadã. É interno, diferente do externo e próprio que se desenvolve na instância internacional uma vez esgotados os recursos nacionais. É expedido de ofício principalmente por juízes e outras autoridades que exercem materialmente a atividade jurisdicional. As Administrações Públicas devem, no âmbito das suas competências, implementá-lo. É uma ferramenta idônea que fornece efeitos úteis para todo o SIDH, incluindo a execução de sentenças no nível interno. Seu objetivo é estudar a compatibilidade entre o Direito comum de direitos humanos do SIDH (tal como interpretado pela Corte IDH tanto em sua função jurisdicional quanto como pareceres consultivos) e o dos Estados-membros. É simétrico e sinérgico ao controle de constitucionalidade.

1.6 Projeções no âmbito das Administrações Públicas

O contexto de convencionalidade analisado neste capítulo nos desafia a pensar as Administrações Públicas como autoridades vinculadas ao próprio SIDH, com projeções concretas dentro de suas próprias áreas e em sua relação com os cidadãos.

Na busca por tal resposta aparecem, entre outras, as seguintes ideias, como traços grossos dessa convencionalidade:

a) O indivíduo, a sua dignidade e o direito ao desenvolvimento na centralidade do sistema de Direito Administrativo.

b) As Administrações Públicas como autoridades obrigadas e a prevenção administrativa.

c) Novas consequências interpretativas para as Administrações Públicas.

d) A heterogeneidade das Administrações Públicas com mecanismos heterogêneos de ligação.

e) A intersecção da prevenção administrativa com os direitos humanos: a cogestão como mandamento convencional.

f) Os efeitos "extrapartes" da Corte IDH e a prevenção administrativa.

Feito esse desenvolvimento crítico no primeiro capítulo, passaremos a analisar seu impacto no campo de competência das Administrações Públicas. Assim, do controle interno de convencionalidade em sua própria sede se ocupará essencialmente o capítulo II.

CAPÍTULO II

ADMINISTRAÇÕES PÚBLICAS E CONTROLE INTERNO DE CONVENCIONALIDADE EM SUA PRÓPRIA SEDE

2.1 A pessoa e sua dignidade na centralidade do sistema de Direito Administrativo

Os efeitos da constitucionalização das convenções de direitos humanos colocam o Direito Administrativo fortemente na perspectiva dos direitos e garantias dos cidadãos e não do poder e de suas competências.

Há algum tempo, a doutrina vem postulando uma transformação do Direito Administrativo, com mudanças de abordagens ou reconceituação de algumas de suas atividades e conteúdos. Em geral, tem-se aceitado que a Revolução Francesa é o fato que marcou o nascimento do modelo de Administrações Públicas contemporâneas. Foi a partir desse marco histórico que o Direito Administrativo foi identificado com o regime jurídico especial dos poderes executivos.

Ivanega explica que a formação da Administração contemporânea teve sua expressão máxima na obra de Napoleão, quando concebeu uma Constituição administrativa ao lado de uma Constituição política. Consumada a centralização e autonomia jurídica da Administração, com a criação do Conselho de Estado francês, gerou-se uma mística administrativa, própria da França.[106]

As competências públicas encontram o ponto de intersecção com os direitos e garantias dos cidadãos no já reconhecido bem-estar geral. Este importa atualmente a ampliação das dimensões individual e coletiva e da própria ordem da humanidade, como analisaremos. O impacto dos deveres fundamentais é também a marca destes tempos.

Como veremos, tudo isso não envolve meras afirmações axiológicas; ao contrário, são mandamentos convencionais expressos que vinculam os Estados-membros do sistema do PSJCR.

Há um processo de transformação que poderia muito bem ser sintetizado nessa expressão: mais cidadania antes de mais poder, ou mais poder para mais cidadania.

No cenário atual, o Poder Público é explicado a partir da dignidade da pessoa humana, derivando os limites a partir dos direitos humanos como atributos inerentes à dignidade humana.[107]

Em outras palavras, a dignidade da pessoa humana se constitui no patamar mínimo a partir do qual devem ser desenhadas as diferentes normas para a adjudicação ou distribuição de bens

---

106 IVANEGA, Miriam Mabel. "Reflexiones acerca del derecho administrativo y el régimen exorbitante de derecho privado". *RAP*, nº 23, 2007. O processo de transformação do Direito Administrativo se encontra minuciosamente descrito em BALBÍN, Carlos F. *Tratado de derecho administrativo*. Buenos Aires: La Ley, 2015.

107 Corte IDH, 29/07/1988, "Velásquez Rodríguez vs. Honduras" (Fondo), série C, nº 4, parágrafo 165. Disponível em: www.corteidh.or.cr/docs/casos/articulos/seriec_04_esp.pdf.

em uma sociedade.[108] A centralidade é a pessoa e a sua dignidade num desenvolvimento harmonioso com a sua comunidade e toda a humanidade. Isso é reconhecido pelo próprio PSJCR quando se fala em deveres humanos.

A dignidade da pessoa humana aparece como fundamento do sistema universal e dos sistemas regionais de direitos humanos, para explicar os próprios fundamentos dos sistemas constitucionais e convencionais internos.[109] As Administrações Públicas devem ser uma expressão disso.

2.1.1 Agora, qual é o alcance do conceito?

Ao abordar a pessoa humana e sua dignidade como centro do Direito Administrativo e seu desenvolvimento como norte das políticas públicas dos Estados, queremos nos perguntar: ela inclui apenas indivíduos ou também grupos sociais? E os animais e o meio ambiente, entre outros possíveis assuntos?

Não temos dúvidas sobre a subjetivação concreta na pessoa humana, tanto no âmbito interno quanto internacional.[110]

---

108 GARZÓN VALDÉS, Ernesto. "¿Cuál es la relevancia moral del concepto de dignidad humana?" *In*: ______. *Propuestas*. Madrid: Trotta, 2011.

109 Sobre a dignidade da pessoa humana e os direitos sociais no sistema global, com especial foco no direito à saúde, pode-se consultar DIOS VIEITEZ, María Victoria. "Crisis sanitaria y derechos sociales a la luz del derecho público". *In*: ROSO, Jessica Vivas (Coord.). *Derecho público en tiempos de pandemia*: reflexiones jurídicas sobre la COVID-19. Caracas: Centro para la Integración y el Derecho Público – Asociación Venezolana de Derecho Administrativo, 2020, pp. 41 e ss.

110 Ver, entre outras opiniões, DE CASAS, Ignacio; TOLLER, Fernando. *Los derechos humanos de las personas jurídicas*: Titularidad de derechos y legitimación en el Sistema Interamericano. México: Porrúa, 2015, p. 1; TRINDADE, Antônio Augusto Cançado. "La persona humana como sujeto del derecho internacional: avances de su capacidad jurídica internacional en la primera década del siglo XXI". *Revista IIDH*, nº 46, jul./dez. 2007, pp. 273-329.

No sistema universal e, especialmente, no SIDH,[111] pressupõe-se a titularidade dos direitos na pessoa humana; o mesmo ocorre no Direito Administrativo. No entanto, e mesmo "sem exegese" dos pactos dos referidos sistemas, no estudo da ordem nacional e convencional dos Estados democráticos que têm como fundamento a dignidade da pessoa humana, não se pode ignorar que a socialização produz um amplo espectro de grupos e associações.[112]

Embora nos Estados latino-americanos as pessoas jurídicas tenham direitos e deveres no arcabouço convencional e constitucional em que nossas Administrações Públicas estão inseridas, quando se trata de torná-los efetivos perante sistemas supranacionais de direitos humanos, a questão é dividida.

2.1.1.1 As pessoas jurídicas

O sistema da CEDH não contém uma definição do termo "pessoa". O preâmbulo da Convenção sublinha o valor dos direitos humanos como meio de assegurar a justiça e a paz na Europa, e no art. 34 é feita uma referência indireta à pessoa jurídica. O TEDH reconhece casos de pessoas jurídicas relacionados com o direito de propriedade, bem como casos relacionados com a liberdade de expressão (artigo 10º da CEDH); a não discriminação (art. 14), um

---

111 Para uma pormenorizada análise da dignidade da pessoa humana nas sentenças da Corte IDH, ver LODOÑO, María C.; FORERO, Brenda; IBARZÁBAL, Milagros. "Quinta etapa (2007-2012): Nuevas fronteras, nuevos derechos". *In*: SANTIAGO, Alfonso Bellocchio, Lucía (Coord.). *Historia de la Corte Interamericana de Derechos Humanos (1978-2018)*. Buenos Aires: La Ley, 2018, pp. 346 e ss; LÓPEZ LATORRE, Andrés F.; IBARZÁBAL, Milagros. "Sexta etapa (2013-2018: La Corte de la igualdad". *In*: SANTIAGO, Alfonso; BELLOCCHIO, Lucía (Coord.). *Historia de la Corte Interamericana de Derechos Humanos (1978-2018)*. Buenos Aires: La Ley, 2018, pp. 458-464.

112 BIDART CAMPOS, Germán J. *Teoría general de los derechos humanos*. 2ª ed. Buenos Aires: Astrea, 2020, pp. 41 e ss.

julgamento justo (art. 6º); liberdade de reunião e associação (art. 11); liberdade de pensamento, consciência e religião (art. 9º) e convívio privado e familiar (art. 8º).[113] Considera que a disposição expressa no Protocolo Adicional nº 1 da Convenção relativa ao direito de propriedade abrange os restantes direitos convencionais compatíveis com a titularidade coletiva.

O Sistema Africano de Direitos Humanos, a Carta Africana dos Direitos Humanos e dos Povos, bem como a Convenção Europeia, não definem o termo "pessoa".

No SIDH, a Corte Interamericana interpretou, no OC-22/16, que as pessoas jurídicas não são titulares dos direitos consagrados na Convenção Americana de Direitos Humanos. Interpretações literais dos termos pessoas e ser humano, e teleológicas, sistêmicas, evolutivas e por métodos complementares da Convenção, mostram claramente a conclusão de que as pessoas jurídicas não são titulares de direitos convencionais. Na visão da Corte Interamericana, essas não podem ser consideradas como supostas vítimas no contexto de processos contenciosos perante o sistema interamericano. Ou seja, não têm a garantia transnacional própria do SIDH.

No entanto, a Corte IDH realiza uma distinção nada menor, fornecendo proteção às comunidades indígenas e organizações sindicais.

A Corte IDH admitiu a titularidade de direitos pelas comunidades indígenas citando a Convenção 169 da Organização Internacional do Trabalho (doravante, OIT), a Declaração das Nações Unidas sobre

113 Ver Corte IDH, OC-22/16, 26/02/2016, "Titularidade de direitos das pessoas jurídicas no sistema interamericano de direitos humanos (interpretação e alcance do art. 1.2, em relação com os arts. 1.1, 8, 11.2, 13, 16, 21, 24, 25, 29, 30, 44, 46 e 62.3 da Convenção Americana sobre Direitos Humanos, assim como do art. 8.1.A y B do Protocolo de San Salvador)", solicitada pela República do Panamá, parágrafo 53, notas 75 a 80. Disponível em: www.corteidh.or.cr/docs/opiniones/seriea_22_esp.pdf.

os Direitos dos Povos Indígenas e a Declaração Americana sobre os Direitos dos Povos Indígenas.

Assim, por exemplo, a Corte Interamericana, no caso "Povos Indígenas Kuna de Madungandí e Emberá de Bayano", concluiu que o Estado violou o direito de propriedade, o dever de adotar disposições de Direito interno e o direito a um prazo razoável da CADH em detrimento das comunidades Kuna de Madungandí e Emberá de Bayano e seus membros, e o direito a um recurso judicial efetivo em detrimento das comunidades indígenas Emberá e seus membros.[114]

Nos casos "Comunidad Garífuna Triunfo de la Cruz" e "Comunidade Garífuna de Punta Piedra", a Corte IDH declarou as violações dos direitos de propriedade, garantias judiciais e proteção judicial em detrimento das respectivas comunidades.[115] Da mesma forma, no caso "Comunidades afrodescendentes deslocadas da bacia do rio Cacaricá",[116] a Corte IDH considerou que o Estado violou os direitos de locomoção e residência, e a integridade pessoal, em detrimento das comunidades afrodescendentes (citado por OC-22/16).

---

114 Corte IDH, res. de 23/05/2017, "Povos Indígenas Kuna de Madungandí e Emberá de Bayano e seus membros vs. Panamá", supervisão de cumprimento de acórdão. Disponível em: www.corteidh.or.cr/docs/supervisiones/Kuna_23_05_17.pdf.

115 Corte IDH, 08/10/2015, "Comunidade Garífuna Triunfo de la Cruz e seus membros vs. Honduras" (Fondo, reparaciones y costas), série C, nº 305. Disponível em: www.corteidh.or.cr/docs/casos/articulos/seriec_305_esp.pdf; Corte IDH, 08/10/2015, "Comunidade Garífuna de Punta Piedra e seus membros vs. Honduras" (Excepciones preliminares, fondo, reparaciones, y costas), série C, nº 304. Disponível em: www.corteidh.or.cr/docs/casos/articulos/seriec_304_esp.pdf.

116 Corte IDH, 20/11/2013, "Caso das comunidades afrodescendentes deslocadas da bacia do rio Cacarica (Operación Génesis) vs. Colombia" (Excepciones preliminares, fondo, reparaciones y costas), série C, nº 270. Disponível em: www.corteidh.or.cr/docs/casos/articulos/seriec_270_esp.pdf.

Em 2020, no caso "Comunidades indígenas membros da Associação Lhaka Honhat (Nossa Terra)", responsabilizou o Estado pela violação: a) do direito de propriedade; b) dos direitos políticos; c) dos direitos de participar na vida cultural, no que diz respeito à identidade cultural, a um ambiente saudável, à alimentação e água adequadas, e d) o direito ao reconhecimento da personalidade jurídica, das liberdades de pensamento, expressão, associação, circulação e residência.[117]

No que diz respeito aos sindicatos, considerou que a interpretação mais favorável do artigo 8.1.a do Protocolo de San Salvador[118] implica entender que os direitos são consagrados em favor dos sindicatos, federações e confederações, uma vez que são interlocutores de seus membros e buscam salvaguardar e assegurar seus direitos e interesses.

Os países latino-americanos reconhecem diretamente os direitos fundamentais das pessoas jurídicas. De acordo com as informações analisadas pela Corte Interamericana de Direitos Humanos no OC-22/16, os direitos reconhecidos às pessoas jurídicas são os de propriedade, liberdade de expressão, petição e associação.

A Corte IDH observou no referido parecer consultivo que esses direitos não são necessariamente garantidos a todos os tipos de pessoas jurídicas, uma vez que alguns visam proteger tipos especiais de pessoas jurídicas, como é o caso de alguns direitos concedidos apenas a sindicatos, partidos políticos, povos indígenas, comunidades afrodescendentes ou instituições ou grupos específicos. Também

---

117 Corte IDH, 06/02/2020, "Comunidades indígenas membros da Associação Lhaka Honhat (Nuestra Tierra) vs. Argentina" (Fondo, reparaciones y costas), série C, nº 400. Disponível em: www.corteidh.or.cr/docs/casos/articulos/seriec_400_esp.pdf.

118 O Protocolo Adicional à Convenção Americana sobre Direitos Humanos em matéria de Direitos Econômicos, Sociais e Culturais é conhecido também como "Protocolo de San Salvador", por ter sido assinado nessa cidade em novembro de 1988.

observou que, na maioria dos países da região americana, as pessoas jurídicas têm a possibilidade de ajuizar uma ação de amparo ou recursos similares em defesa dos direitos que lhes são reconhecidos.

2.1.1.2 Seres não humanos: animais

Há um amplo debate sobre se os animais são titulares de direitos e a contrapartida de deveres exigidos de nossas Administrações Públicas.

O conceito jurídico de pessoa, tanto do ponto de vista constitucional quanto convencional e civil, tem suscitado amplo debate doutrinário.

Singer e Frey postulam a teoria dos direitos morais dos animais. Para os líderes do chamado movimento de Libertação Animal, os não humanos têm interesses dada a sua capacidade de experimentar prazer e sofrer dor;[119] então, e pelo princípio da igualdade de consideração quando os interesses são iguais, eles devem receber o mesmo valor. Essa teoria conclui, a partir disso, que o interesse em evitar o sofrimento físico é compartilhado tanto por humanos quanto por não humanos.

A Declaração Universal dos Direitos dos Animais, proclamada pela Liga Internacional dos Direitos dos Animais, em 15 de outubro de 1978, afirma, em seus considerandos, que todo animal tem direitos, que o desconhecimento disso leva à sua violação pelo homem e que os seres humanos devem reconhecer o direito à existência de outras espécies no mundo. A parte dispositiva estabelece que todos os

---

119 Para complementar o tema, ver FREY, Raymond G. *Rights, killing & suffering*. Oxford: Basil Blackwell, 1983, p. 27; SINGER, Peter. "Not for human only: the place of nonhumans in environmental issues". *In*: GOODPASTER, Kenneth; SAYRE, Kenneth M. *Ethics & problems of the 21st century*. South Bend: University of Notre Dame Press, 1979, p. 196.

animais nascem iguais perante a vida, têm igual direito à existência e a ser respeitados (arts. 1º e 2º).

A Constituição Europeia de 2004, no art. III.121, dispõe:

> Ao definir e executar a política da União nos domínios da agricultura, da pesca, dos transportes, do mercado interno, da investigação e do desenvolvimento tecnológico e do espaço, a União e os Estados-membros devem ter plenamente em conta as exigências de bem-estar dos animais enquanto seres sensíveis.

Na jurisprudência argentina, os animais têm sido reconhecidos como sujeitos de direito não humanos. Assim, no caso "Orangotango Sandra", a decisão assinalou:

> A partir de uma interpretação jurídica dinâmica e não estática, é preciso reconhecer o animal como sujeito de direitos, uma vez que os sujeitos não humanos (animais) são titulares de direitos, de modo que sua proteção é imposta na área de competência correspondente.[120]

Na Colômbia, uma decisão do Tribunal Pleno da Corte Constitucional, por maioria, determinou:

> O recurso de *habeas corpus* não é o mecanismo para dirimir a controvérsia suscitada em relação à permanência do urso andino Chucho em um zoológico, na medida em que é um

120 CFedCasPen CABA, 18/12/2014, "Orangotango Sandra s/recurso de cassação s/habeas corpus". Disponível em: www.saij.gob.ar/camara-federal-casacion-penal-considera-una-orangutana-sumatra-es-sujeto-derechos-nv9953-2014-12-18/123456789-0abc-d35-99ti-lpssedadevon.

> instrumento de proteção da liberdade do ser humano, que é um direito que não pode ser estendido aos animais.[121]

A magistrada Diana Fajardo Rivera, em seu voto divergente, considerou:

> Os animais têm interesses juridicamente relevantes para o nosso sistema jurídico, interesses que podem ser chamados de direitos. Essa posição baseia-se i) na construção jurisprudencial existente, baseada na afirmação dos animais como seres sensíveis e com valor intrínseco; ii) os avanços que foram feitos juridicamente na democracia, como a edição da Lei 1774 de 2016 que acolhe a categoria de pena e incorpora mandamentos de bem-estar animal; iii) experiências de Direito Comparado, como o *habeas corpus* concedido na Argentina a orangotango Sandra e a chimpanzé Cecilia; iv) o compromisso humano com a conservação ambiental, expresso em diversos instrumentos internacionais, como a Convenção sobre o Comércio Internacional de Espécies da Fauna e da Flora Silvestres Ameaçadas de Extinção (CITES); e, v) contribuições teóricas, filosóficas e científicas que dão conta, por um lado, que as categorias jurídicas devem permitir compreender e responder a problemas constitucionais reais, como o tratamento que devemos aos animais; e, por outro, da riqueza encontrada em outras espécies, de suas próprias experiências de vida e até mesmo das semelhanças que vários animais exibem em relação a algumas das capacidades humanas. Dar esse passo (...) é uma questão de necessidade e justiça.[122]

---

121 CConst Colômbia, 23/01/2020, expte. T-6.480.577, sentença SU-016/20. Disponível em: www.corteconstitucional.gov.co/comunicados/Comunicado%20No.%2003%20del%2023%20de%20enero%20de%202020.pdf.

122 CConst Colômbia, 23/1/2020, expte. T-6.480.577, sentença SU-016/20. Disponível em: www.corteconstitucional.gov.co/comunicados/Comunicado%20No.%2003%20del%2023%20de%20enero%20de%202020.pdf.

Parece, então, um desafio nestes tempos que as Administrações Públicas explorem posicionamentos além dos seres humanos, para incluir em sua atuação o impacto causado a outros seres vivos.

2.1.1.3 A dimensão ambiental

No mesmo caminho, devemos nos perguntar se a natureza tem direitos na escala de valores dos seres humanos. Não temos dúvidas sobre a importância do Direito Ambiental, mas é a natureza uma pessoa sujeito de direitos no sistema de direitos humanos que ilumina o Direito Administrativo?

No plano internacional está a Carta Mundial da Natureza de 1982, que reconhece o valor intrínseco da natureza. Toda a questão é reforçada pela emergência ambiental do planeta.

A Constituição do Equador, emendada em 2008, estabelece expressamente em seu art. 10 que essa natureza está sujeita aos direitos reconhecidos pela Constituição.

No caso da Bolívia, a Lei de Direitos da Mãe Terra (Lei 71, de 21/12/2010, Diário Oficial 205NEC, 22/12/2010) e a Lei da Mãe Terra e Desenvolvimento Integral para Viver Bem (Lei 300, de 15/10/2012, Diário Oficial 431NEC, 15/10/2012) deu direitos à Mãe Terra como sujeito coletivo de interesse público.

A jurisprudência colombiana declarou a Amazônia colombiana como sujeito de direito contra uma ação de proteção de um grupo de crianças e jovens que, com base no Direito Constitucional a um meio ambiente saudável, alegaram a ineficácia de entidades estatais para proteger a Amazônia colombiana devido à sua importância para o equilíbrio do clima planetário.[123] A decisão declara a Amazônia colombiana como sujeito de direito, seguindo a decisão

---

123 CS Colômbia, 05/04/2018, STC 4360-2018.

da Corte Constitucional do mesmo país que declarou o rio Atrato como sujeito de direito.

> A justiça com a natureza deve ser aplicada para além do cenário humano e deve permitir que a natureza seja sujeito de direitos. É sob esse entendimento que a Câmara considera necessário dar um passo adiante na jurisprudência rumo à proteção constitucional de uma de nossas mais importantes fontes de biodiversidade: o Rio Atrato. Essa interpretação encontra plena justificativa no melhor interesse do meio ambiente que vem sendo amplamente desenvolvido pela jurisprudência constitucional e que é composto por inúmeras cláusulas constitucionais que constituem o que tem sido chamado de "Constituição Ecológica" ou "Constituição Verde". Esse conjunto de dispositivos permite afirmar a importância de um ambiente saudável e o vínculo de interdependência com o ser humano e o Estado.[124]

Até a sentença pede um pacto intergeracional pela vida da Amazônia colombiana.

Na mesma linha, a Suprema Corte argentina declarou:

> O atual paradigma jurídico que determina a regulação da água não leva em conta apenas interesses privados ou estatais, mas do próprio sistema (...) o meio ambiente é um bem coletivo, de pertencimento comunitário, de uso comum e indivisível (Acórdãos, 329:2316 e 340:1695). Além do meio ambiente como um bem macro, o uso da água é um micro bem ambiental e, portanto, também apresenta as características do Direito de incidência coletiva, uso comum e indivisível (cf. causa "Buenos Aires, província de c/Santa Fe, província de", Acórdãos, 342:2136 e suas citações).[125]

---

124 CS Colômbia, 10/11/2016, T 622-2016.

125 CSJN, 16/07/2020, "La Pampa, provincia de c/Mendoza, provincia de s/ uso de aguas", 243/2014 (50-L)/CS1 Originário.

O Tribunal reiterou:

> [Deve-se levar em conta que] o paradigma jurídico que ordena a regulação dos bens coletivos ambientais é ecocêntrico ou sistêmico, e não leva em conta apenas interesses privados ou estatais, mas os do próprio sistema (...) ter que combinar o território ambiental, de base natural, com o território federal, de base cultural ou política (...).
>
> Em suma, resulta com suficiente evidência, ainda que em fase cautelar do processo, que há grave afetação de recurso ambiental ou ecológico de natureza interjurisdicional; que há efetiva degradação ambiental ou afetação do delta do Rio Paraná, o que compromete seriamente seu funcionamento e sustentabilidade; que a sua preservação é uma prioridade, não só no interesse das gerações atuais, mas também na defesa das gerações futuras; e que, em consequência destes incêndios, há um impacto na qualidade do ar.[126]

Por sua vez, a Corte IDH, por meio do parecer consultivo OC-23/17 (solicitado pela Colômbia), sobre a relação entre os direitos humanos e o direito ao meio ambiente saudável, conforme previsto na Convenção Americana de Direitos Humanos e no art. 11 do Protocolo de San Salvador, observou:[127]

> Esta Corte considera importante ressaltar que o direito ao meio ambiente saudável como direito autônomo, diferentemente de

---

126 CSJN, 11/08/2020, "Equística Defensa del Medio Ambiente Aso. Civ. c/Santa Fe, provincia de, y otros s/amparo ambiental", 468/2020 originário, consids. 7º e 9º.

127 Corte IDH, OC-23/17, 15/11/2017, "Obrigações estatais em relação com o meio ambiente no contexto da proteção e garantia dos direitos à vida e à integridade pessoal – interpretação e alcance dos arts. 4º.1 e 5º.1, em relação com os arts. 1º.1 e 2º da Convenção Americana sobre Direitos Humanos", solicitada pela República da Colômbia, parágrafos 62 e 65. Disponível em: www.corteidh.or.cr/docs/opiniones/seriea_23_esp.pdf.

> outros direitos, protege os componentes do meio ambiente, como florestas, rios, mares e outros, como interesses jurídicos em si, mesmo na ausência de certeza ou evidência sobre o risco às pessoas singulares. Trata-se de proteger a natureza e o meio ambiente não apenas por sua conexão com uma utilidade para os seres humanos ou pelos efeitos que sua degradação poderia causar em outros direitos das pessoas, como saúde, vida ou integridade pessoal, mas também por sua importância para outros organismos vivos com os quais o planeta é compartilhado, também merecedores de proteção em si mesmos. Nesse sentido, a Corte observa uma tendência a reconhecer a personalidade jurídica e, portanto, direitos à natureza não apenas nas sentenças judiciais, mas mesmo nos sistemas constitucionais.

Para continuar expressando:

> Vários órgãos de direitos humanos analisaram questões ambientais em relação a diferentes direitos particularmente vulneráveis. Por exemplo, o Tribunal Europeu dos Direitos do Homem introduziu a proteção do ambiente através da garantia de outros direitos, como os direitos à vida, o respeito pela vida privada e familiar e a propriedade. (...) A este respeito, por exemplo, o Tribunal Europeu dos Direitos Humanos declarou que os Estados têm a obrigação de avaliar os riscos associados a atividades perigosas para o ambiente, como a mineração, e de tomar medidas apropriadas para proteger o direito ao respeito pela vida privada e familiar e para permitir o gozo de um ambiente saudável e protegido.

É uma construção diferente da realizada na Europa dos direitos humanos. No SIDH, a proteção ambiental pressupõe a qualidade de um direito próprio para além do possível conteúdo ambiental dentro de outros direitos garantidos pelo próprio PSJCR. Esse é o ponto central e que gera na cabeça das Administrações Públicas a atenção preventiva desse direito autônomo, sem descuidar de ações diretas que estão vinculadas a outros direitos que possuem, no caso específico, conteúdo ambiental.

O primeiro caso contencioso em que a Corte Interamericana decidiu sobre o direito ao meio ambiente saudável (art. 26 PSJCR), ou seja, como direito autônomo, foi "Comunidades indígenas membros da Associação Lhaka Honhat (Nossa Terra) vs. Argentina". Também incluiu referência direta a três novos direitos: alimentação adequada, água e participação na vida cultural.

Como mencionamos, a Corte IDH já havia se referido ao conteúdo e ao alcance do direito ao meio ambiente saudável como um direito autônomo na OC-23/17, de modo que, na jurisdição contenciosa, remete a essa decisão:

> [Como afirmou esta Corte] o direito a um meio ambiente saudável "constitui um interesse universal" e "é um direito fundamental para a existência da humanidade (...)" como direito autônomo (...) protege os componentes do (...) meio ambiente, como florestas, mares, rios e outros, como interesses jurídicos em si mesmos, mesmo na ausência de certeza ou evidência sobre o risco aos indivíduos. Trata-se de proteger a natureza não só pela sua "utilidade" ou "efeitos" sobre os seres humanos, "mas pela sua importância para os outros organismos vivos com os quais o planeta é partilhado". Isso não impede, é claro, que outros direitos humanos sejam violados em decorrência de danos ambientais.[128]

Antes desse pronunciamento e a OC-23/17, a Corte Interamericana havia desenvolvido uma vasta jurisprudência nas questões ambientais não de forma autônoma, mas atravessada de outros direitos,

---

128 Corte IDH, 06/02/2020, "Comunidades indígenas membros da Associação Lhaka Honhat (Nuestra Tierra) vs. Argentina" (Fondo, reparaciones y costas), série C, nº 400, parágrafo 203. Disponível em: www.corteidh.or.cr/docs/casos/articulos/seriec_400_esp.pdf.

especialmente o Direito Comunitário indígena,[129] como nos casos "Comunidade Indígena Yakye Axa vs. Paraguai" e "Comunidad Mayagna (Sumo) Awas Tingni vs. Nicarágua".[130]

Por outro lado, na Europa existe uma proteção cruzada do Direito Ambiental em relação a outros Direitos, mas que ainda não chega, em nossa opinião, a tornar-se um Direito autônomo.

O TEDH dotou a proteção do ambiente como parte integrante da vida privada e familiar do art. 8 do CEDH e, em menor grau, do direito à vida consagrado no art. 2º. O ponto de partida foi a necessidade de o Estado assegurar um equilíbrio adequado entre os interesses do indivíduo e da comunidade como um todo.[131]

Vale ressaltar que o plexo jurídico que vem sendo aplicado à proteção do meio ambiente não é apenas o art. 8º do CEDH, mas também o art. 2º que protege o direito à vida. A este respeito, o

---

129 Uma análise minuciosa da primeira etapa pode ser vista em CALDERÓN GAMBOA, Jorge F. "Medio ambiente frente a la Corte Interamericana de derechos humanos: una ventana de protección". *In*: CANÇADO TRINDADE, Antônio A.; BARROS LEAL, César (Coord.). *Derechos humanos y medio ambiente*. Fortaleza: Expressão, 2017, pp. 103-144.

130 Corte IDH, 17/06/2005, "Comunidade indígena Yakye Axa vs. Paraguai" (Fondo, reparaciones y costas), série C, nº 125, parágrafo 135. Disponível em: www.corteidh.or.cr/docs/casos/articulos/seriec_125_esp.pdf; Corte IDH, 31/08/2001, "Comunidad Mayagna (Sumo) Awas Tingni vs. Nicarágua" (Fondo, reparaciones y costas), série C, nº 79. Disponível em: www.corteidh.or.cr/docs/casos/articulos/Seriec_79_esp.pdf.

131 O art. 8º do CEDH reconhece o direito ao respeito da vida privada e familiar, como já detalhamos e se pode ver em STEDH, 21/02/1990, "Powell and Rayner vs. The United Kingdom", nº 9310/81. Disponível em: https://hudoc.echr.coe.int/spa?i=001-57622; STEDH, 09/12/1994, "López Ostra vs. España", nº 16798/90. Disponível em: https://hudoc.echr.coe.int/eng?i=001-164373; STEDH, 19/02/1998, "Guerra y otros vs. Italia", nº 14967/89. Disponível em: https://hudoc.echr.coe.int/eng?i=001-163767; STEDH, 24/01/2019, "Cordella y otros vs. Italia", nº 54414/13 e 54264/15. Disponível em: https://hudoc.echr.coe.int/eng?i=001-189421; entre outros.

TEDH afirmou que a proteção desse direito pode ser invocada em relação ao ambiente quando os riscos potenciais da atividade em causa o justifiquem. Assim, as obrigações positivas do Estado visavam adotar medidas adequadas para preservar a vida dos sujeitos à sua jurisdição estabelecidas pelo art. 2º.[132]

2.2 Administrações Públicas como autoridades obrigadas e a prevenção administrativa

É essa ordem constitucional e convencional que temos descrito, cujo fundamento é a dignidade da pessoa humana com abrangência e novas concepções, que nos leva a analisar novas perspectivas jurídicas tanto no Direito Público como no Privado, o que, sem dúvida, alterou o Direito Administrativo.

Esse novo cenário tem o cidadão como protagonista do Direito Administrativo e a dignidade da pessoa humana como limiar mínimo para a concepção e aplicação de políticas públicas. Nele, a função preventiva das Administrações Públicas aparece como externalização do dever de garantia. O controle interno de convencionalidade torna-se uma ferramenta de prevenção, operacionalizando o dever de garantia no campo das Administrações Públicas. Essa função de prevenção tem como centralidade a pessoa e sua dignidade na tríplice dimensão do indivíduo, do social e da humanidade, como se depreende do mandamento de deveres humanos do próprio PSJCR. Aparece, assim, o papel preventivo das Administrações Públicas.

---

132 STEDH, 30/11/2004, "Öneryilidiz vs. Turkey", nº 48939/99. Disponível em: https://hudoc.echr.coe.int/eng?i=001-67614. No já citado caso "Cordella *et alii* vs. Italia", o TEDH apontou que o Estado conta com uma obrigação positiva de adotar as medidas necessárias para que terceiras pessoas não produzam interferências ou menoscabos em outros, devendo guardar equilíbrio entre os interesses individuais e os da sociedade.

Nesse contexto, as funções administrativas também devem ser redefinidas pelas construções do sistema de direitos humanos. Estes adquiriram particular importância no quadro do Direito Administrativo. Um setor da doutrina, inclusive, definiu o Direito Administrativo a partir das funções, das atividades exercidas pelas Administrações Públicas.

Cassagne enfatiza, no conteúdo do Direito Administrativo, o estudo das funções administrativas.[133] Fiorini a concebe como o "ramo do Direito Público (estadual) que tem por objeto o estudo da atividade na função administrativa estatal".[134] Comadira elabora anunciando que o Direito Administrativo constitui o Direito específico dessa função:

> Como tal, assume dois elementos (...) a aplicabilidade externa das normas que regem a atividade administrativa e, em segundo lugar, a configuração dessas normas em termos de um conteúdo diferente das de Direito Privado que regem as relações entre particulares.[135]

Nesse caminho, postulamos a prevenção como peça fundamental, como parte substancial da função administrativa.

Valim diferencia os canais técnico-jurídicos da atuação administrativa das atividades administrativas.[136] Salienta que os primeiros constituem os instrumentos formais por meio dos quais funcionam

---

133 CASSAGNE, Juan Carlos. *Curso de derecho administrativo*. Buenos Aires: La Ley, 2016.

134 FIORINI, Bartolomé A. *Derecho administrativo*. tomo 1. Buenos Aires: Abeledo-Perrot, 1995, p. 34.

135 COMADIRA, Julio Rodolfo. "El derecho administrativo como régimen exorbitante en el servicio público". *In*: ______. *Servicio público, policía y fomento*. Buenos Aires: RAP, 2004, pp. 17 e ss.

136 VALIM, Rafael. *La subvención en el derecho administrativo*. Buenos Aires: BdeF, 2017, pp. 5-32.

as Administrações Públicas (ato administrativo, contrato administrativo, procedimento administrativo etc.); as últimas, por sua vez, traduzem o conteúdo típico das ações administrativas. Nas palavras de Santamaría Pastor, as atividades administrativas traduzem "o que a Administração faz", enquanto os canais técnico-jurídicos significam "como ela as faz".[137]

Lembremos que na evolução histórica as funções administrativas foram identificadas com o serviço público; depois se estendem à tipologia clássica: promoção, polícia administrativa e serviço público, com base nos ensinamentos de Jordana de Pozas.[138] Depois foram se desdobrando, e outras surgiram muito mais pontuais, do orçamento, em que gerir implica realizar uma série de atividades heterogêneas.[139]

As mudanças transcendentes produzidas desde a passagem do Estado oitocentista, construído após a Revolução Francesa e quando o direito era identificado com a lei, em direção ao Estado de Direito Constitucional e Social também influenciaram as funções do Estado e a atividade administrativa.

---

137 PASTOR, Juan Alfonso Santamaría. *Principios de derecho administrativo*. vol. 2. Madrid: Centro de Estudios Ramón Areces, 2002, p. 19.

138 JORDANA DE POZAS, Luis. "Ensayo de una teoría del fomento en el derecho administrativo". *Revista de Estudios Políticos*, nº 48, 1949, pp. 41-54.

139 Em uma posição intermediária, Bandeira de Mello identifica as seguintes atividades administrativas: serviços públicos; intervenção do Estado no domínio econômico e social; limitações administrativas à liberdade e à propriedade ou ao "poder de polícia"; imposição das sanções previstas para as infrações administrativas; sacrifícios de direitos e, finalmente, gestão de bens públicos (BANDEIRA DE MELLO, Celso Antônio. *Curso de Direito Administrativo*. São Paulo: Malheiros, 2008, p. 684). A essas, nós adicionamos a função preventiva, que atualmente é fundamental para não violar o limite mínimo da dignidade da pessoa humana nas regulamentações para a adjudicação ou distribuição de bens em uma sociedade.

A visão clássica das funções administrativas, para além das profundas mudanças que o convencionalismo causou especialmente nos Estados latino-americanos, ainda está presente em nossas Administrações Públicas, com mais críticas da teoria do que da prática. No entanto, a mudança tem sido radical, como este trabalho tenta mostrar, e implica também uma reação das Administrações Públicas, na qual a função preventiva se sobrepõe como complementar às atividades heterogêneas que cumpre na sociedade.

As mudanças em nossas Administrações Públicas são consequência de mudanças na visão do Estado. O Estado passou por diferentes etapas: protetor da ordem e segurança públicas, com a preponderância da função de polícia administrativa;[140] gestor de serviços públicos, em que as funções administrativas eram centrais; ao estágio do Estado Social e solidário do Direito, a partir do qual intervém na economia com regras e controle, com a participação dos cidadãos e com vistas à solidariedade social, garantindo que não haja excessos e que pessoas vulneráveis acessem benefícios básicos com foco na dignidade da pessoa humana.

De fato, como assinalou García de Enterría:

> A história da redução dessas imunidades, dessa resistência constante que a Administração tem oposto à exigência de um controle judicial pleno de seus atos por meio da constituição

---

140 O tema é de um desenvolvimento exponencial no Direito Administrativo, mas excede este trabalho; para ampliar, ver GARRIDO FALLA, Fernando. "Sobre el derecho administrativo y sus ideas cardinales". *Revista de Administración Pública*, nº 7, 1952, pp. 11-50; GARCÍA DE ENTERRÍA, Eduardo; FERNÁNDEZ, Tomás-Ramón. *Curso de derecho administrativo*. tomo I. Madrid: Civitas, 2017, pp. 25-58; DIEZ, Manuel Maria. *Derecho administrativo*. Buenos Aires: Plus Ultra, 1987, pp. 35 e ss.; CASSAGNE, Juan Carlos. *Servicios públicos y policía*. Buenos Aires: El Derecho, 2006, p. 378; BALBÍN, Carlos F. *Tratado de derecho administrativo*. tomo II. Buenos Aires: La Ley, 2015; entre outras obras.

> de produtos isentos e não auditáveis de sua própria ação, podemos dizer que é, em geral, a própria história do Direito Administrativo.[141]

Por outro lado, e contemporaneamente com a evolução histórica, no desenvolvimento doutrinário recorreu-se a critérios orgânicos, materiais, negativos e mistos para definir a função administrativa.[142]

Do critério orgânico sustentou-se que é aquele realizado pelos Poderes Executivos;[143] mais contemporaneamente, considera-se que constitui um setor ou uma área das atividades dos Executivos.[144]

Por sua vez, o critério residual, também chamado de negativo, afirmava que é a atividade estatal que permanece após a exclusão da legislação e da jurisdição.[145] Para o critério material, é "a atividade prática que o Estado desenvolve para cuidar, de forma imediata, dos interesses públicos que assume em seus próprios fins"; de acordo com essa conceituação, não só o Poder Executivo as executa, mas também o Legislativo e o Poder Judiciário.[146]

---

141 GARCÍA DE ENTERRÍA, Eduardo. *La lucha contra las inmunidades del poder*. Madrid: Civitas, 1983, p. 22.

142 Podem-se consultar GARRIDO FALLA, Fernando. *Tratado de derecho administrativo*. Madrid: Tecnos, 2002; GARCÍA DE ENTERRÍA, Eduardo; FERNÁNDEZ, Tomás-Ramón. *Curso de derecho administrativo*. tomo I. Madrid: Civitas, 2017; entre tantas outras obras.

143 SANTAMARÍA DE PAREDES, Vicente. *Curso de derecho administrativo según sus principios generales y la legislación actual de España*. Madrid: Establecimiento Tipográfico de Ricardo Fe, 1903, p. 34.

144 GARRIDO FALLA, Fernando. *Tratado de derecho administrativo*. Madrid: Tecnos, 2002, p. 34; Entrena Cuesta, *Curso de derecho administrativo*, p. 25.

145 FLEINER, Fritz. *Instituciones de derecho administrativo*. Trad. Sabino Álvarez-Gendín. Barcelona: Labor, 1933, p. 7.

146 ZANOBINI, Guido. *Corso di diritto amministrativo*. vol 1. Milano: Giuffrè, 1958, p. 13.

Sob o crivo do critério orgânico, material e até mesmo do residual, a função preventiva cumpre os requisitos que a doutrina sistematizou sobre a atividade administrativa. O que propomos é uma atividade que deve ser realizada por nossas Administrações Públicas que visa à satisfação do interesse público, entendido como o reconhecimento, a proteção e a garantia dos direitos humanos, como meio de promoção e proteção desses direitos, que se torna indispensável para a distribuição de bens e serviços na sociedade atual.

As mudanças que implicam no Direito os sistemas de direitos humanos constitucionalizados precisam de uma resposta do Direito Administrativo, e isso vem com a atividade preventiva das Administrações Públicas. As desigualdades sociais, as vulnerabilidades, a pobreza extrema, a globalização e a integração regional, o desenvolvimento da tecnologia, as mudanças climáticas, a preponderância dos direitos econômicos, sociais, culturais e ambientais não são alheias às nossas Administrações Públicas, mas convivem com essa realidade na formulação e execução de políticas públicas.

Postulamos que o conceito das funções administrativas clássicas que persistem em nosso Estado de Direito[147] e que são objeto e significado do Direito Administrativo é insuficiente no âmbito do Estado Social e Democrático de Direito.

É interessante, nesse sentido, a nova conceituação que Valim faz sobre uma das atividades clássicas:

> A atividade de fomento deve ser entendida como uma valiosa ferramenta do Estado Social brasileiro para a consecução de seus fins. Não se trata, como já foi dito, de uma atividade subsidiária, que intervém cobrindo as ineficiências do mercado.

---

147 Há tempo, Calamandrei afirmava: "no Estado de Direito também a liberdade da autoridade está limitada pela lei, para evitar que ultrapasse os confins das liberdades individuais dos cidadãos" (CALAMANDREI, Piero. *Sin legalidad no hay libertad*. Trad. P. Andrés Ibáñez. Madrid: Trotta, 2016, p. 36).

> Trata-se, antes, da ação planejada do Estado com o objetivo de assegurar o interesse público.[148]

Dada a necessidade de uma definição positiva e restrita da atividade de fomento parece-nos que ela pode ser configurada como a transferência de bens e direitos em favor dos indivíduos, sem contraprestação ou com contraprestação em condições facilitadas, com o objetivo de satisfazer direta ou indiretamente os interesses públicos. Valim acrescenta:

> Note-se que o último elemento da definição revela a finalidade da atividade de fomento. Embora à primeira vista a expressão "para a satisfação direta ou indireta do interesse público" possa parecer óbvia, ela contém uma característica decisiva do conceito de fomento que formulamos. Ao contrário do que defende a maioria dos juristas, sustentamos que, no Direito brasileiro, a atividade de fomento não se limita à salvaguarda indireta do interesse público, mas inclui instrumentos importantíssimos para a satisfação direta do interesse público. Assim, ao lado da transferência de bens e direitos para estimular atividades de interesse público – *satisfação indireta de interesses públicos* – temos transferências de bens e direitos voltados à proteção de direitos fundamentais – *satisfação direta de interesses públicos.*

É necessário um novo olhar sobre as funções administrativas, incorporando a dimensão preventiva que ilumina todo o Direito Administrativo, fundada no novo papel das Administrações Públicas: o papel preventivo.

É interessante o que Kingsbury, Krisch e Stewart apontam sobre o assunto:

---

148 VALIM, Rafael. *La subvención en el derecho administrativo*. Buenos Aires: BdeF, 2017, p. 18.

> O Direito interno se baseia em uma visão compartilhada ou consensual do que deve ser entendido por ação administrativa, mesmo que ela seja feita principalmente em termos negativos ou residuais – o que não é nem legislativo nem judicial – e apesar de as fronteiras entre essas categorias estarem cada vez mais borradas. No entanto, essa diferenciação funcional já não é tão clara fora do nível estatal, onde o cenário institucional é muito mais heterogêneo.

Para esses autores, o Direito Administrativo global é o

> conjunto de instrumentos, princípios, práticas e concepções sociais, que promovem ou influenciam a prestação de contas e a supervisão (*accountability*) das organizações administrativas localizadas em nível global, através, em primeiro lugar, do cumprimento de padrões adequados, como transparência e participação, a fundamentação das decisões e o princípio da igualdade; e, segundo, por meio do efetivo controle e revisão das decisões que tais organizações adotam.[149]

A função preventiva é, nesse sentido, complementar às demais funções exercidas pelas Administrações Públicas. Ao mesmo tempo, é específica no que diz respeito à promoção e proteção dos direitos fundamentais e à prevenção da sua violação. Não se trata aqui de abordar outras visões preventivas, ao estilo do princípio da precaução do Direito Ambiental ou da prevenção em termos de Direito Civil, entre outros possíveis mandamentos constitucionais ou legais envolvidos no dever genérico de prevenir.

149 KINGSBURY, Benedict; KRISCH, Nico; STEWART, Richard B. "El surgimiento delderecho administrativo global". *In*: KINGSBURY, Benedict; STEWART, Richard. *Hacia el derecho administrativo global*: fundamentos, principios y ámbito de aplicación. Sevilla: Derecho Global, 2016, p. 90.

O desafio do Direito Administrativo, nesse sentido, é desenhar um mecanismo institucional efetivo que assegure que, tanto a partir da divisão territorial do poder (o governo federal – como os governos estaduais – ou o governo unitário) quanto da divisão horizontal de poderes e funções, seja garantida a validade dos direitos humanos, com base nos princípios da prevenção e da participação cidadã. Os Estados federais (bem como suas unidades territoriais constituintes), assim como os Estados unitários, devem respeitar o limite mínimo que lhes é imposto pelos tratados de direitos humanos.

Emerge essa nova atitude ativa das Administrações Públicas para proteger e promover os compromissos internacionais. Eles tomam a iniciativa de remover qualquer barreira à efetividade dos direitos.

Essa regra se reflete nos pronunciamentos da Corte IDH na medida em que impõe aos Estados o dever de prevenir a violação dos direitos humanos. A Corte IDH estabeleceu que o dever de prevenção abrange todas as medidas de natureza política, administrativa e cultural que promovam a salvaguarda dos direitos humanos e que assegurem que quaisquer violações sejam efetivamente consideradas e tratadas como um ato ilícito, o que, como tal, é passível de acarretar sanções para aqueles que as cometem, bem como a obrigação de indenizar as vítimas pelas suas consequências prejudiciais.[150]

Sendo as Administrações Públicas uma das pessoas que estão integradas ao Estado como obrigadas pelo PSJCR, acrescidas do seu dever de afastar todo o tipo de medidas e comportamentos regulatórios que violem compromissos internacionais e de adotar comportamentos e medidas regulamentares que previnam futuras violações dos direitos humanos, pode-se concluir, sem mais delongas,

---

150 Corte IDH, 16/11/2009, "González e outras ('Campo Algodonero') vs. México" (Excepción preliminar, fondo, reparaciones y costas), série C, nº 205, parágrafo 252. Disponível em: www.corteidh.or.cr/docs/casos/articulos/seriec_205_esp.pdf.

que estamos perante um novo papel das Administrações Públicas: o papel preventivo.

Nesse sentido, a Corte IDH se pronuncia sobre o tema:

> A Corte tem interpretado que a adequação da legislação interna aos parâmetros estabelecidos na Convenção implica a adoção de medidas em dois aspectos, a saber: a) a abolição de normas e práticas de qualquer natureza que violem as garantias previstas na Convenção ou que ignorem os direitos nela reconhecidos ou dificultem seu exercício; e b) a emissão de normas e o desenvolvimento de práticas conducentes à efetiva observância de tais garantias. O primeiro aspecto é satisfeito na reforma, revogação ou anulação das normas ou práticas que têm esses escopos, conforme o caso. A segunda obriga o Estado a evitar a recorrência de violações de direitos humanos e, portanto, deve adotar todas as medidas legais, administrativas e outras necessárias para evitar que eventos semelhantes voltem a acontecer no futuro.[151]

É por isso que afirmamos o alcance do controle de convencionalidade nas sedes das Administrações Públicas em uma tríplice direção, pelo menos: em primeiro lugar, a supressão de normas (regulamentos) e práticas administrativas que infrinjam o SIDH; em segundo lugar, a emissão de regras e a adoção de práticas que confiram efetividade a direitos e garantias e, em terceiro lugar, a interpretação de acordo com a juridicidade que expressa o controle de convencionalidade.

---

151 Corte IDH, 29/11/2011, "Fontevecchia y D'Amico vs. Argentina" (Fondo, reparaciones y costas), série C, nº 238, parágrafo 85. Disponível em: https://corteidh.or.cr/docs/casos/articulos/seriec_238_esp.pdf.

2.2.1 A função preventiva e a boa-fé administrativa

Atualmente, as novas limitações, funções e reconceituações das Administrações Públicas se expressam dentro de um grande sistema constitucional e convencional. Neste coexistem diversos subsistemas internacionais de integração, tratados bilaterais de investimento recíproco[152] de direitos humanos, entre muitos outros, e microssistemas da ordem interna constitucional, consumidores, usuários, meio ambiente, entre alguns que podem ser mencionados com regras e princípios próprios.

Em nosso campo de estudo referente apenas ao subsistema internacional dos direitos humanos, podemos afirmar que o impacto do PSJCR gera um novo controle das atividades das Administrações Públicas, ainda que de forma subsidiária e complementar, e isso se dá de duas maneiras:

1) *Controle da convencionalidade internacional na sede da Corte IDH*. Acrescenta-se uma nova esfera de controle da atividade estatal, situada fora de suas próprias fronteiras no sistema de proteção dos direitos humanos.

2) *Controle interno de convencionalidade nas sedes das Administrações Públicas*. Funciona como um controle interno dessas Administrações Públicas pela aplicação espontânea e de boa-fé que se espera que aconteça "dentro das fronteiras" na atividade dos diversos poderes. Ou seja, cumprimento interno

---

152 Basta referenciar dois marcos neste tema para ter percepção da nova ordem internacional interna, além das convenções de direitos humanos: *a*) o laudo do Ciadi, 27/07/2017, "Teinver SA, Transportes de Cercanías SA y Autobuses Urbanos del Sur SA (demandantes) vs. a República Argentina (demandada)", ARB/09/01; e *b*) a res. 598/2013 do "Ministerio de Economía de la Nación Argentina, que efetiviza o cumprimento interno de una decisión do Ciadi" (Centro Internacional de Arreglo de Diferencias Relativas a Inversiones).

voluntário e espontâneo dos compromissos assumidos pelos Estados: subsidiariedade e complementaridade.

Na segunda dimensão do novo controle indicada, a atividade preventiva das Administrações Públicas se desenvolve plenamente, embora projete suas consequências no primeiro plano, qual seja, o do controle internacional no subsistema do PSJCR.

As Administrações Públicas tornam-se tudo menos abstencionistas, pois devem comportar-se ativamente para incorporar espontaneamente os deveres éticos universais dos direitos humanos assumidos.

Em outras palavras, emerge uma atitude ativa e não passiva na proteção e promoção dos compromissos internacionais. A iniciativa deve ser tomada para remover qualquer obstáculo à efetividade dos direitos, como explicamos ao descrever o alcance do art. 2º do PSJCR. Para isso, é necessário que as Administrações Públicas revejam seus mecanismos ligados aos cidadãos, uma vez que é necessário que eles abordem direitos a partir da diversidade. A homogeneidade dá lugar à heterogeneidade.

A atividade contínua, direta, imediata, com grande ancoragem teórica e sociológica, permite que as Administrações Públicas disponham de mecanismos rápidos e eficazes diante das contínuas mudanças que se registram em nossas sociedades modernas. São eles que têm a maior possibilidade de internalizar que os governos possuem a principal função nestes tempos de tornar a vida mais fácil, justa e harmoniosa para as pessoas em uma convivência cidadã.

As nossas Administrações Públicas adquirem, assim, um novo papel, ativo, presente e a que temos chamado papel preventivo. Esse novo papel de exigência constitucional e convencional é também uma nova expressão da ética pública, expressa nas dimensões sociais dos cidadãos em contato com a realização do bem-estar geral.

Essa função preventiva é a externalização do dever de garantia de ter assumido obrigações no momento da assinatura do PSJCR. São as obrigações gerais contidas nos arts. 1°, § 1 e 2°, mas também as específicas contidas em suas diferentes disposições convencionais, como explicamos. O controle das convenções internas no domínio das Administrações Públicas é o instrumento que nos permite alcançar esse objetivo.

A Corte IDH estabeleceu que o dever de prevenção abrange todas as medidas de natureza política, administrativa e cultural que promovam a salvaguarda dos direitos humanos e que assegurem que quaisquer violações a eles sejam efetivamente consideradas e tratadas como um ato ilícito, o que, como tal, é suscetível de acarretar sanções para aqueles que os cometem, bem como a obrigação de indenizar as vítimas pelas suas consequências prejudiciais.[153]

Em particular, a Corte IDH tem enfatizado a importância de dispor de um arcabouço jurídico adequado para a proteção e, sobretudo, com sua aplicação efetiva e com políticas e práticas de prevenção que permitam uma ação efetiva diante das denúncias.

A estratégia de prevenção deve ser abrangente, ou seja, deve prevenir os fatores de risco e, ao mesmo tempo, fortalecer as instituições para que possam dar uma resposta efetiva aos casos em que determinadas mulheres e meninas possam ser vítimas de violência. Nesse sentido, nos casos de violência contra a mulher, os Estados têm, além das obrigações genéricas contidas na Convenção Americana de Direitos Humanos, uma obrigação reforçada pela Convenção de Belém do Pará, de assegurar o efetivo exercício e gozo desse tipo de direito.

---

153 Corte IDH, 16/11/2009, "González e outras ('Campo Algodonero') vs. México" (Excepción preliminar, fondo, reparaciones y costas), série C, n° 205, parágrafo 252. Disponível em: www.corteidh.or.cr/docs/casos/articulos/seriec_205_esp.pdf.

Com relação às crianças e adolescentes, a Corte IDH chegou à mesma conclusão, ao indicar que é necessária uma proteção especial que deve ser entendida como um direito adicional e complementar aos demais direitos que a CADH reconhece a todas as pessoas. A prevalência do melhor interesse da criança deve ser entendida como a necessidade de satisfação de todos os direitos da infância e adolescência, que vincula o Estado e irradia efeitos na interpretação de todos os demais direitos do PSJCR quando o caso diz respeito a menores de idade.[154]

Isso está atrelado ao que foi afirmado pela Corte IDH e que já indicamos:

> As obrigações dos Estados Partes vinculam todos os poderes e órgãos do Estado, ou seja, todos os Poderes do Estado (Executivo, Legislativo, Judiciário ou outros poderes do Poder Público) e outras autoridades públicas ou estatais, de qualquer tipo, incluindo os mais altos tribunais de justiça, têm o dever de cumprir de boa-fé o Direito Internacional.[155]

As ações ou omissões estatais são delimitadas pela regra geral imposta ao Estado pelos artigos 1°, § 1° e 2° da CADH, que constituem a base para determinar a responsabilidade internacional. De fato, o art. 1°, § 1°, dispõe sobre a obrigação do Estado de respeitar e garantir de forma genérica os direitos previstos na Convenção, enquanto o art. 2° obriga o Estado e cada um dos seus órgãos a remover qualquer obstáculo ao gozo daqueles e, consequentemente,

---

154 Corte IDH, 16/11/2009, "González e outras ('Campo Algodonero') vs. México" (Excepción preliminar, fondo, reparaciones y costas), série C, n° 205, parágrafo 408. Disponível em: www.corteidh.or.cr/docs/casos/articulos/seriec_205_esp.pdf.

155 Corte IDH, res. de 18/10/2017, "Fontevecchia e D'Amico vs. Argentina", supervisão de cumprimento de acórdão, consid. 13. Disponível em: www.corteidh.or.cr/docs/supervisiones/fontevecchia_18_10_17.pdf.

a levar a cabo medidas positivas destinadas a assegurar e dar efetividade aos direitos consagrados naquele tratado.

O papel preventivo das Administrações Públicas parece ser chamado a assegurar a aplicação efetiva na ordem interna a tais mandamentos. A verdade é que, de acordo com o princípio da boa-fé, as Administrações Públicas devem seguir uma estratégia de prevenção integral dos direitos humanos.

As Administrações Públicas têm o dever de adotar medidas de prevenção e proteção dos indivíduos em suas relações entre si e com o Estado; para que as pessoas não vivam em situações de risco real e imediato de violação dos direitos humanos, esses riscos devem ser prevenidos ou evitados.[156]

A Corte Interamericana, nesse sentido, tem sido coerente ao apontar que os Estados têm o dever legal de prevenir, razoavelmente, violações de direitos humanos.[157]

Na arena internacional dos direitos humanos, um conjunto de instituições lida com a prevenção, impondo deveres éticos aos Estados com base no princípio da boa-fé na governança.

2.2.2 As Administrações Públicas como sujeitos obrigados

Essa função preventiva é explicada pelas Administrações Públicas na medida em que elas são um dos sujeitos vinculados pelas convenções internacionais de direitos humanos. Deve-se lembrar que

---

156 Corte IDH, 31/01/2006, "Caso de la masacre de Pueblo Bello vs. Colombia", série C, nº 140, parágrafo 123. Disponível em: www.corteidh.or.cr/docs/casos/articulos/seriec_140_esp.pdf.

157 Corte IDH, 29/07/1988, "Velásquez Rodríguez vs. Honduras" (Fondo), série C, nº 4, parágrafo 174. Disponível em: www.corteidh.or.cr/docs/casos/articulos/seriec_04_esp.pdf.

estas obrigam os Estados e seus diferentes órgãos, ao mesmo tempo que geram direitos a quem não fez parte: os cidadãos.

O dever de prevenção abrange todas as medidas, de vários tipos, que promovam a salvaguarda dos direitos humanos e que garantam que quaisquer violações destes sejam efetivamente consideradas e suscetíveis de resultar em sanções e compensações por suas consequências prejudiciais.

Entre elas estão aquelas que as próprias Administrações Públicas devem adotar, com a seguinte abrangência:

> [É claro que] um Estado não pode ser responsabilizado por quaisquer violações de direitos humanos cometidas entre indivíduos dentro de sua jurisdição. Com efeito, (...) as obrigações de garantia assumidas pelos Estados não implicam uma responsabilidade ilimitada dos Estados para com qualquer ato ou fato dos indivíduos, uma vez que seus deveres de adotar medidas de prevenção e proteção dos indivíduos em suas relações entre si estão condicionados ao conhecimento de uma situação de risco real e imediato para um determinado indivíduo ou grupo de indivíduos e às possibilidades razoáveis de evitar esse risco. (...) Ou seja, mesmo que uma ação ou omissão de um indivíduo tenha como consequência jurídica a violação de certos direitos humanos de outro indivíduo, ela não é automaticamente atribuível ao Estado, uma vez que deve ser prestada atenção às circunstâncias particulares do caso e ao cumprimento de tais obrigações de garantia.[158]

158 Corte IDH, 31/01/2006, "Caso do massacre de Pueblo Bello vs. Colômbia", série C, nº 140, parágrafo 123. Disponível em: www.corteidh.or.cr/docs/casos/articulos/seriec_140_esp.pdf; Corte IDH, 16/11/2009, "González e outras ('Campo Algodonero') vs. México" (Excepción preliminar, fondo, reparaciones y costas), série C, nº 205, parágrafo 280. Disponível em: www.corteidh.or.cr/docs/casos/articulos/seriec_205_esp.pdf; Corte IDH, 10/10/2013, "Luna López vs. Honduras" (Fondo, reparaciones y costas), série C, nº 269, parágrafo 120. Disponível em: www.corteidh.or.cr/docs/casos/articulos/seriec_269_esp.

Ao mesmo tempo, é claro que a obrigação de prevenir é de meio ou comportamento, e seu descumprimento não é demonstrado pelo simples fato de um direito ter sido violado. O dever de garantia se expressa, entre outras formas, na prevenção dos poderes do Estado, inclusive das Administrações Públicas. Uma manifestação do dever de garantia é a atividade preventiva, como dissemos,[159] concretizada na aplicação na própria esfera por meio do controle interno de convencionalidade.

Assim indicou a Corte IDH:

> 111. O Tribunal já reconheceu em casos anteriores a necessária relação entre o dever geral de garantia indicado no art. 1.1 da Convenção e os direitos específicos protegidos por este instrumento. Como consequência desse dever de garantia, surgem obrigações sobre o Estado, a fim de assegurar o livre e pleno exercício dos direitos reconhecidos na Convenção a todas as pessoas sujeitas à sua jurisdição. Esse dever de garantia, estando vinculado a direitos específicos, pode ser cumprido de diferentes formas, dependendo do direito que o Estado tem o dever de garantir e da situação particular do caso.

---

pdf (citados em CORTE IDH. *Cuadernillo de Jurisprudencia de la Corte Interamericana de Derechos Humanos nº 5*: Niños, niñas y adolescentes. San José da Costa Rica: Corte IDH - Cooperación Alemana (GIZ), 2018).

159 Corte IDH, 29/07/1988, "Velásquez Rodríguez vs. Honduras" (Fondo), série C, nº 4, parágrafo 175. Disponível em: www.corteidh.or.cr/docs/casos/articulos/seriec_04_esp.pdf; Corte IDH, 16/11/2009, "González e outras ('Campo Algodonero') vs. México" (Excepción preliminar, fondo, reparaciones y costas), série C, nº 205 parágrafo 252. Disponível em: www.corteidh.or.cr/docs/casos/articulos/seriec_205_esp.pdf; Corte IDH, 10/10/2013, "Luna López vs. Honduras" (Fondo, reparaciones y costas), série C, nº 269, parágrafo 118. Disponível em: www.corteidh.or.cr/docs/casos/articulos/seriec_269_esp.pdf (citados em CORTE IDH. *Cuadernillo de Jurisprudencia de la Corte Interamericana de Derechos Humanos nº 5*: Niños, niñas y adolescentes. San José da Costa Rica: Corte IDH - Cooperación Alemana (GIZ), 2018, p. 19).

> 112. A obrigação de investigar violações de direitos humanos está entre as medidas positivas que os Estados devem tomar para garantir os direitos reconhecidos na Convenção. A Corte decidiu que, para cumprir a obrigação de garantia, os Estados devem não apenas prevenir, mas também investigar violações de direitos humanos reconhecidas nesse instrumento, como as alegadas no presente caso, e também buscar a restauração, se possível, do direito violado e, quando apropriado, a reparação dos danos causados pelas violações de direitos humanos.[160]

Este dever de garantia importa o dever de prevenção das Administrações Públicas, uma vez que estas devem adotar espontaneamente e de boa-fé diversas medidas administrativas para promover a salvaguarda dos direitos humanos e assegurar que quaisquer violações sejam efetivamente consideradas e tratadas como um ato ilícito que, como tal, é suscetível de implicar sanções para quem as comete, bem como a obrigação de indenizar as vítimas pelas suas consequências prejudiciais.

Nesse sentido, a Corte IDH disse:

> Uma manifestação do dever de garantia é o dever de prevenção que, como afirmou a Corte: abrange todas as medidas de natureza jurídica, política, administrativa e cultural que promovam a salvaguarda dos direitos humanos e que assegurem que suas violações sejam efetivamente consideradas e tratadas como um ato ilícito que, como tal, é passível de obter sanções para aqueles que as cometem, bem como a obrigação de compensar as vítimas pelas suas consequências danosas. É claro, por sua vez, que a obrigação de prevenir é de meio ou

---

160 Corte IDH, 23/9/2009, "Garibaldi vs. Brasil" (Excepciones preliminares, fondo, reparaciones y costas), série C, nº 203, parágrafos 111 e 112. Disponível em: www.corteidh.or.cr/docs/casos/articulos/seriec_203_esp.pdf; entre muitos outros casos.

> comportamento e o seu descumprimento não é demonstrado pelo simples fato de um direito ter sido violado.[161]

A tarefa da Administração Pública é constitucional e convencional. Aplica de ofício os parâmetros dos direitos humanos tanto pelo princípio interno do oficialismo quanto pela função pedagógica preventiva do PSJCR. Essa função preventiva é expressão do dever genérico de garantia, concretizado na implantação em sede própria do controle interno de convencionalidade. A Corte IDH tem afirmado consistentemente que os Estados têm o dever legal de prevenir, razoavelmente, violações de direitos humanos.[162]

---

161 Corte IDH, 19/05/2014, "Veliz Franco *et alii* vs. Guatemala" (Excepciones Preliminares, Fondo, Reparaciones y Costas), série C, nº 277, parágrafo 135. Disponível em: https://www.corteidh.or.cr/docs/casos/articulos/seriec_277_esp.pdf; cf., também, Corte IDH, 29/07/1988, "Velásquez Rodríguez vs. Honduras" (Fondo), série C, nº 4, parágrafo 175. Disponível em: www.corteidh.or.cr/docs/casos/articulos/seriec_04_esp.pdf; Corte IDH, 16/11/2009, "González e outras ('Campo Algodonero') vs. México" (Excepción preliminar, fondo, reparaciones y costas), série C, nº 205, parágrafo 252. Disponível em: www.corteidh.or.cr/docs/casos/articulos/seriec_205_esp.pdf; Corte IDH, 10/10/2013, "Luna López vs. Honduras" (Fondo, reparaciones y costas), série C, nº 269, parágrafo 118. Disponível em: www.corteidh.or.cr/docs/casos/articulos/seriec_269_esp.pdf (citados em CORTE IDH. *Cuadernillo de Jurisprudencia de la Corte Interamericana de Derechos Humanos nº 5*: Niños, niñas y adolescentes. San José da Costa Rica: Corte IDH - Cooperación Alemana (GIZ), 2018, p. 19. Disponível em: https://www.corteidh.or.cr/sitios/libros/todos/docs/cuadernillo5.pdf); Corte IDH, 15/11/2022, "Leguizamón Zaván *et alii* vs. Paraguai" (fondo, reparaciones y costas).

162 Corte IDH, 29/07/1988, "Velásquez Rodríguez vs. Honduras" (Fondo), série C, nº 4, parágrafo 174. Disponível em: www.corteidh.or.cr/docs/casos/articulos/seriec_04_esp.pdf.

2.2.3 Controle de convencionalidade nas sedes das próprias Administrações Públicas

A constitucionalização dos tratados de direitos humanos possibilita agregar uma nova esfera de controle da atividade administrativa, situada fora de suas próprias fronteiras no sistema de proteção dos direitos humanos, mas que, ao mesmo tempo, se apresenta como um novo controle interno das Administrações Públicas.

Partimos, do nosso ponto de vista, de considerar o controle de convencionalidade tanto como uma garantia das pessoas contra suas Administrações Públicas quanto uma obrigação destas, uma vez que está integrado ao princípio da juridicidade.

A esse respeito, Muñoz Machado menciona:

> O princípio da legalidade, por outro lado, tem no constitucionalismo atual uma estrutura muito complexa, pois implica não apenas a submissão da Administração às determinações da Constituição e da lei formal, mas também a outras normas geradas em sistemas externos (o internacional ou a comunidade europeia), em ordens infraconstitucionais (o autônomo ou o local) e também aos princípios gerais que, positivas ou não, fazem parte integrante do ordenamento jurídico.[163]

É verdade que coexistem, em nossas realidades jurídica, administrativa e judicial em torno da atividade das Administrações Públicas, tensões típicas de tempos de mudança, em que os dogmas de um Direito Administrativo autoritário, como indicou Cassagne,[164]

---

163 MACHADO, Santiago Muñoz. *Constitución*. Madrid: Iustel, 2004, p. 145.

164 "A aparição destes novos paradigmas, aplicados conforme as exigências da razão prática, traz consigo a queda de antigos dogmas que estavam ancorados em uma concepção autoritária do Direito Administrativo, embora a tarefa de erradicá-los não corra parelha nos diferentes sistemas comparados nem a transformação se projete da mesma maneira

sobrevivem em tempos nos quais a tutela administrativa e judicial se tornou uma das notas mais fortes que nosso constitucionalismo moderno nos legou e que indica a impossibilidade de persistirem formulações jurídicas, judiciais e doutrinárias alheias à nova ordem jurídica.

Por sua vez, Reyes Aragón ressalta:

> Uma vez alcançada a submissão da Administração Pública ao direito por meio do controle judicial de seus atos e normas, o coroamento do Estado de Direito constitucional tem se dado por meio da implementação progressiva e contemporânea do controle de constitucionalidade das leis. A justiça constitucional confiada aos tribunais comuns (em alguns sistemas) ou a um tribunal especial (em outros) manifesta-se como o instrumento coerente (para não dizer indispensável) para tornar possível que todos os poderes (incluindo o próprio Parlamento) sejam sujeitos a controle. Discutiu-se (e continua a ser discutido por alguns) se a jurisdição constitucional é um requisito da democracia; em todo o caso, o controle constitucional da lei parece, naturalmente, uma exigência do Estado Constitucional Democrático, na medida em que apenas através dele se pode evitar o domínio absoluto da maioria parlamentar e garantir a efetiva validade da Constituição.[165]

O nosso sistema possivelmente sempre teve algumas vantagens em relação ao sistema europeu, que há pouco tempo passou a reconhecer a força constitucional e não apenas a força estritamente

---

quanto à sua intensidade" (CASSAGNE, Juan Carlos. "La proyección de los principios generales al acto administrativo". *LLonline*, AR/DOC/2346/2012).

165 REYES, Manuel Aragón. "Estado y democracia". *In*: GARCÍA DE ENTERRÍA, Eduardo; ARÉVALO, Manuel Clavero (Coord.). *El derecho público de finales de siglo*: una perspectiva iberoamericana. Madrid: Civitas, 1997, p. 45.

legal da ordem jurídica.[166] A força constitucional sempre incluiu a invocação e aplicação da norma constitucional pelo juiz no momento da resolução de um caso, e a implantação dessa ordem de constitucionalidade no âmbito da competência das Administrações Públicas. Assim, esse sentido do princípio da juridicidade integra atualmente a dimensão da convencionalidade, com o alcance que temos ponderado.

Como explicado no primeiro capítulo, o controle interno de convencionalidade atravessa as esferas do Estado de acordo com as regras nacionais de competência. Por meio dele, é possível perscrutar a compatibilidade entre normas e comportamentos internos com os padrões normativos e interpretativos do SIDH na adaptação espontânea e de boa-fé ao PSJCR. É um dever dos juízes, que devem exercê-lo de ofício, dentro de sua própria competência interna.

Na construção evolutiva do controle de convencionalidade, a Corte IDH o compara com o controle de constitucionalidade. Embora sejam institutos distintos, eles compartilham o método e os efeitos em termos de invalidade da regra inferior em oposição à norma superior.

A diferença entre o controle de constitucionalidade e o controle de convencionalidade é que, enquanto o primeiro implica a análise da congruência das normas infraconstitucionais com a norma constitucional, o segundo detecta a inconsistência da norma interna com um *corpus iuris* interamericano dos direitos humanos.

No entanto, eles compartilham o mesmo método. Na interpretação constitucional e convencional dos direitos humanos, de um lado, coexistem teorizações gerais e aplicações jurisprudenciais.

---

166 Cassagne expôs isso claramente, com uma eloquente explicação comparativa de como a Europa e a América construíram a normatividade da Constituição e de como isso incidiu em determinadas áreas do Direito Administrativo (CASSAGNE, Juan Carlos. "La proyección de los principios generales al acto administrativo". *LLonline*, AR/DOC/2346/2012).

Por outro lado, metodologias de análise e tomada de decisão, tanto judiciais quanto administrativas e legislativas, envolvem o estudo de conflitos e limites de direitos, as relações entre direitos individuais entre si e com os bens públicos e o controle constitucional da razoabilidade. Não é uma tarefa fácil na prática, que exige não apenas conhecimentos jurídicos, mas também conhecimentos filosóficos, sociológicos e antropológicos.

Nossa dupla abordagem, obrigação estatal e garantia cidadã, acreditamos ser no mínimo nova, como referimos no primeiro capítulo desta obra. A verdade é que, desde o surgimento evolutivo do controle de convencionalidade, ele tem sido olhado quase especificamente sob a perspectiva da tensão entre tribunais internos e tribunais internacionais; no caso, a Corte IDH e os tribunais superiores internos de cada Estado.

A nosso ver, esse duplo caráter passou despercebido, o que, por sua vez, é expressão da face preventiva das Administrações Públicas como expressão do dever de garantia. Isso nos leva a manter a obrigação de praticar com determinados escopos o controle de convencionalidade nas sedes das Administrações Públicas e o uso de tal garantia pelos cidadãos perante as Administrações Públicas, principalmente por meio de tutela administrativa efetiva.

Essa dupla funcionalidade do controle de convencionalidade é a exteriorização do dever de garantia em seu aspecto preventivo do Estado, tendo assumido obrigações no momento da assinatura do PSJCR. São as obrigações gerais contidas nos artigos 1º, § 1º e 2º, e as específicas contidas em suas diferentes disposições convencionais.

Uma manifestação do dever de garantia é o dever de prevenção que, como afirmou a Corte IDH,

> abrange todas as medidas de natureza jurídica, política, administrativa e cultural que promovam a salvaguarda dos direitos humanos e que assegurem que quaisquer violações dos mesmos sejam efetivamente consideradas e tratadas como um

> ato ilícito que, como tal, é suscetível de sanções para quem as comete, bem como a obrigação de indenizar as vítimas pelas suas consequências prejudiciais. Fica claro, por sua vez, que a obrigação de prevenir é de meio ou comportamento e seu descumprimento não é demonstrado pelo simples fato de um direito ter sido violado.[167]

Nesse âmbito, a aplicação, interpretação e análise da compatibilidade das normas e interpretações convencionais com as internas são tarefas que devem ser realizadas no campo da competência das próprias Administrações Públicas e dos demais poderes do Estado.

Nesse sentido, segue aquele critério da Corte IDH pelo qual o Poder Executivo tem o dever de cumprir de boa-fé o Direito Internacional.[168]

Surge, assim, uma nova ordem de controle da atividade administrativa: a do controle de convencionalidade da atividade administrativa em sua própria sede, tanto como obrigação do Estado quanto como garantia de cidadania perante suas Administrações Públicas.

---

167 Corte IDH, 29/07/1988, "Velásquez Rodríguez vs. Honduras" (Fondo), série C, nº 4, parágrafo 175. Disponível em: www.corteidh.or.cr/docs/casos/articulos/seriec_04_esp.pdf; Corte IDH, 16/11/2009, "González e outras ('Campo Algodonero') vs. México" (Excepción preliminar, fondo, reparaciones y costas), série C, nº 205, parágrafo 252. Disponível em: www.corteidh.or.cr/docs/casos/articulos/seriec_205_esp.pdf; Corte IDH, 10/10/2013, "Luna López vs. Honduras" (Fondo, reparaciones y costas), série C, nº 269, parágrafo 118. Disponível em: www.corteidh.or.cr/docs/casos/articulos/seriec_269_esp.pdf (citados em CORTE IDH. *Cuadernillo de Jurisprudencia de la Corte Interamericana de Derechos Humanos nº 5*: Niños, niñas y adolescentes. San José da Costa Rica: Corte IDH - Cooperación Alemana (GIZ), 2018, p. 19. Disponível em: https://www.corteidh.or.cr/sitios/libros/todos/docs/cuadernillo5.pdf).

168 Conforme doutrina sentada na Corte IDH, res. de 18/10/2017, "Fontevecchia e D'Amico vs. Argentina", supervisão de cumprimento de acórdão, consid. 13. Disponível em: www.corteidh.or.cr/docs/supervisiones/fontevecchia_18_10_17.pdf.

Essa nova espécie de controle geral de nossas Administrações Públicas não é um fato menor diante de sistemas com tradições fortemente presidencialistas, e não parlamentaristas. Há uma grande presença das Administrações Públicas e de suas competências, sobretudo na regulação da vida institucional e cidadã vida institucional e cidadã. É comum em nossos sistemas latino-americanos observar um intenso poder regulatório das Administrações Públicas. Cabe lembrar que a discricionariedade administrativa se expressa a partir do limite que os direitos humanos impõem e, dentro desse devido processo legal, apresenta-se como garantia própria, tanto das decisões administrativas quanto judiciais.

Nesse contexto, a construção evolutiva da Corte IDH em matéria de tutela administrativa efetiva veio atenuar os efeitos dessa ampla presença das Administrações Públicas, exigindo que elas sejam expressão de um padrão específico de direitos fundamentais: a tutela administrativa efetiva.

2.2.4 As Administrações Públicas podem declarar a inconvencionalidade ou não aplicar uma lei ou regulamento na sua própria sede?

É possível se ter uma resposta positiva ou negativa para esta pergunta, mas deve-se ter em consideração o controle de constitucionalidade.

Uma norma pode deixar de ser aplicada por não ser convencional, se for possível não aplicá-la pelo fato de ser inconstitucional. Uma norma pode ser declarada não convencional se for passível de ser declarada inconstitucional na sede das Administrações Públicas.

A questão da inaplicabilidade, seja por razões de inconvencionalidade, seja por razões de inconstitucionalidade, não nos parece uma questão complexa. Por outro lado, a declaração de inconstitucionalidade e inconvencionalidade parece ter algum grau de maior complexidade justamente pela exclusiva e excludente atividade de controle que o Poder Judiciário exerce sobre esse ponto em um sistema judicialista como o argentino.

Cassagne explicou claramente a questão:

> Nos países ibero-americanos, tem prevalecido o sistema judicialista, que confia aos juízes enquadrados na organização judiciária o conhecimento dos casos contencioso-administrativos, consagrado em normas de hierarquia constitucional.[169]

Como princípio geral, corresponde ao Poder Judiciário e não às Administrações Públicas a declaração de inconstitucionalidade e inconvencionalidade, mas isso com algumas nuances. Com efeito, se os órgãos que exercem atividade jurisdicional estiverem registrados fora do Poder Judiciário, também poderão, exercendo o devido controle da convencionalidade, declarar uma norma não convencional.

Nesse contexto, deve ser interpretado o que a Corte IDH expressou no "Caso das pessoas dominicanas e haitianas expulsas vs. República Dominicana":[170]

> Finalmente, esta Corte considera pertinente lembrar, sem prejuízo da ordem, que no âmbito de sua jurisdição "todas as autoridades e órgãos de um Estado Parte da Convenção têm a obrigação de exercer um controle de convencionalidade".[171]

---

169 CASSAGNE, Juan Carlos. "Consideraciones sobre la justicia administrativa en la Argentina y en otros países de Iberoamérica". *In*: GONZÁLEZ PÉREZ, Jesús; CASSAGNE, Juan Carlos. *La justicia administrativa en Iberoamérica*. Buenos Aires: LexisNexis Abeledo-Perrot, 2005, p. 41.

170 Corte IDH, 28/08/2014, "Caso de pessoas dominicanas e haitianas expulsas vs. República Dominicana" (Excepciones preliminares, fondo, reparaciones y costas), série C, nº 282. Disponível em: https://corteidh.or.cr/docs/casos/articulos/seriec_282_esp.pdf.

171 Ver Corte IDH, 30/11/2012, "Massacre de Santo Domingo vs. Colombia" (Excepciones preliminares, fondo y reparaciones), série C, nº 259, parágrafo 142. Disponível em: www.corteidh.or.cr/docs/casos/articulos/seriec_259_esp.pdf; Corte IDH, 29/05/2014, "Norín Catrimán

O controle de convencionalidade impacta na atividade das Administrações Públicas porque elas têm que ajustar seu comportamento à convencionalidade, que é um princípio de ampla juridicidade. O salto da legalidade para a juridicidade de nossas Administrações Públicas impactou na evolução do controle judicial. Assim entende a doutrina:

> A submissão não só à lei, mas ao direito vai além da mera relação do interesse geral com a legalidade. É com toda a ordem jurídica, encabeçada pela Constituição e, portanto, com os princípios constitucionais e, claro, com os princípios gerais de Direito. A natureza plena da submissão – com a qual o papel de serviço da Administração é reforçado – varre toda a imunidade de poder com uma canetada.[172]

Agora é a hora de um novo salto qualitativo nesse controle tanto interno das Administrações Públicas quanto externo de ordem materialmente judicial, típico do Poder Judiciário e de outros órgãos que exercem tal atividade.

Ao explicar o atual modelo de Direito Administrativo nos Estados Unidos da América, Stewart afirma:[173]

> As funções do Direito Administrativo ultrapassam, assim, aquilo que era o seu núcleo original, consistindo em assegurar o

---

et alii (dirigentes, membros e ativistas do povo indígena mapuche) vs. Chile" (Fondo, reparaciones y costas), série C, nº 279. Disponível em: www.corteidh.or.cr/docs/casos/articulos/seriec_279_esp.pdf.

172 GIL, José Luis Meilán. "Intereses generales e interés púbico desde la perspectiva del derecho público español". *A&C – Revista de Direito Administrativo & Constitucional*, vol. 10, nº 40, 2010, p. 178.

173 STEWART, Richard B. "El derecho administrativo de los Estados Unidos: ¿un modelo para el derecho administrativo global?" *In*: KINGSBURY, Benedict; STEWART, Richard B. *Hacia el derecho administrativo global*: fundamentos, principios y ámbitos de aplicación. Sevilla: Derecho Global, 2016, pp. 218/219.

> cumprimento da legalidade, e estendem-se agora para assegurar um objetivo mais ambicioso, como promover a capacidade de resposta e também garantir a responsabilização, perante os interesses e valores sociais.

Antes disso explica:

> O núcleo do Direito Administrativo norte-americano busca assegurar o império da lei (o Estado de Direito, ou *rule of law*), o respeito aos direitos dos indivíduos e a proteção da liberdade e prosperidade dos cidadãos, por meio de procedimentos administrativos e controle judicial, para que as agências atuem dentro dos limites da Constituição e no âmbito da competência e os poderes que lhes são conferidos pelo legislador. (...) Nas últimas décadas, o Direito Administrativo norte-americano ampliou seu escopo e suas funções ao desenvolver o Direito Administrativo baseado no modelo de representação de interesses (*interest-representation model*). Em consequência, foram desenvolvidos novos critérios processuais mais inclusivos e promovida a transparência na preparação das decisões administrativas e das regras regulamentares. O direito de participar nos processos decisórios também foi alargado e o âmbito da fiscalização jurisdicional foi incrementado, permitindo o acesso aos tribunais de uma vasta gama de interesses sociais e económicos que vão além dos diretamente afetados pelo regulamento em questão. O âmbito do controle jurisdicional foi alargado de modo a abranger, além disso, a judicialização substantiva do exercício de poderes discricionários das agências.

Isso porque as Administrações Públicas são atravessadas pelo constitucionalismo moderno: aplicação, interpretação e impregnação constitucional às ações de nossas Administrações Públicas.

Como o constitucional é simétrico em relação ao convencional, é claro que essa ordem interna é atualmente atravessada pela ordem da convencionalidade. Com efeito, não se pode aceitar um rechaçar o outro, exigir de um requisitos e efeitos diferentes do outro. Elas se fortalecem e enfraquecem umas às outras. O controle de convencionalidade e o da constitucionalidade são conexos que permitem sustentar a visão sistêmica em uma multiplicidade de subsistemas.

Assim, nossas Administrações Públicas aplicam, interpretam e são expressão da impregnação da convencionalidade. Aplicam o PSJCR e internalizam padrões de boa-fé condizentes com os critérios expressos pelos órgãos e organizações que aplicam e interpretam o sistema internacional. A tarefa das Administrações Públicas é constitucional e convencional. Aplicam de ofício os parâmetros dos direitos humanos em razão do princípio da oficialidade e também da função pedagógica e preventiva do PSJCR.

Isto exige que as Administrações Públicas adotem várias medidas à margem das suas próprias competências, a fim de conseguirem de forma tempestiva e razoável a adoção de medidas que promovam e protejam os direitos fundamentais e previnam eventuais responsabilidades internacionais futuras.

2.2.5 A aplicação interna da convencionalidade implica novas consequências interpretativas para as Administrações Públicas

Como se sabe, costuma-se aceitar e reconhecer uma expansão significativa de direitos e regimes que protegem a dignidade das pessoas, juntamente com a ampliação do dever de garantias e responsabilidade dos países em cada subsistema regional, pelo menos dos direitos humanos.

A prática interpretativa evolutiva, de direitos cruzados[174] ou direitos implícitos, permite iluminar direitos e garantias não previstos

174 Isto foi explorado intensamente pela jurisprudência da Corte Europeia de Direitos Humanos, por exemplo, na proteção ambiental.

"expressamente". Há também novos conteúdos autônomos de certos direitos que, em princípio, estão integrados dentro de outros.

O controle da convencionalidade importa o surgimento de uma nova garantia cidadã, além de ser uma obrigação assumida pelos Estados com base no princípio evolutivo.

O sistema constitucional argentino e latino-americano caracteriza-se por iluminar direitos e garantias que, em princípio, não percebemos expressamente contidos nas Constituições. Os direitos implícitos, a necessidade de todo direito ser protegido e promovido por uma garantia e a interpretação cruzada dos direitos são algumas das âncoras constitucionais e convencionais que tornaram habitual a presença de direitos e garantias que não existiam em enunciados expressos. Nesse sentido, o controle interno da convencionalidade deve ratificar essa tradição constitucional e convencional latino-americana.

O princípio evolutivo dos direitos humanos tem suas consequências no âmbito de aplicação das próprias Administrações Públicas. Aqui o princípio da juridicidade[175] é expressão desse princípio, permitindo às Administrações Públicas interpretar evolutivamente; claro, sempre dentro de suas competências. A partir daí, exige-se uma interpretação evolutiva das Administrações Públicas em suas

---

175 Sobre o princípio da legalidade e da juridicidade, sugerimos a leitura de CASSAGNE, Juan Carlos. *El principio de legalidad y el control judicial de la discrecionalidad administrativa*. Buenos Aires: Marcial Pons, 2009. Delpiazzo afirma que "a servilidade da Administração é de especial significado, pois provém de sua própria etimologia, já que a palavra 'administrar' vem do latim *ad* e *ministrare*, que significa 'servir a'. Isso quer dizer que a própria origem da palavra destaca o caráter servil da Administração para a busca do bem comum, entendido como o conjunto de condições da vida social que possibilitam aos indivíduos e às comunidades intermédias que eles formam a conquista da sua perfeição mais plena" (DELPIAZZO, Carlos E. "La Constitución como fuente principal del derecho administrativo uruguayo". *A&C – Revista de Direito Administrativo & Constitucional*, vol. 10, nº 40, 2010, p. 83).

próprias áreas de competência, e uma dentre outras consequências é a proteção de direitos que "superficialmente" não são protegidos.

Chamamos esse fenômeno de direito a novos direitos[176] (e garantias),[177] como expressão desse princípio evolutivo materialmente expresso na competência preventiva das Administrações Públicas. Trata-se do direito de poder revelar interpretativamente novos direitos e garantias, proteção e salvaguarda o daqueles que aparentemente não estão previstos.

Algumas construções da Corte IDH nesse ponto foram:

1) O direito autônomo ao meio ambiente. A construção do meio ambiente saudável como direito autônomo tem sido um dos novos direitos iluminados pela Corte IDH. Este assunto já foi tratado detalhadamente.

---

176 Na Europa dos direitos humanos, como assinala Díaz Revorio, o papel do Convênio Europeu, "em particular do Tribunal de Estrasburgo, na garantia internacional dos direitos tem sido, portanto, decisivo. A jurisprudência tem permitido aproximar a interpretação dos direitos na Europa, o que também implica uma maior harmonização dos ordenamentos nacionais e uma tendência em direção à universalização dos valores contidos nesses direitos. Foram estabelecidos importantes critérios de interpretação adotados por muitos tribunais nacionais, tais como os relativos aos tratamentos desumanos e degradantes, as privações e restrições de liberdade admissíveis, as garantias do processo ou os requisitos para que uma ingerência em certos direitos seja admitida pelo Convênio (previsão legal, finalidade prevista no Convênio, necessidade da medida numa sociedade democrática); inclusive, o Tribunal chegou a 'criar' alguns novos direitos aparentemente não previstos de forma expressa no Convênio, como proteção contra a poluição sonora ou odores, ou a identidade sexual" (DÍAZ REVORIO, Francisco Javier. "El Tribunal Europeo de Derechos Humanos: significado y trascendencia". *In*: ______. (Coord.). *Jurisprudencia del Tribunal Europeo de Derechos Humanos*. Lima: Palestra, 2004, pp. 21 e ss.).

177 Sobre a criação pretoriana de garantias, que nós chamamos de direito a novos direitos e garantias, ver LORENZETTI, Ricardo Luis. *Justicia colectiva*. Santa Fe: Rubinzal-Culzoni, 2010, pp. 82/83.

2) O direito à identidade. Sobre o assunto, a Corte IDH se pronunciou:

> A Corte estabeleceu que o direito à identidade pode ser conceituado, em geral, como o conjunto de atributos e características que permitem a individualização da pessoa na sociedade e, nesse sentido, inclui diversos outros direitos de acordo com o sujeito de direitos em questão e as circunstâncias do caso. A identidade é um direito que compreende vários elementos, incluindo, mas não se limitando a nacionalidade, nome e relações familiares. Embora a Convenção Americana não se refira em particular ao direito à identidade sob esse nome expressamente, ela inclui, no entanto, outros direitos que a compõem. A esse respeito, a Corte lembra que a Convenção Americana protege esses elementos como direitos em si mesmos. No entanto, nem todos esses direitos serão necessariamente envolvidos em todos os casos que estejam ligados ao direito à identidade. O direito à identidade não pode ser reduzido, confundido ou subordinado a um ou outro dos direitos que inclui, nem à soma dos mesmos. Certamente o nome, por exemplo, faz parte do direito à identidade, mas não é seu único componente. Este direito está intimamente ligado à pessoa na sua individualidade específica e na sua vida privada, tanto a partir de uma experiência histórica e biológica, como na forma como se relaciona com os outros, através do desenvolvimento de vínculos a nível familiar e social.[178]

3) O direito autônomo à saúde. A Corte IDH considerou que o direito à saúde é um direito protegido pelo art. 26 do PSJCR, e em relação ao qual, seja na esfera privada ou pública, o Estado tem o dever de assegurar todas as medidas necessárias

---

178 Corte IDH, 09/03/2018, "Ramírez Escobar *et alii* vs. Guatemala" (Fondo, reparaciones y costas), série C, nº 351.

à sua disposição, a fim de garantir o mais alto nível de saúde possível, sem discriminação.[179]

4) A garantia de tutela administrativa efetiva. Vamos abordá-la em detalhe no item 2.2.6. Antecipamos que é uma expressão clara da atividade preventiva das Administrações Públicas aplicada através do controle interno da convencionalidade.

5) A garantia do controle de convencionalidade. Este tema, tratado ao longo do primeiro capítulo deste trabalho, é um exemplo claro de como o princípio evolutivo permite o surgimento não só de novos direitos, mas também de novas garantias.

6) O direito autônomo à seguridade social. A Corte IDH considerou que o direito à seguridade social está protegido no art. 26 do PSJCR. Ela estabeleceu que esse direito visa garantir às pessoas uma vida digna, saúde e padrões econômicos em sua velhice, ou diante de eventos que as privam de sua capacidade de trabalho; ou seja, em relação a eventos futuros que possam afetar o nível e a qualidade de suas vidas.[180]

7) O Direito comum dos direitos humanos. De modo mais geral, a proteção dos indivíduos por uma espécie de Direito comum

---

179 Corte IDH, 08/03/2018, "Poblete Vilches *et alii* vs. Chile" (Fondo, reparaciones, costas), série C, nº 349. Disponível em: www.corteidh.or.cr/docs/casos/articulos/seriec_349_esp.pdf. A evolução do reconhecimento ao direito autônomo à saúde como parte dos direitos econômicos, sociais, culturais e ambientais e sua relação com outros direitos pode ser vista em CORTE IDH. *Cuadernillo de Jurisprudencia de la Corte Interamericana de Derechos Humanos nº 28*: Derecho a la salud. San José da Costa Rica: Corte IDH - Cooperación Alemana (GIZ), 2020. Disponível em: www.corteidh.or.cr/sitios/libros/todos/docs/cuadernillo28.pdf.

180 Corte IDH, 06/03/2019, "Muelle Flores vs. Peru" (Excepciones preliminares, fondo, reparaciones y costas), série C, nº 375, parágrafo 173 (por cuatro votos a favor y dos en contra). Disponível em: www.corteidh.or.cr/docs/casos/articulos/seriec_375_esp.pdf. Resulta muito interessante o voto fundamentado do juiz Ferrer Mac-Gregor Poisot.

dos direitos humanos também foi incorporada, com base na consideração da jurisdição da Corte IDH como habilitada a interpretar e aplicar o restante dos tratados de direitos humanos.

Assim, a Corte Interamericana sustentou, no momento da emissão de seu parecer sobre a proteção ambiental:

> Em suma, ao responder à presente consulta, a Corte atua na qualidade de corte de direitos humanos, guiada pelas normas que regem sua competência consultiva e procede à análise estritamente jurídica das questões que lhe são submetidas, de acordo com o Direito Internacional dos Direitos Humanos, levando em conta as fontes relevantes do Direito Internacional. A esse respeito, deve-se especificar que o *corpus iuris* do Direito Internacional dos Direitos Humanos consiste em uma série de regras expressamente estabelecidas em tratados internacionais ou contidas no Direito Internacional Consuetudinário como evidência de uma prática geralmente aceita como Direito, bem como princípios gerais de Direito e um conjunto de regras de natureza geral, ou *soft law*, que servem de guia para a interpretação das primeiras, pois dá maior precisão aos conteúdos mínimos fixados por convenção. O Tribunal também se apoiará em sua própria jurisprudência.[181]

O que a Corte IDH faz é uma interpretação sistemática, teleológica e evolutiva, recorrendo ao *corpus iuris* internacional na matéria em casos concretos para dar conteúdo específico ao alcance

---

181 Corte IDH, OC-23/17, 15/11/2017, "Obrigações estatais em relação com o meio ambiente no contexto da proteção e garantia dos direitos à vida e à integridade pessoal – interpretação e alcance dos arts. 4°.1 e 5°.1, com relação aos arts. 1°.1 e 2° da Convenção Americana sobre Direitos Humanos", solicitada pela República da Colômbia, parágrafo 45. Disponível em: www.corteidh.or.cr/docs/opiniones/seriea_23_esp.pdf.

dos direitos protegidos pelo PSJCR e, assim, derivar a observância das obrigações específicas de cada direito.[182]

A Corte IDH refere-se ao *corpus iuris* internacional de direitos humanos, que definiu desde a OC-16/99 e posteriormente reafirmou tanto em sua função contenciosa quanto consultiva:

> O *corpus iuris* do Direito Internacional dos Direitos Humanos consiste em um conjunto de instrumentos internacionais de conteúdo e efeito jurídico variados (tratados, convenções, resoluções e declarações). Sua evolução dinâmica tem exercido um impacto positivo no Direito Internacional, no sentido de afirmar e desenvolver sua capacidade de regular as relações entre Estados e seres humanos sob suas respectivas jurisdições. Portanto, esta Corte deve adotar um critério adequado para considerar a questão em exame no contexto da evolução dos direitos fundamentais da pessoa humana no Direito Internacional contemporâneo.[183]

Embora o conceito adquira importância para o Direito Internacional dos Direitos Humanos, ele gera resistência no processo dialógico com os Estados no âmbito do controle da convencionalidade. O fato é que o conceito inclui instrumentos que são vinculativos e não vinculativos para os Estados; o consenso parece encontrar-se no conceito de *corpus iuris* interamericano de direitos humanos.

No entanto, o *corpus iuris* internacional dos Direitos Humanos, composto por instrumentos vinculantes e não vinculantes aos Estados, tem sido utilizado por meio do que se denomina "interpretação

---

182 Cf. Corte IDH, 08/03/2018, "Poblete Vilches *et alii* vs. Chile" (Fondo, reparaciones, costas), série C, nº 349. Disponível em: www.corteidh.or.cr/docs/casos/articulos/seriec_349_esp.pdf.

183 Corte IDH, OC-16/99, 01/10/1999, "O direito à informação sobre a assistência consular no contexto das garantias do devido processo legal", solicitada pelos Estados Unidos Mexicanos, parágrafo 115. Disponível em: www.corteidh.or.cr/docs/opiniones/seriea_16_esp.pdf.

autorizada"; os instrumentos não vinculantes foram decorrem da interpretação dos instrumentos vinculantes.[184] Em outras palavras, o SIDH utiliza instrumentos em sentido amplo, vinculantes e não vinculantes para os Estados, integrando-os à interpretação dos Direitos Humanos reconhecidos em um mesmo sistema.

Isto exige uma expansão significativa dos direitos e regimes que protegem a dignidade das pessoas e uma expansão significativa do dever de garantias e de responder dos Estados-membros.

Parece apropriada, neste ponto, a reflexão de Cassese:

> A jurisdição é limitada pelo tratado que institui o tribunal. No entanto, o tratado não limita o alcance do Direito aplicável (pelo contrário, às vezes o próprio tratado faz uma regulamentação expansiva do Direito aplicável, prevendo a aplicabilidade de outras regras de Direito Internacional que não sejam incompatíveis com o tratado). Os juízes, portanto, baseiam-se em princípios extraídos do Direito Internacional

---

184 São muitos os exemplos nos quais, no SIDH, se invoca o *corpus iuris* internacional. Um deles corresponde à matéria de comunidades indígenas, em que foi aplicado o convênio 169 da OIT inclusive a Estados não signatários, como é o caso de Belize. No citado caso, Corte IDH, 17/06/2005, "Comunidade indígena Yakye Axa vs. Paraguay" (Fondo, reparaciones y costas), série C, nº 125, parágrafos 127 e 130, o Tribunal considerou para os efeitos de interpretar o alcance do direito de propriedade comunitária, e dos direitos à vida e ao devido processo e à proteção judicial, o Convênio 169 da OIT (no caso do Paraguai, o Convênio havia sido ratificado e se encontrava em vigor). O tema pode ser ampliado em COURTIS, Christian. "Apuntes sobre la aplicación del Convenio 169 de la OIT sobre pueblos indígenas por los tribunales de América Latina". *Sur – Revista Internacional de Derechos Humanos*, ano 6, nº 10, jun. 2009, pp. 53-80. Disponível em: www.corteidh.or.cr/tablas/r23739.pdf. Acessado em: 23.11.2023. Exemplos em matérias múltiplas podem ser consultadas em O'DONNELL, Daniel. *Derecho internacional de los derechos humanos*: normativa, jurisprudencia y doctrina de los sistemas universal e interamericano. México: Oficina del Alto Comisionado de las Naciones Unidas para los Derechos Humanos – Tribunal Superior de Justicia del Distrito Federal, 2012.

geral, de outras convenções internacionais ou mesmo de tradições constitucionais ou legislativas estatais. Dessa forma, introduzem princípios comuns nos diferentes regimes regulatórios globais, como o respeito a direitos fundamentais específicos (direitos humanos), o princípio da legalidade, o princípio do devido processo legal, a obrigação de fundamentar as decisões, a transparência, a "justiciabilidade" (direito à tutela jurisdicional efetiva).[185]

8) O direito à alimentação adequada e à água. Em decisão, a Corte IDH reconheceu, com base no art. 26 do PSJCR, em relação ao art. 1°, inciso 1, do mesmo tratado, a alimentação e a água como direitos protegidos.[186] A esse respeito, foi dito:

> Os Estados tem o dever não apenas de respeitar, mas também de garantir o direito à alimentação, e deve-se entender como parte desta obrigação o dever de "proteção" do direito, tal como foi conceituado pelo Comitê DESC: "a obrigação de proteger exige que o Estado Partes tome medidas para garantir que empresas ou particulares não privem as pessoas do acesso a uma alimentação adequada".

Com relação à água, estabeleceu:

> O direito à água é protegido pelo art. 26 da Convenção Americana. Isso fica claro nas normas da Carta da OEA, na medida em que permitem derivar direitos dos quais, por sua vez, deriva o direito à água. A esse respeito, basta observar que entre eles estão o direito a um meio ambiente saudável e

---

185 CASSESE, Sabino. *El derecho global*: Justicia y democracia más allá del Estado. Sevilla: Derecho Global, 2010, pp. 257/258.

186 Corte IDH, 6/2/2020, "Comunidades indígenas membros da Associação Lhaka Honhat (Nuestra Tierra), vs. Argentina" (Fondo, reparaciones y costas), série C, n° 400, parágrafos 221 e 222. Disponível em: www.corteidh.or.cr/docs/casos/articulos/seriec_400_esp.pdf.

> o direito à alimentação adequada, cuja inclusão no referido art. 26 já foi estabelecido neste acórdão, bem como o direito à saúde, que este tribunal também já indicou estar incluído na norma.

No entanto, a sentença foi decidida por três votos a favor, incluindo o presidente, e três votos contra, de modo que a doutrina dela extraída não está consolidada.

9) O direito à cidade. De nossa parte, sugerimos nessa linha evolutiva a possível ancoragem no PSJCR ao chamado "direito à cidade", que emerge como um valor moderno nestes tempos atuais, dentro de uma perspectiva social e composta por diferentes dimensões.

Representa um novo paradigma, um novo arcabouço filosófico-político de como perceber, pensar e compreender a cidade e a urbanização.

A cidade é um espaço coletivo culturalmente rico e diversificado que pertence a todos os seus habitantes e onde todas as pessoas têm direitos sem discriminação. Nesse espaço, são promovidas as condições de *habitat* que tornam a dignidade das pessoas e a sustentabilidade social, econômica e ambiental numa perspectiva coletiva de cidadania.

Em algum ponto central, é o estudo da cidade em escala humana, entendida como a realização individual, coletiva e social da pessoa sob as condições que asseguram seu bem viver.

Algumas das características do que queremos tematizar sob a expressão direito à cidade são:

a) Apesar da expressão escolhida para sua representação, "direito" à cidade, o conceito não é legal. Apenas uma de suas muitas dimensões é legal. Daí a necessidade de desjuridicizar o conceito para não ficar equivocadamente preso a uma visão legalista. O direito à cidade é a síntese de diversas disciplinas, múltiplas abordagens e a concordância de diferentes atores.

b) É um direito coletivo, não faz parte de visões individuais; menos ainda possui ancoragens individualistas.

c) Apresenta-se em construção contínua; não é estático tampouco definitivo em sua enunciação, aplicação e efeitos.

d) Sintetiza a construção de uma influência recíproca entre o global e o local em um espaço coletivo dos cidadãos.

e) Assume a cidade como um bem comum cujo dono é a sociedade como um todo. É o espaço da articulação cidadã.

f) A cidade é um bem comum e seus habitantes são vistos como cidadãos, antes que usuários, clientes ou administrados. Cidadãos são todas as pessoas que habitam permanente ou transitoriamente as cidades. Todos eles podem e devem ser protagonistas na construção do conteúdo desse direito à cidade.

g) As políticas públicas da cidade são construídas democraticamente com a necessária intervenção de cada setor da população em que irão impactar. Assim, para dar um exemplo, a pobreza, a marginalização e a discriminação são combatidas com e a partir dos setores afetados.

h) Expressa, se quisermos, a escala da cidade, a humanidade, as suas conquistas e os seus desafios.

Essa ideia de direito à cidade nos desafia a adotar visões flexíveis, abertas e permeáveis.[187]

---

187 Ver, entre outros, MOLANO CAMARGO, Frank. "El derecho a la ciudad: de Henri Lefebvre a los análisis sobre la ciudad capitalista contemporánea". *Folios – Revista de la Facultad de Humanidades*, nº 44, 2016, pp. 3-19.

O direito à cidade é um direito de conteúdo coletivo. Emerge, em parte, do vínculo de cada pessoa com sua própria comunidade, expresso em direitos e deveres que transcendem as dimensões individualista e patrimonialista dos direitos. Isso implica a limitação de uma certa zona de conforto da dimensão individual dos direitos para a realização conjunta dos direitos de toda a comunidade. A limitação dos direitos individuais decorre, em parte, da realização de outras dimensões dos direitos dos indivíduos. De fato, o desenvolvimento social, econômico e ambiental sustentável contribui para a realização de certas condições de desenvolvimento equitativo para toda a humanidade e, em particular, da comunidade à qual as pessoas pertencem. Aqui reside parte do possível fundamento do direito à cidade no espectro dos direitos humanos.[188]

O PSJCR, em uma seção especial de deveres humanos, afirma que as pessoas têm deveres para com toda a humanidade, e que esses deveres limitam os direitos das pessoas e sua conexão com o bem-estar geral (art. 32, § 2).

Mas na dimensão universal desses direitos, o próprio PSJCR também os enuncia limitados pelos deveres que cada um tem em relação à sua comunidade. Esse parágrafo parece-nos extremamente importante, uma vez que fornece um fundamento para a efetividade

188 Para uma abordagem do direito à cidade em relação a pessoas vulneráveis protegidas pelo sistema internacional dos direitos humanos, como as pessoas com deficiência, a partir do direito espanhol, GARCÍA PÉREZ, Marta. "El reto de una ciudad inclusiva para las personas con discapacidad: algunas claves desde el derecho público español". *In*: CASTIELLA, Íñigo Del Guayo; CARBALLAL, Almudena Fernández (Coord.). *Los desafíos del derecho público en el siglo xxi*. Madrid: Instituto Nacional de Administración Pública, 2019; FERNÁNDEZ CARBALLAL, Almudena. "Un aspecto de la planificación en la contratación pública como garantía de la realización del derecho social fundamental a la calidad de vida y el acceso a los servicios esenciales". *Anuario Iberoamericano de Derecho Administrativo Social*, nº 1, 2018.

dos direitos ao desenvolvimento das pessoas nas áreas de sua própria comunidade.

Nesse contexto normativo e interpretativo, reconhecemos o direito à cidade como decorrente do dever das pessoas com a comunidade, que é composto pelos direitos enunciados no PSJCR, mas que, por sua vez, são limitados pelos deveres das mesmas pessoas para com sua comunidade e, especialmente, pelas disposições do art. 32, § 2.

2.2.6 Tutela administrativa efetiva

A tutela administrativa efetiva deve ser entendida como uma expressão da prevenção administrativa e uma consequência concreta da aplicação do controle convencional interno. É dever (juridicamente exigível) das Administrações Públicas assegurar em todos os seus atos a possibilidade real, concreta e sem exceções do efetivo gozo dos direitos fundamentais da pessoa em prazo razoável, no qual seja garantido o direito de ser ouvido em sentido amplo e, em seguida, proferir decisão suficiente e razoavelmente fundamentada.

O sistema PSJCR tem uma linha de argumentação consolidada com padrões extremamente interessantes que sustentam essa afirmação. A esse respeito, afirma-se:

> A Corte tem indicado que o direito ao devido processo legal refere-se ao conjunto de requisitos que devem ser observados nas instâncias processuais para que as pessoas estejam em condições de defender adequadamente seus direitos diante de qualquer ato do Estado, adotado por qualquer autoridade pública, seja administrativa, legislativa ou judicial, que possa afetá-las. O devido processo legal, por sua vez, está intimamente ligado à noção de justiça, que se reflete em: *i*) acesso à justiça que não seja apenas formal, mas também reconheça e resolva os fatores de real desigualdade dos litigantes; *ii*) a realização de um julgamento justo; e *iii*) a resolução de litígios de modo a que a decisão adotada se aproxime do mais elevado

> nível de correção da lei, quer dizer, que assegure, na medida do possível, a sua justa solução.[189]

A partir daí que a garantia do devido processo legal decorrente do art. 8º da tutela judicial efetiva, não é apenas para os processos judiciais, mas também para aqueles demais em que há a determinação de direitos e obrigações materialmente judiciais. Mais precisamente, para as decisões dos órgãos administrativos responsáveis pela determinação dos direitos dos particulares ou quando exercem funções de natureza materialmente jurisdicional.[190] Acrescente-se que devem ser respeitadas algumas garantias mínimas, que nos processos administrativos coincidem com as do § 2 do art. 8º do PSJCR.[191] Na Europa dos direitos humanos, o direito a um julgamento justo está previsto no art. 6.1 da CEDH. Em um caso interessante foi dito que o art. 6.1 da CEDH consagra "o 'direito a um tribunal', do qual o direito de acesso, ou seja, o direito de recorrer ao tribunal em matéria civil, é apenas um aspecto".[192]

---

189 Corte IDH, 05/10/2015, "Ruano Torres *et alii* vs. El Salvador" (Fondo, reparaciones y costas), série C, nº 303, parágrafo 151. Disponível em: www.corteidh.or.cr/docs/casos/articulos/seriec_303_esp.pdf.

190 Corte IDH, 13/10/2011, "Barbani Duarte *et alii* vs. Uruguay" (Fondo, reparaciones y costas), série C, nº 234. Disponível em: https://corteidh.or.cr/docs/casos/articulos/seriec_234_esp.pdf; Corte IDH, 02/02/2001, "Baena Ricardo *et alii* vs. Panamá" (Fondo, reparaciones y costas), série C, nº 72, parágrafos 126 e 127. Disponível em: www.corteidh.or.cr/docs/casos/articulos/Seriec_72_esp.pdf; entre outros casos.

191 Corte IDH, 23/11/2010, "Vélez Loor vs. Panamá" (Excepciones preliminares, fondo, reparaciones y costas), série C, nº 218, parágrafo 142. Disponível em: www.corteidh.or.cr/docs/casos/articulos/seriec_218_esp2.pdf; Corte IDH, 25/11/2013, "Familia Pacheco Tineo vs. Estado Plurinacional da Bolívia" (Excepciones preliminares, fondo, reparaciones y costas), série C, nº 272, parágrafo 132. Disponível em: www.corteidh.or.cr/docs/casos/articulos/seriec_272_esp.pdf.

192 STEDH, 21/02/1975, "Golder vs. The United Kingdom", nº 4451/70, parágrafo 36. Disponível em: https://hudoc.echr.coe.int/spa?i=001-165141. A efetividade do direito à tutela judicial exige que uma pessoa goze de uma possibilidade clara e concreta de recorrer um

Em um interessante parecer ampliado emitido pelo juiz García-Sayán no caso "Barbani Duarte *et al.* vs. Uruguai", o estado atual da jurisprudência da Corte IDH foi resumido de forma excepcional:

> O aspecto essencial do que está contido no art. 8º, portanto, não reside, então, na natureza da autoridade dentro da ordem constitucional do país, mas no que o procedimento busca determinar e resolver em termos de garantias em favor da pessoa. Se o sentido da norma é oferecer certas garantias básicas na desvinculação de direitos ou obrigações da pessoa, parece claro que o aspecto central e transcendente é este, e não o da natureza da autoridade. Este parece, portanto, ser o critério central para estabelecer que é obrigatório cumprir as exigências do art. 8º no que for pertinente aos espaços extrajudiciais. Em outras palavras, é claro que a Convenção estabeleceu que os direitos do indivíduo devem ser garantidos tanto na esfera extrajudicial quanto na judicial, levando em conta o que é aplicável a um procedimento extrajudicial.[193]

Isso está ligado à jurisprudência da Corte IDH, principalmente a partir dos casos "Corte Constitucional vs. Peru" e "Baena Ricardo *et al.* vs. Panamá",[194] nos quais se desenvolve uma teoria expansiva

---

ato que constitua uma ingerência em seus direitos (STEDH, 22/06/2006, "Díaz Ochoa vs. España", nº 423/03. Disponível em: https://hudoc.echr.coe.int/eng?i=001-76016; STEDH, 10/01/2017, "Aparicio Navarro Reverter y García San Miguel y Orueta vs. España", nº 39433/11. Disponível em: https://hudoc.echr.coe.int/eng?i=001-170345).

193 Corte IDH, 13/10/2011, "Barbani Duarte *et alii* vs. Uruguai" (Fondo, reparaciones y costas), série C, nº 234, voto concorrente do juiz García-Sayán, parágrafo 15. Disponível em: https://corteidh.or.cr/docs/casos/articulos/seriec_234_esp.pdf.

194 Corte IDH, 31/01/2001, "Tribunal Constitucional vs. Peru" (Fondo, reparaciones y costas), série C, nº 71. Disponível em: www.corteidh.or.cr/docs/casos/articulos/Seriec_71_esp.pdf; Corte IDH, 02/02/2001, "Baena Ricardo *et alii* vs. Panamá" (Fondo, reparaciones y costas), série C, nº 72, parágrafos 126 e 127. Disponível em: www.corteidh.or.cr/docs/casos/articulos/Seriec_72_esp.pdf.

da aplicação direta do rol de garantias do devido processo legal do art. 8° do PSJCR, tanto para as áreas judiciárias dos processos em que as Administrações Públicas são processadas quanto para os processos que tramitam internamente nas sedes das próprias Administrações Públicas.

O que é decisivo para a Corte IDH é a presença de qualquer autoridade estatal que, no exercício de sua atividade, provoque a determinação dos direitos e obrigações das pessoas. Desde então, esse critério foi amplamente consolidado por várias decisões.

> O Tribunal observa que o rol de garantias mínimas estabelecido no nº 2 do art. 8° da Convenção aplica-se às ordens mencionadas no nº 1 do mesmo artigo, ou seja, a determinação de direitos e obrigações de "natureza civil, laboral, fiscal ou de qualquer outra natureza". Isso revela o amplo alcance do devido processo legal; o indivíduo tem direito ao devido processo legal entendido nos termos do art. 8.1 e 8.2, tanto em matéria penal como em todas essas outras ordens.[195]

Nesse sentido, a Corte IDH corretamente assume e projeta interpretativamente a cláusula aberta do art. 8° do PSJCR, que o diferencia de seu congênere europeu em duplo sentido: em relação à autoridade que deve aplicar integralmente a garantia do devido processo legal e no que diz respeito à natureza do direito ou obrigação cuja determinação é feita pela referida autoridade. O alcance do art. 8° do PSJCR – processo equitativo –, com amplos poderes judiciais e no âmbito das Administrações Públicas como exemplo

195 Corte IDH, 02/02/2001, "Baena Ricardo *et alii* vs. Panamá" (Fondo, reparaciones y costas), série C, nº 72, parágrafo 125. Disponível em: www.corteidh.or.cr/docs/casos/articulos/Seriec_72_esp.pdf. Ver também Corte IDH, 07/09/2022, "Mina Cuero vs. Ecuador" (Excepción Preliminar, Fondo, Reparaciones y Costas); Corte IDH, 21/11/2022, "Nissen Pessolani vs. Paraguai" (Fondo, Reparaciones y Costas); Corte IDH, 30/01/2023 "Aguinaga Aillón vs. Equador" (Fondo, Reparaciones y Costas).

de interpretação evolutiva, teve na Espanha a sua crise em relação ao processo perante o Tribunal Constitucional, então parcialmente superado. Aí, o TEDH, depois de descrever o primeiro como um "tribunal", projetou os requisitos que, por força do art. 6.1. do CEDH, são aplicáveis aos outros tribunais comuns.[196] Surgiria então, por reforma da lei orgânica do Tribunal Constitucional (Lei orgânica 6/2007), um novo nº 2 do art. 37 para qualquer caso em que haja uma questão de inconstitucionalidade. Reflete, assim, a opinião do TEDH sobre a aplicação do art. 6.1 do CEDH – garantias de um processo equitativo – aos processos no Tribunal Constitucional.[197]

O princípio evolutivo já aludido juntamente com o *pro homine* são conjugados pela Corte IDH no sentido de ampliar direitos e não de os restringir com interpretações que contrariem a regra de fechamento contida no art. 29 do PSJCR. Vamos expandir essa ideia antes de continuar com o escopo do art. 8º do PSJCR.

A "regra de fechamento" do sistema de proteção dos direitos humanos contida no art. 29 PSJCR aparece como um dado claramente diferente. A dignidade da pessoa resume o objeto e a finalidade disso, ordenando ao intérprete que oriente seu trabalho na direção mais favorável ao destinatário da proteção internacional. Nessa tarefa, o PSJCR apresenta uma norma não apenas inédita, mas de indiscutível valor sistêmico: o art. 29 estabelece as "regras de interpretação" do Pacto.

---

196 STEDH, 23/06/1993, "Ruiz-Mateos vs. Espanha", nº 12952/87. Disponível em: https://hudoc.echr.coe.int/spa#{%22fulltext%22:[%2212952/87%22],%22itemid%22:[%22001-57838%22]}.

197 Assim explica FUEYO, María del Camino Vidal. "Ruiz-Mateos vs. España (STEDH de 23 de junio de 1993): las garantías del proceso equitativo ante la jurisdicción constitucional". *In*: GUIRAO, Rafael Alcácer; ROJO, Margarita Beladiez; TOMÁS, José Miguel Sánchez (Coord.). *Conflicto y diálogo con Europa*: las condenas a España del Tribunal Europeo de Derechos Humanos. Madrid: Civitas, 2013, pp. 150/151.

A esse respeito, a Corte IDH enfatizou:

> A redação deste dispositivo é feita com o critério central de que não se entende que ela se destinava, de alguma forma, a permitir que os direitos e liberdades da pessoa humana fossem suprimidos ou limitados, em particular aqueles anteriormente reconhecidos por um Estado.[198]

Consequentemente, diante do conflito normativo, devemos sempre ter em mente que deve prevalecer a norma mais favorável à pessoa humana.[199]

Isso decorre daquele princípio inerente à própria natureza dos direitos humanos, que exige uma interpretação ampla das normas que os consagram ou ampliam, e restritivamente daquelas que os limitam ou restringem. Esse critério fundamental, o princípio *pro homine* do Direito dos Direitos Humanos, leva à conclusão de que sua aplicabilidade imediata e incondicional é a regra, e seu condicionamento a exceção.[200]

Tal raciocínio, aliado a certos princípios do sistema de direitos humanos, indica com plena certeza a existência de um forte núcleo de

---

198 Corte IDH, OC-4/84, 19/1/1984, "Propuesta de modificación a la Constitución Política de Costa Rica relacionada con la naturalización", parágrafo 20. Disponível em: www.corteidh.or.cr/docs/opiniones/seriea_04_esp.pdf.

199 A partir do art. 53 do CEDH, a Corte de Estrasburgo entendeu que o Tratado de Roma *reforça*, de acordo com o princípio de subsidiariedade, a proteção proporcionada a nível nacional, mas *nunca a limita* (STEDH, 12/04/2005, "Shamayev and others vs. Georgia and Russia", nº 36378/02, parágrafo 500. Disponível em: https://hudoc.echr.coe.int/eng?i=001-68790).

200 Corte IDH, OC-7/86, 29/08/1986, "Exigibilidade do direito de retificação ou resposta (arts. 14.1, 1.1 e 2 Convenção Americana sobre Direitos Humanos)", solicitada pelo Governo da Costa Rica, opinião separada do juiz Piza Escalante. Disponível em: www.corteidh.or.cr/docs/opiniones/seriea_07_esp.pdf.

garantias e direitos do PSJCR que é aplicado de forma transversal e integral em qualquer ação estatal que determine direitos e obrigações.

Dois destes princípios, entre outros, são:

1) *Pro homine*, que se refere à obrigação do intérprete de orientar seu trabalho na direção mais favorável ao destinatário da proteção internacional.

Isso ocorre na medida em que a proteção dos direitos humanos se baseia na afirmação da existência de certos atributos invioláveis da pessoa humana que não podem ser legitimamente prejudicados pela atividade do Poder Público; são esferas individuais que o Estado não pode violar ou nas quais só pode penetrar em medida limitada.[201] Trata-se de preferir a interpretação que confere mais direitos ao ser humano.

O *pro homine* é um critério hermenêutico essencial para a compreensão integral de qualquer ordem que assegure direitos fundamentais e tem uma dimensão especial a partir da celebração de tratados de direitos humanos como instrumentos destinados a proteger a pessoa e não a regular as relações entre Estados.

A verdade é que a proteção dos direitos humanos se baseia na afirmação da existência de certos atributos invioláveis da pessoa, os quais não podem legitimamente ser prejudicados por atividades do Poder Público, que tem natureza instrumental em relação a eles. A proteção dos primeiros inclui necessariamente a noção de restrição ao exercício do poder estatal, porque o próprio sistema de tratados

---

201 Corte IDH, OC-6/86, 09/05/1986, "A expressão 'leis' no art. 30 da Convenção Americana sobre Direitos Humanos", solicitada pelo Governo da República Oriental do Uruguai, parágrafo 21. Disponível em: www.corteidh.or.cr/docs/opiniones/seriea_06_esp.pdf.

"visa reconhecer direitos e liberdades dos indivíduos e não capacitar os Estados a fazê-lo".[202]

Nas Américas, o princípio discutido tem respaldo normativo específico nos arts. 29 e 30 da CADH, entendendo a Corte IDH que especialmente o primeiro dispositivo proíbe uma interpretação restritiva de direitos, de modo que, se duas normas diferentes são aplicáveis a uma situação, deve prevalecer a norma mais favorável à pessoa humana.[203]

Isso significa que, se alguma lei do Estado ou outro tratado internacional do qual seja parte concede maior proteção ou regula de forma mais ampla o gozo e o exercício de qualquer direito ou liberdade, deve ser aplicada a norma mais favorável para a proteção dos direitos humanos. O intérprete deve sempre escolher a alternativa mais favorável à proteção dos direitos,[204] e isso atinge tanto a escolha da norma aplicável ao caso quanto a forma de interpretá-la, vedando que das diferentes soluções seja adotada uma que menos proteja o indivíduo.

2) *Evolutivo*, cujo significado, como explicamos, é dotar a pessoa de mais um instrumento de tutela.

A abordagem evolutiva, a partir da qual o objetivo do intérprete do PSJCR deve ser ampliar sua zona de proteção, é a que decorre de uma leitura harmônica dos arts. 1º, 2º e 29 da CADH.

---

202 Corte IDH, OC-7/86, 29/08/1986, "Exigibilidade do direito de retificação ou resposta (arts. 14.1, 1.1 e 2 Convenção Americana sobre Direitos Humanos)", solicitada pelo Governo da Costa Rica, parágrafo 24. Disponível em: www.corteidh.or.cr/docs/opiniones/seriea_07_esp.pdf.

203 Corte IDH, OC-18/03, 17/09/2003, "Condição jurídica e direitos dos migrantes indocumentados", solicitada pelos Estados Unidos Mexicanos. Disponível em: https://www.acnur.org/fileadmin/Documentos/BDL/2003/2351.pdf.

204 Corte IDH, 18/11/1999, "Baena Ricardo *et alii* vs. Panamá" (Excepciones preliminares), série C, nº 61, parágrafo 37. Disponível em: www.corteidh.or.cr/docs/casos/articulos/Seriec_61_esp.pdf.

Nesse contexto sistêmico de convencionalidade e ordem constitucional moderna, cabe tematizar projeções para áreas desbloqueadas que compõem a atividade administrativa como expressão da efetiva aplicação na ação estatal voltada a determinar direitos e obrigações.

O rol de garantias previstas no art. 8º do PSJCR aplica-se no campo judiciário a todas as matérias: neste ponto, a justiça, em termos de organização judiciária, encontra-se integralmente presa aos regulamentos do PSJCR em matéria de garantias e não pode validamente opor-se a determinada competência com base na matéria para justificar a não aplicação do PSJCR a determinadas zonas de poder.

Esse é um fato diferente no que diz respeito à Europa dos direitos humanos, uma vez que o art. 8º do PSCRJ possui expressamente uma cláusula aberta, indicando que as garantias se aplicarão às matérias cíveis, trabalhistas, criminais e de qualquer outra natureza. Essa expressão é o que tem permitido à Corte IDH entender corretamente que essas garantias são atraídas para qualquer processo judicial em que direitos e obrigações sejam determinados, independentemente da matéria e de sua regulamentação no sistema interno.

Nesse ponto, a Corte IDH é coerente em ampliar direitos e garantias sob a premissa geral de que estes não podem ser limitados ou subordinados a questões organizacionais internas de poder. Excluir da aplicação da ordem de garantias determinada atividade estatal sob o pretexto de serem questões criminais, administrativas, civis, trabalhistas, ambientais, previdenciárias, entre outras possíveis de enunciar, equivaleria a contrariar a letra e o espírito do PSJCR.

A Corte IDH também construiu sua concepção de inexigibilidade da organização do poder interno do Estado em face da validade dos direitos fundamentais e de suas garantias. Explicou que o Estado Parte não pode invocar razões de Direito interno para não tomar decisões firmes, concretas e eficazes em conformidade com as medidas ordenadas, tampouco alegar a falta de coordenação entre as autoridades federais e provinciais para evitar a ocorrência de novas violações.

A unidade da obrigação internacional exige relativizar a multiplicidade federativa, pois, para além da estrutura unitária ou federal do Estado Parte no PSJCR, perante a jurisdição internacional é o Estado como tal que comparece perante os órgãos de fiscalização daquele tratado e é o único obrigado a adotar as medidas. A falta de adoção pelo Estado compromete sua responsabilidade internacional.[205] Isso é coerente no sistema internacional, uma vez que o objetivo convencional é assegurar o gozo uniforme – evitando tratamentos diferenciados – da substância dos direitos fundamentais.

A multiplicidade de normas características do federalismo parece encontrar um limite na necessidade de nivelar as matérias que invocam esses direitos fundamentais. A distribuição territorial do poder pode explicar a articulação de competências entre as diferentes jurisdições nacionais, mas carece de qualquer capacidade de justificar um tratamento diferenciado entre pessoas de um mesmo Estado no que diz respeito a padrões mínimos de direitos.

Em suma, é incompatível para a validade e eficácia do sistema de direitos humanos e, em particular, dos efeitos do art. 8º da CADH, tanto a distribuição territorial do poder como, no que faz justiça, a divisão em matérias segundo as quais os casos do Poder Judiciário são conhecidos e resolvidos.

Em um segundo momento de evolução, essa visão ampliada, ainda que limitada a espaços organicamente judiciais, cederá e se abrirá para uma nova e interessante discussão no mundo dos direitos humanos: a aplicação a espaços fora do órgão jurisdicional, independentemente da substância do direito afetado, como aos setores materialmente judiciais, às Administrações Públicas, aos tribunais especiais constitucionais, políticos e gerais a qualquer outra atividade

---

205 Corte IDH, res. de 30/03/2006, "Caso de las penitenciarías de Mendoza", medidas provisionales. Disponível em: www.corteidh.or.cr/docs/medidas/penitenciariamendoza_se_03.pdf.

do Poder Público que estabeleça essencialmente direitos e obrigações. Neste último aspecto, a aplicação do art. 8° do PSJCR para todos os assuntos e com respeito a todas as autoridades públicas na medida em que é uma atividade estatal que determina direitos e obrigações é uma interpretação coerente na visão dos direitos e poderes da Corte IDH.

O procedimento interno das Administrações Públicas recebe, assim, um impacto, que terá de ser uma expressão do art. 8° do PSJCR, ou seja, um ato administrativo que se resolve dentro dos limites da tutela administrativa efetiva.

A Corte IDH mais uma vez confirmou sua posição sobre a questão, explicando o seguinte:

> Apesar do art. 8° da Convenção Americana intitular-se "Garantias Judiciais", sua aplicação não se limita aos recursos judiciais em sentido estrito, "mas ao conjunto de requisitos que devem ser observados nas instâncias processuais" para que as pessoas possam se defender adequadamente de qualquer tipo de ato emanado do Estado que possa afetar seus direitos.
>
> (...) A Corte já estabeleceu que, embora o referido artigo não especifique garantias mínimas em matéria que diga respeito à determinação de direitos e obrigações de natureza civil, trabalhista, fiscal ou de qualquer outra natureza, o rol de garantias mínimas estabelecido no número 2 do mesmo preceito também se aplica a essas ordens e, portanto, nesse tipo de matéria o indivíduo também tem direito, em geral, ao devido processo legal que se aplica em matéria penal.
>
> (...) De acordo com a separação de poderes públicos que existe no Estado de Direito, embora a função jurisdicional seja eminentemente investida no Poder Judiciário, outros órgãos ou autoridades públicas podem exercer funções do mesmo tipo. Ou seja, quando a Convenção se refere ao direito de todos serem ouvidos por um "juiz ou tribunal competente" para a "determinação de seus direitos", essa expressão se refere a qualquer autoridade pública, seja administrativa, legislativa

> ou judicial, que por meio de suas decisões determina direitos e obrigações das pessoas. Pelo exposto, esta Corte entende que qualquer órgão do Estado que exerça funções de natureza materialmente jurisdicional tem a obrigação de adotar resoluções de acordo com as garantias do devido processo legal, nos termos do art. 8º da Convenção Americana.[206]

No que se refere à atividade das Administrações Públicas, as suas deliberações se submetem a aplicação plena e direta, quer à matéria administrativa que lhes é submetida, quer ao processo judicial subsequente, do rol de garantias do art. 8º do PSJCR. Isso fica claro na carta do PSJCR, bem como na jurisprudência já consolidada sobre esse ponto pela Corte IDH, como vínhamos explicando.

A justiça dos direitos humanos do PSJCR consolidou essa ideia nascida do princípio interpretativo evolutivo de levar para a área das Administrações Públicas a aplicação das garantias do art. 8º. Estes avançaram nos regimes latino-americanos no sentido de uma maior intervenção nos direitos dos cidadãos; portanto, parece lógico e correto exigir a necessária validade do devido processo legal na tomada de decisões administrativas em sentido amplo.

Essa afirmação não é menor por uma dupla razão.

Em primeiro lugar, deve-se lembrar mais uma vez que as Administrações Públicas na América Latina geralmente têm uma forte presença na vida cívica e, muitas vezes, os direitos dos indivíduos são, direta ou indiretamente, afetados pela atividade administrativa. Isso é produto do forte regime presidencialista, como explicamos, e não do parlamentarismo vigente na maioria dos países alcançados pelo SIDH. A aplicação das garantias do PSJCR é fundamental no

---

206 Corte IDH, 28/08/2013, "Caso do Tribunal Constitucional (Camba Campos *et alii*) vs. Equador" (Excepciones preliminares, fondo, reparaciones y costas), série C, nº 268, parágrafo 166. Disponível em: www.corteidh.or.cr/docs/casos/articulos/seriec_268_esp.pdf.

controle das decisões administrativas e, portanto, um limite essencial no exercício do poder.

Depois, pela incorporação em vários sistemas latino-americanos do chamado recurso direto, isto é, o controle jurisdicional das decisões administrativas depositadas em segunda instância e sob o conceito de um controle mais limitado do que nos demais casos que, em regra, são veiculados perante a primeira instância e com pleno controle jurisdicional. Nesses casos, a dupla instância judicial como garantia deve indicar a necessidade de uma terceira instância rever o controle judicial realizado pela instância processual via recurso direto;[207] isso muitas vezes não acontece, já que a terceira e última instância costuma ser muito excepcional ou uma fonte puramente constitucional de controle. Nesses casos, a atividade exercida no âmbito das Administrações Públicas parece operar como uma "primeira instância", e isso deve nos obrigar a repensar o trânsito pelo campo administrativo sob os princípios da imparcialidade e independência,[208] de modo que se comporte uma instância neutra que controle e reveja a afetação dos direitos em sua própria sede.

Isso faz com que seja necessário pensar em um novo desenho institucional de nossas Administrações Públicas.[209]

---

207 Na materia, recomendamos a obra GALLEGOS FEDRIANI, Pablo. *Recursos directos (aspectos sustanciales y procesales)*. Buenos Aires: RAP, 2008.

208 A Corte IDH explicou o alcance da independência especialmente em perspectiva judicial em Corte IDH, 28/08/2013, "Caso do Tribunal Constitucional (Camba Campos *et alii*) vs. Equador" (Excepciones preliminares, fondo, reparaciones y costas), série C, nº 268. Disponível em: www.corteidh.or.cr/docs/casos/articulos/seriec_268_esp.pdf.

209 Rodríguez-Arana Muñoz se ocupou precoce e profundamente do tema da boa Administração e do bom governo dentro de um novo olhar das Administrações Públicas e a gestão do bem comum. (Ver, dentre todos os seus trabalhos, MUÑOZ, Jaime Rodríguez-Arana. *El buen gobierno y la buena administración de instituciones públicas*. Cizur Menor: Thomson-Aranzadi, 2006).

Nas especificidades do que nos interessa neste trabalho, pressupõe-se que as Administrações Públicas, tanto em sua atividade quanto no procedimento de impugnação que lhes é submetido, atuam sob a expressão de efetiva tutela administrativa.

2.2.6.1 A tutela administrativa efetiva

De acordo com o art. 8º do PSJCR, em qualquer processo ou ação, a pessoa lesada tem direito a um conjunto de garantias mínimas, as quais podem ser divididas em processuais (para ser ouvida com as devidas garantias em prazo razoável) e orgânicas (quem ouvir a pessoa nesse procedimento composto das devidas garantias e realizado com prazo razoável deve ser imparcial, independente e ser dotado de competência anterior ao nascimento da causa). É aplicável às Administrações Públicas.

O texto do art. 8º do PSJCR não suscita as controvérsias que têm sido geradas na Europa em relação ao tipo de direitos protegidos pela diretiva do devido processo legal, uma vez que o inciso 1 daquela disposição apresenta como particularidade uma cláusula residual que, depois de alusiva à matéria laboral ou fiscal, redireciona o seu âmbito para a proteção de qualquer direito. Essa forma de delimitar o alcance de cada garantia também é notada nos arts. 10 e 11 da Declaração Universal dos Direitos Humanos, marcando a diferença com o PIDCP – seguido, nesse ponto, pelo art. 6º da CEDH –, que introduz em seu art. 14 a qualificação "civil" quando se refere ao tipo de obrigações em cuja determinação devem ser salvaguardadas as garantias nela previstas.

A norma regional americana que numa leitura literal parecia a aplicação do rol de garantias apenas às relações entre o indivíduo e o Estado no âmbito de um processo judicial, através da correta interpretação evolutiva do preceito, adquiriu uma nova dimensão: a intenção mínima – o piso – dos redatores era assegurar o acesso à justiça, mas agora a proteção deve ser estendida a outras áreas de atuação do poder cujas decisões tenham impacto direto no gozo dos direitos nela reconhecidos. O princípio evolutivo exerceu tração no sentido da aplicação direta no campo das Administrações Públicas das garantias do art. 8° da CADH sob a denominação de tutela administrativa efetiva.

a) O padrão interpretativo que sintetiza essa abordagem foi constatado com extrema lucidez pela Corte IDH, como dissemos ao sustentar, apesar de ter direito a garantias judiciais, que o art. 8° da CADH aplica-se ao "conjunto de requisitos que devem ser observados nas instâncias processuais", sejam elas quais forem, "para que as pessoas possam se defender adequadamente de qualquer tipo de ato emanado do Estado que possa afetar seus direitos".[210]

De fato, embora inicialmente a aplicação do art. 8° estendeu-se ao caso de exercício de poderes materialmente jurisdicionais,[211] a Corte IDH continuou avançando e chegou ao ponto atual de sua evolução, no qual aplica diretamente aquela norma no exercício de funções materialmente administrativas.[212]

Esse marco evolutivo resume-se, como já explicamos, no fato de que "as garantias mínimas devem ser respeitadas no procedimento administrativo e em qualquer outro procedimento cuja decisão possa afetar os direitos dos indivíduos",[213] pois as Administrações Públicas

---

210 Corte IDH, 31/01/2001, "Tribunal Constitucional vs. Peru" (Fondo, reparaciones y costas), série C, n° 71, parágrafo 69. Disponível em: www.corteidh.or.cr/docs/casos/articulos/Seriec_71_esp.pdf.

211 Corte IDH, 31/01/2001, "Tribunal Constitucional vs. Peru" (Fondo, reparaciones y costas), série C, n° 71. Disponível em: www.corteidh.or.cr/docs/casos/articulos/Seriec_71_esp.pdf.

212 Corte IDH, 19/09/2006, "Claude Reyes *et alii* vs. Chile" (Fondo, reparaciones y costas), série C, n° 151. Disponível em: www.corteidh.or.cr/docs/casos/articulos/seriec_151_esp.pdf.

213 Corte IDH, 02/02/2001, "Baena Ricardo el alii vs. Panamá" (Fondo, reparaciones y costas), série C, n° 72, parágrafo 127. Disponível em: www.corteidh.or.cr/docs/casos/articulos/Seriec_72_esp.pdf.

não se desobrigam do dever que o Estado possui em respeitar todas as garantias que permitam alcançar decisões justas.

b) Assim, uma vez que a limitação não é apresentada no texto com relação ao tipo de direito protegido, e a restrição inicial de sua validade na esfera judicial foi contornada, o art. 8º do PSJCR nos é apresentado como o catálogo de garantias básicas exigidas no desenvolvimento de qualquer ação estatal que possa afetar qualquer direito.

> O ato de definir direitos ou obrigações, qualquer que seja a autoridade de que emane, atrai inevitavelmente em sua plenitude a aplicação direta das garantias do art. 8ª. Qualquer autoridade pública é obrigada a cumpri-las sempre que a sua decisão implique a definição do direito dos requerentes ou das obrigações dos particulares. As Administrações Públicas devem implementar procedimentos internos orgânicos, a fim de assegurar efetivamente a validade desta norma antes de qualquer ação que implique tal afetação de direitos e obrigações no âmbito dos direitos especialmente protegidos pelo PSJCR.

c) Uma supervisão administrativa eficaz é uma garantia jusfundamental que não pode ser suspensa mesmo em tempos de emergência. É uma expressão do Direito de recorrer, em sentido evolutivo, e, portanto, não pode ser suspensa em momentos de emergência.[214]

---

214 Ver, entre outras, Corte IDH, OC-9/87, 06/10/1987, "Garantias judiciais em estados de emergência (arts. 27.2, 25 e 8º Convenção Americana sobre Direitos Humanos)", solicitada pelo Governo da República Oriental do Uruguai. Disponível em: www.corteidh.or.cr/docs/opiniones/seriea_09_esp.pdf.

2.2.6.2 Tutela administrativa efetiva e devido processo legal

Tematizar a tutela administrativa efetiva implica aceitar a transcendência de revalorizar o papel do procedimento administrativo como instrumento de tomada de decisão estatal e em sua dimensão contestatória.

Nesse sentido, afirmou Cassagne:

> Não obstante a semelhança das garantias constitucionais clássicas com a tutela jurisdicional efetiva, esta, como ocorreu com a inominada garantia constitucional do devido processo legal, caracteriza-se por sua maior amplitude não apenas no plano da garantia, mas também em termos da proteção do interesse geral em promover uma boa Administração projetando-se também ao procedimento administrativo.[215]

Com efeito, parece em algum momento que a teoria tradicional do procedimento administrativo contencioso desenvolveu-se em torno dos mecanismos de preparação do conflito judicial, ou seja, os instrumentos de controle *a posteriori* das ações das Administrações Públicas. É por isso que os meios de impugnação e reclamação, o esgotamento dos recursos administrativos e, em geral, as condições de autorização da assistência judiciária têm sido os protagonistas nessa questão.

No entanto, a abordagem deste instituto não deve limitar-se a permitir o controle posterior das decisões já tomadas. Pelo contrário, trata-se de condicionar antecipadamente a forma como as decisões

---

215 CASSAGNE, Juan Carlos. "Consideraciones sobre la justicia administrativa en la Argentina y en otros países de Iberoamérica". *In*: GONZÁLEZ PÉREZ, Jesús; CASSAGNE, Juan Carlos. *La justicia administrativa en Iberoamérica*. Buenos Aires: LexisNexis Abeledo-Perrot, 2005, p. 49.

administrativas são tomadas; ou seja, estabelecer mecanismos de prevenção a possíveis efeitos não permitidos aos direitos.

Isso sem descuidar de que o objetivo principal, em abstrato, desse procedimento de impugnação é a correta gestão dos assuntos administrativos a partir da organização vertical e piramidal da burocracia administrativa. Insistimos, ao menos em teoria, que a instância administrativa interna pode rever – para revogar ou confirmar – a decisão administrativa até mesmo pela autoridade máxima das Administrações Públicas. Apesar disso, a realidade é que esse procedimento de contestação na maioria dos países com regimes presidencialistas fortes tornou-se um simples mecanismo formal para chegar à instância judicial e, a partir daí, conseguir a revisão e o controle de uma decisão administrativa por um terceiro fora da relação entre Administrações Públicas e cidadãos.

Além disso, é importante ressaltar que essa mudança de foco gerada pela tutela administrativa efetiva faz com que o procedimento administrativo tenha relevância constitucional própria e não meramente acessória à chegada ao juiz, sendo necessário, portanto, confrontar o sistema de garantias instituído pelos pactos internacionais.

Não se trata apenas de encontrar no juiz a proteção dessas garantias, mas de estabelecer mecanismos de ação que assegurem a validade convencional da decisão de forma direta, de investigar as formas necessárias para submeter a ação administrativa *a priori* às obrigações internacionais do Estado. Trata-se da pressão preventiva já referida das Administrações Públicas, cuja aplicação convencional se dá por meio de efetiva fiscalização administrativa como aplicação concreta do controle de convencionalidade no âmbito destas. O cumprimento do dever de garantia parece claro.

As Administrações Públicas devem ter o seu próprio papel nesta matéria e é a partir da noção de uma supervisão administrativa eficaz que devemos conceber a forma de adotar a decisão administrativa. As modalidades aplicáveis nesse campo adquirem sua entidade característica e nos obrigam a buscar novas soluções a partir de princípios como transparência, participação cidadã, intervenção multilateral na definição de políticas públicas e, por fim, todas aquelas formas que permitam o maior grau de contribuição antes de decidir.

Isso significa enfraquecer o controle judicial? De maneira nenhuma. Trata-se, na realidade, de obter uma ação informal das Administrações Públicas na defesa de direitos, amparada em efetiva tutela jurisdicional do que só operará quando a tutela administrativa tiver falhado. Aqui, mais uma vez, a face preventiva das Administrações Públicas está presente.

Essa atuação preventiva deve ser abordada de duas frentes:

a) A mudança conceitual, cultural se quisermos, da ação administrativa, ou seja, a ação de todos os agentes de uma perspectiva diferente da atual em relação aos propósitos daquela organização.

b) Mudança processual para tomada de decisão.

A formação da decisão administrativa deve ser cercada de diretrizes, tanto interpretativas quanto normativas, que tendem à efetiva proteção, adequando as diretrizes processuais e as regras de gestão. Isso é possível e convencionalmente exequível com base nos critérios evolutivos da Corte IDH que conseguiram estabelecer a validade e a efetividade do sistema de direitos humanos. Em particular, os efeitos do art. 8° da CADH e seus efeitos para além do modelo de distribuição territorial interna do poder e da própria organização da justiça com o escopo que Gordillo desenvolve,[216]

---

216 "Ao discutir os alcances do valor do acesso à justiça como um valor internacionalmente aceito e suas vinculações com as Administrações Públicas, insiste-se no conteúdo mínimo do mesmo: um mecanismo que garanta o caráter imparcial e independente ao proferir uma decisão suficientemente fundamentada que tenha razoável sustento jurídico e que esteja sujeita ao controle judicial" (GORDILLO, Agustín. "Los tribunales administrativos como alternativa a la organización administrativa".

com divisão das matérias sob as quais se conhecem e se resolvem as causas no Poder Judiciário.

Certas garantias contidas em tratados de direitos humanos e geralmente reconhecidas em várias Constituições são particularmente preferidas pelo constitucionalismo moderno. Talvez envolvam a própria explicação do sistema jurídico moderno; uma espécie de núcleo duro para a proteção e promoção dos direitos, liberdades, igualdade e solidariedade das pessoas.[217]

Dentre essas garantias, o devido processo legal é uma das preferidas. De fato, a partir de nossa conceituação, o devido processo legal é mais do que uma garantia, pois, em um sentido geral, constitui em si mesmo um princípio geral do Direito: o devido processo legal como princípio geral do Direito constitucionalizado e internacionalizado impõe suas consequências tanto perante a comunidade internacional quanto internamente perante cada Estado.

Enunciá-lo de tal forma nos permite separá-lo daquelas visões que do positivismo exagerado só veem o que é regulado como a única fonte possível de invocação de regras para a aplicação e interpretação do Direito.

Cabe lembrar que o devido processo como garantia constitucional nas democracias atuais importa uma série de condições para o exercício do poder:[218] dever de ouvir os potencialmente atingidos por uma medida governamental; acesso à informação; níveis mais

---

In: UNIVERSIDADD AUSTRAL. *Organización administrativa, función pública y dominio público*. Buenos Aires: RAP, 2005).

217 Nestes temas é obrigada a referência a BANDEIRA DE MELLO, Celso Antônio. *Eficácia das normas constitucionais e direitos sociais*. São Paulo: Malheiros, 2015.

218 Sugerimos uma leitura atenta dos distintos aportes efetuados nesses temas em VALIM, Rafael; MALHEIROS, Antonio Carlos; BACARIÇA, Josephina (Coord.). *Acesso à informação pública*. Belo Horizonte: Fórum, 2015.

altos e crescentes de participação; influência concreta por mecanismos adequados nas agendas governamentais a partir do parecer consultado; controle social efetivo; dever de fundamentar qualquer decisão de poder; reconhecimento do direito de petição de todos e consequente obrigação de resposta; impregnação constitucional em todas as ações estatais, e efetiva validade da garantia da jurisdição materialmente constitucional, judicial ou não, entre outras.[219]

Mas esse não é o objeto principal deste trabalho, mas sim a perspectiva individual dessa garantia, ou seja, o mecanismo pelo qual se resguarda a validade e a efetividade de certos direitos inerentes à dignidade das pessoas. Especial atenção é dada aqui à tutela administrativa efetiva como garantia na atuação administrativa perante uma decisão estatal que determina direitos e obrigações em questões especialmente protegidas pelo SIDH. Tudo isso fora dos espaços penais e dentro de um conceito amplo de autoridade pública e não apenas do Poder Judiciário.

Nessa linha de trabalho, cabe lembrar que os tratados de direitos humanos e, em particular, suas diversas garantias tiveram a princípio uma evolução principalmente a partir do campo da ciência do Direito Penal, enquanto os demais ramos do Direito exibiram uma espécie de indiferença em relação a eles. Talvez porque o poder penal punitivo do Estado seja uma espécie de zona crítica dos direitos humanos, como geralmente tem sido sugerido. Daí a especial ênfase dada à questão das garantias na área do Direito Penal. Nessa perspectiva, as garantias contidas no chamado devido processo legal do SIDH foram, sem dúvida, ampla e proveitosamente abordadas pelo Direito Penal.

Embora o caminho percorrido tenha sido bem utilizado por outros ramos do Direito, sabe-se que, numa correta visão normativa e hermenêutica, os tratados de direitos humanos importam obrigações

---

219 GUTIÉRREZ COLANTUONO, Pablo Ángel. "El control social". *RAP*, nº 403, 2012, p. 201.

estatais em favor das pessoas por meio do dever de fazer, remover, preservar e promover um certo piso mínimo do conteúdo dos direitos e da efetiva validade das garantias que os preservam e efetivam. Isso sem qualquer distinção, uma vez que a centralidade da dignidade da pessoa é a base antropológica do sistema de direitos humanos e, consequentemente, das normas constitucionais internas do Estado.[220]

Embora em tempos anteriores o raciocínio tenha sido utilizado para estender por extrapolação do Direito Penal para outro ramo – por exemplo, o Direito Administrativo sancionador –, o conjunto de garantias nele embutido, atualmente não há dúvida de que elas são típicas de qualquer sistema constitucional de direitos.[221]

É importante notar que a Corte IDH no "Caso da Corte Constitucional (Camba Campos *et al.*) vs. Equador" teve a oportunidade de ratificar sua posição em matéria sobre o devido processo em âmbitos administrativos e materialmente judiciais e não apenas no campo do Poder Judiciário:[222]

> A Corte se pronunciou sobre garantias judiciais relativas ao processo de destituição de magistrados de uma Corte Constitucional no âmbito de um *impeachment* realizado pelo Congresso apenas no caso "Tribunal Constitucional vs.

---

220 Tal como afirma Bacellar Filho, "a base antropológica comum que decorre da Constituição: o princípio da dignidade da pessoa humana, principal justificativa para a existência de qualquer norma, esse valor atravessa todos os ramos do direito" (BACELLAR FILHO, Romeu Felipe. *Reflexões sobre Direito Administrativo*. Belo Horizonte: Fórum, 2009, p. 19).

221 Sobre o contexto geral possível da nova ordem de discussão em temas constitucionais, permitimo-nos sugerir a leitura de LORENZETTI, Ricardo Luis. *Teoría de la decisión judicial*: fundamentos de derecho. Santa Fe: Rubinzal-Culzoni, 2006.

222 Corte IDH, 28/08/2013, "Caso do Tribunal Constitucional (Camba Campos et alli) vs. Equador" (Excepciones preliminares, fondo, reparaciones y costas), série C, nº 268, parágrafos 166 e 167. Disponível em: www.corteidh.or.cr/docs/casos/articulos/seriec_268_esp.pdf.

Peru". O Tribunal de Justiça defende os seguintes critérios mencionados nesse processo:

> (...) O respeito pelos direitos humanos constitui um limite à atividade estatal, que se aplica a qualquer órgão ou funcionário que esteja em posição de poder, em razão de sua natureza oficial, em relação a outras pessoas. Qualquer forma de exercício da autoridade pública que viole os direitos reconhecidos pela Convenção é, portanto, ilegal. Isso é ainda mais importante quando o Estado exerce seu poder sancionatório, pois isso não apenas pressupõe a atuação das autoridades com total adesão ao ordenamento jurídico, mas também implica a concessão das garantias mínimas do devido processo legal a todas as pessoas que estão sujeitas à sua jurisdição, nos termos estabelecidos na Convenção.

O referido parágrafo reafirma que o exercício de cargo público é limitado pelos direitos humanos como atributos inerentes à dignidade da pessoa e, consequentemente, superiores ao poder do Estado.[223] Em particular, no exercício do poder sancionatório, as autoridades devem garantir o devido processo legal. Em outras palavras, todas as autoridades estatais devem agir de acordo com a ordem pública.

Como explicamos, isso tem projeções inegáveis no campo do Direito Administrativo, ainda mais naqueles países em que o trânsito no âmbito administrativo é obrigatório e sujeito a determinadas condições para depois acessar a proteção de seus direitos no âmbito judicial. Aliás, é preciso lembrar que a garantia de recorrer das decisões administrativas é uma ferramenta cidadã que permite exercer o controle social sobre elas e não apenas promover e proteger direitos individuais na matéria administrativa específica. Trata-se de um espaço institucional para prevenir possíveis conflitos e resolver

---

223 Ver Corte IDH, 29/07/1988, "Velásquez Rodríguez vs. Honduras" (Fondo), série C, nº 4, parágrafo 165. Disponível em: www.corteidh.or.cr/docs/casos/articulos/seriec_04_esp.pdf.

disputas entre direitos de cidadania e poder – competências públicas – geralmente sem patrocínio legal e sem maiores formalidades.

Em sua análise, a Corte IDH estabelece a extensão das garantias do devido processo legal aos processos e procedimentos administrativos. As pessoas têm garantias processuais para obter decisões justas.

Esclarece que as garantias não são apenas para processos criminais, mas também se aplicam em outras matérias: cíveis, trabalhistas, tributárias ou de qualquer outra natureza em que corresponde incluir a administrativa.

Também especifica que o devido processo legal não se aplica apenas aos juízes e tribunais judiciais, mas que as garantias devem ser observadas nos diferentes processos ou procedimentos em que os órgãos estatais adotam decisões em que determinam os direitos dos indivíduos, como o processo administrativo.

Destaque-se, para ratificar as regras já estabelecidas no caso "Baena":

> Na mesma linha, no caso "Baena Ricardo vs. Panamá" foi estabelecido que:
>
> (...) O Tribunal observa que a lista de garantias mínimas estabelecida no nº 2 do art. 8º da Convenção aplica-se às ordens mencionadas no nº 1 do mesmo artigo, ou seja, à determinação de direitos e obrigações de "natureza civil, laboral, fiscal ou de qualquer outra natureza". Isso revela o amplo alcance do devido processo legal; o indivíduo tem direito ao devido processo legal entendido nos termos do art. 8.1 e 8.2, tanto em matéria penal como em todas essas outras ordens.
>
> (...) Em qualquer matéria, inclusive trabalhista e administrativa, a discricionariedade da Administração tem limites intransponíveis, sendo um deles o respeito aos direitos humanos. É importante que a atuação da Administração seja regulada, não podendo invocar a ordem pública para reduzir

> discricionariamente as garantias do administrado. Por exemplo, a Administração não pode expedir atos administrativos sancionadores sem conceder aos sancionados a garantia do devido processo legal.
>
> (...) É um direito humano obter todas as garantias que permitam alcançar decisões justas, e a Administração não está excluída do cumprimento desse dever. As garantias mínimas devem ser respeitadas no procedimento administrativo e em qualquer outro procedimento cuja decisão possa afetar os direitos das pessoas.
>
> (...) A justiça, alcançada por meio do devido processo legal, como verdadeiro valor juridicamente protegido, deve ser garantida em qualquer processo disciplinar, e os Estados não podem se eximir dessa obrigação argumentando que as devidas garantias do art. 8° da Convenção Americana no caso de sanções disciplinares e não penais. Permitir aos Estados tal interpretação equivaleria a deixar o direito à sua livre vontade a aplicação ou não do direito de todos ao devido processo legal.[224]

Assim, através desses casos, "Tribunal Constitucional vs. Peru"[225] e "Baena",[226] a Corte IDH lançou fortemente uma interpretação evolutiva do art. 8° da CADH, que deu origem à criação dessa nova garantia: a tutela administrativa efetiva.

Em síntese, a tutela administrativa efetiva como evolução da tutela judicial efetiva forma uma dimensão do devido processo legal

---

224 Corte IDH, 02/02/2001, "Baena Ricardo *et alii* vs. Panamá" (Fondo, reparaciones y costas), série C, n° 72, parágrafos 125 a 127 e 129. Disponível em: www.corteidh.or.cr/docs/casos/articulos/Seriec_72_esp.pdf.

225 Corte IDH, 31/01/2001, "Tribunal Constitucional vs. Peru" (Fondo, reparaciones y costas), série C, n° 71. Disponível em: www.corteidh.or.cr/docs/casos/articulos/Seriec_71_esp.pdf.

226 Corte IDH, 02/02/2001, "Baena Ricardo *et alii* vs. Panamá" (Fondo, reparaciones y costas), série C, n° 72, parágrafos 126 e 127. Disponível em: www.corteidh.or.cr/docs/casos/articulos/Seriec_72_esp.pdf.

com as subgarantias que a compõem; é inerente ao sistema e não a um ramo do Direito: aplica-se na tomada de decisões e no controle posterior de qualquer natureza da atividade de autoridade estatal que determina direitos e obrigações.

2.2.6.3 Tutela administrativa efetiva como expressão da prevenção

A Corte IDH estabeleceu que o dever de prevenção abrange todas as medidas de natureza política, administrativa e cultural que promovam a salvaguarda dos direitos humanos e que assegurem que quaisquer violações a eles sejam efetivamente consideradas e tratadas como um ato ilícito que, como tal, seja suscetível de resultar em sanções para aqueles que as cometem, bem como a obrigação de indenizar as vítimas pelas suas consequências prejudiciais.[227]

As Administrações Públicas têm o dever de adotar medidas preventivas como expressão desse dever de garantia.[228] Desempenham um papel fundamental na prevenção e proteção dos direitos humanos.

Isso convive com outra realidade: os fortes presidencialismos que geram uma importante presença da atividade administrativa na ordem do cotidiano dos cidadãos, em atividades econômicas, produtivas, sociais, culturais, esportivas, científicas e inovadoras, entre tantas outras.

A tutela administrativa efetiva envolve a proibição direta de arbitrariedades do ponto de vista procedimental na construção e exteriorização da vontade administrativa.

---

227 Corte IDH, 16/11/2009, "González e outras ('Campo Algodonero') vs. México" (Excepción preliminar, fondo, reparaciones y costas), série C, nº 205, parágrafo 252. Disponível em: www.corteidh.or.cr/docs/casos/articulos/seriec_205_esp.pdf.

228 Corte IDH, 31/01/2006, "Caso do massacre de Pueblo Bello vs. Colombia", série C, nº 140, parágrafo 123. Disponível em: www.corteidh.or.cr/docs/casos/articulos/seriec_140_esp.pdf.

Mas, ao mesmo tempo, trata-se de uma ferramenta por meio da qual se efetua o controle interno da convencionalidade, pois, por um lado, ela própria é resultado da interpretação evolutiva da Corte IDH. Por outro lado, implica uma garantia de quem solicita ou contesta perante as próprias Administrações Públicas. A sua participação será uma expressão adequada ao devido direito de ser ouvido, de peticionar, de oferecer e de produzir provas; que estas sejam valorizadas e, finalmente, que a decisão adotada seja suficientemente motivada e justa em termos de direitos fundamentais (apenas para indicar um dos muitos aspectos que podemos apontar, o prazo razoável). Com relação ao prazo razoável, o Tribunal Interamericano explicou:

> A Corte reitera que, para determinar a razoabilidade do prazo, deve ser levado em conta o efeito gerado pela duração do processo sobre a situação jurídica do envolvido, considerando, entre outros elementos, o objeto da controvérsia. Nesse sentido, este Tribunal estabeleceu que, se a passagem do tempo tiver impacto significativo na situação jurídica do indivíduo, será necessário que o procedimento avance com maior diligência para que o caso seja resolvido em curto espaço de tempo.[229]

O dever de maior diligência é o padrão exigido nesses casos e o que determinará, em última instância, o descumprimento ou não de certas obrigações internacionais assumidas em relação a procedimentos e processos administrativos e judiciais internos.

---

229 Corte IDH, 31/08/2012, "Furlan e parentes vs. Argentina" (Excepciones preliminares, fondo, reparaciones y costas), série C, nº 246 parágrafo 194. Disponível em: www.corteidh.or.cr/docs/casos/articulos/seriec_246_esp.pdf; Corte IDH, 22/06/2015, "Granier *et alii* (Radio Caracas Televisión) vs. Venezuela" (Excepciones preliminares, fondo, reparaciones y costas), série C, nº 293, parágrafo 274. Disponível em: www.corteidh.or.cr/docs/casos/articulos/seriec_293_esp.pdf.

Tudo o que é mencionado aqui em relação ao prazo razoável é apenas um exemplo do que temos mantido na diversidade dentro da unidade. O importante é pensar a "passagem pelas Administrações Públicas" a partir de uma visão integral dos mecanismos de proteção dos direitos fundamentais e não da mecânica formal do Estado. Isso nos permite, inclusive, analisar o tramite perante as Administrações Públicas em conjunto com o do Poder Judiciário como unidade. Embora isso tenha sido mantido em vários casos tanto pela Corte IDH quanto pelo TEDH em relação ao prazo razoável, acreditamos que estamos diante de uma dimensão maior da questão.

Trata-se de olhar sob a ótica dos direitos as competências próprias de cada poder estatal na prevenção da possível violação de certos deveres assumidos internacionalmente e na realização dos valores comprometidos.[230] Tudo isso estruturado como unidade na realização, proteção e promoção da dignidade das pessoas como valor central. A perspectiva do direito permite manter uma continuidade administrativo-judicial na adequação do Estado aos deveres do devido processo legal.

A Corte IDH decidiu sobre o alcance específico do controle judicial suficiente na dimensão de decisões administrativas anteriores:

> Este Tribunal concorda com o Tribunal Europeu, em termos gerais, no entendimento de que existe uma revisão judicial suficiente quando o órgão judicial examina todas as alegações e argumentos que lhe são apresentados por decisão do órgão administrativo, sem declinar a sua competência para os resolver ou para determinar os fatos. Pelo contrário, esta Corte entende que não há uma revisão judicial se o órgão judicial estiver impedido de determinar o objeto principal do litígio, como, por exemplo, nos casos em que se considera limitado

230 Ampliar em YSERN, Enrique Rivero; MUÑOZ, Jaime Rodríguez-Arana. *El compromiso social del derecho administrativo*. Madrid: Bubok, 2016.

pelas determinações fáticas ou jurídicas do órgão administrativo que teriam sido determinantes para a solução do caso.[231]

2.2.7 Administrações Públicas heterogêneas com mecanismos vinculantes heterogêneos

A consequência da convencionalidade e constitucionalidade das Administrações Públicas é, sem dúvida, um modelo heterogêneo destas com formas de articulação também heterogêneas.

Há, ao nosso ver, uma certa diversidade que é reconhecida no plano constitucional e convencional, o que leva necessariamente a microssistemas, com diferentes abordagens das pessoas e de suas circunstâncias. Isso tem efeitos no nível dos direitos e também nos procedimentos de como são construídos os padrões de direitos das pessoas ou circunstâncias que as cercam de proteção especial.[232]

As Administrações Públicas devem ser reflexo de vários microssistemas com mecanismos adequados, por isso incentivamos o abandono da denominação "administrado" para indicar as pessoas e suas circunstâncias em relação às Administrações Públicas.[233] Substituímos por cidadanias e Administrações Públicas o que exterioriza

231 Corte IDH, 13/10/2011, "Barbani Duarte *et alii* vs. Uruguai" (Fondo, reparaciones y costas), série C, nº 234, parágrafo 204. Disponível em: https://corteidh.or.cr/docs/casos/articulos/seriec_234_esp.pdf.

232 Uma amostra disso é o procedimento de tutela para consumidores hipervulneráveis disposto pela Secretaria de Comércio Interior do Ministério de Desenvolvimento Produtivo da Argentina em sua res. 139/2020, de 27/05/2020.

233 Ver a aguda opinião de PEÑALVA, Gerónimo Leandro. "Ciudades, políticas públicas urbanas y derechos económicos, sociales y culturales". *Revista de Derecho Público*, 2017, p. 471. Para maior desenvolvimento do assunto sugerimos ver GUTIÉRREZ COLANTUONO, Pablo Ángel. "El derecho a la ciudad y un anclaje posible desde el Pacto de San José de Costa Rica". *Anuario Iberoamericano de Derecho Urbanístico*, nº 1, 2018. Disponível em: http://gutierrezcolantuono.com.ar/pdfs/

essa heterogeneidade conceitual que percebemos não mais como uma construção acadêmica, mas como uma exigência da ordem jurídica: pessoas em vez de massas, cidadania em vez administrados.[234]

As pessoas se reconhecem como sujeitos de direito com suas circunstâncias identitárias, a partir de si mesmas e de seu pertencimento coletivo, social e humanitário. Então, as Administrações Públicas terão que construir um sistema organizacional e de competências que reflita esse reconhecimento do sujeito que é determinado a partir de sua identidade individual, coletiva e humanitária. Em parte, trata-se de concretizar o mandato ético universal da realização humana.

É tão importante que as Administrações Públicas se reconheçam aprisionadas por essa visão de mundo das pessoas e de suas circunstâncias quanto que cada um reconheça o outro como tal nessa ideia de perspectivas individuais, coletivas e sociais. Se nos reconhecermos nos outros e para os outros e de nós mesmos como sujeitos sociais, talvez possamos iniciar nossa convivência cívica com respeito aos projetos de vida de cada um.

Reconhecer-se, conhecer-se, sensibilizar-se, compreender-se e dialogar são gestos verbais que conduzem, na liberdade democrática dos nossos Estados de Direito constitucional, convencional e social, a níveis mais baixos de justiça e a níveis mais elevados de igualdade. Aqui, então, as Administrações Públicas coordenam e articulam essas diferenças como parte da diversidade social e cultural, havendo interferência estatal, tecnicamente chamadas de ações positivas, a fim de garantir, fundamentalmente, a igualdade no acesso.

Anuario-Iberoamericano-Desarrollo-Urbanistico-2018.pdf. Acessado em: 27.11.2023.

234 É importante destacar a lei da jurisdição contencioso-administrativa espanhola, que fala de pessoas e não de administrados, e inclusive realiza uma importante distinção entre distintos setores vulneráveis e não vulneráveis (Lei 29/1998, de 13 de julho, reguladora da jurisdição contencioso-administrativa).

Não é possível, neste momento, portanto, sustentar e imaginar organizações administrativas que neutralizem a diversidade existente; pelo contrário, devem valorizá-las. Trata-se de um mandamento legal que as Administrações Públicas devem cumprir com base na sua função preventiva já enunciada.

Entendemos cada pessoa como um sujeito com suas circunstâncias que compõem uma visão de mundo de seus direitos-deveres. Estas, situadas em dimensões individuais, coletivas e humanas, nos dão um sistema jurídico diverso, heterogêneo, que impõe Administrações Públicas concebidas e organizadas a partir dessa heterogeneidade, com dispositivos heterogêneos e não homogêneos. É a partir dessa concepção que os sistemas constitucionais e convencionais delimitaram e construíram proteções especiais para consumidores e usuários; crianças e adolescentes; povos indígenas; ambiente, mesmo com uma perspectiva intergeracional; pessoas com deficiência; migrantes; mulheres; idosos; pessoas em situação de pobreza estrutural, entre outras pessoas ou circunstâncias especialmente protegidas.

A priorização de políticas públicas para os sujeitos de proteções especiais é uma exigência de dupla ordem, ética e legal, para nossas Administrações Públicas.

O nível convencional e constitucional determina o tamanho das políticas públicas e sua priorização. Tal priorização geralmente implica a obrigação dos Estados de adotarem medidas de ação positiva. As pessoas e certas circunstâncias apropriadas, cujas tutelas, promoções, proteções e restituições de direitos foram preferidas em relação a outros assuntos e circunstâncias, estão integradas nessa priorização. Tudo isso determina um determinado conteúdo nas agendas públicas e uma nova forma de transitar e organizar os espaços das Administrações Públicas.

As ações positivas entendidas como técnicas de equalização e intervenção estatal no plano constitucional são remetidas prioritariamente ao Poder Legislativo e, com menor intensidade, aos demais poderes, dentro de, logicamente, os limites e alcances de suas próprias competências. Damos especial ênfase ao dizer prioritariamente, dado que do sistema convencional há um dever genérico expresso no art. 2º do PSJCR. Isso parece estender esse dever de interferência positiva do Estado a todos os órgãos estatais, uma vez que, a partir daí, há pouco interesse na alocação territorial e orgânica interna de poder em face das obrigações e de sua eficácia a que os Estados estão vinculados. Esta é a medida em que, a nosso ver, o dever de remover qualquer obstáculo que não afete o dever de garantia.

Se olharmos para o fenômeno que descrevemos a partir do sistema argentino, que se repete em quase todos os países pertencentes ao SIDH, foi dado *status* constitucional à Convenção sobre a Eliminação de Todas as Formas de Discriminação contra a Mulher, à Convenção Internacional sobre a Eliminação de Todas as Formas de Discriminação Racial, à Convenção sobre os Direitos da Criança, à Convenção sobre os Direitos das Pessoas com Deficiência. Por outro lado, a mesma Constituição nacional protegeu consumidores e usuários, o meio ambiente, os idosos, e reconhece a propriedade coletiva e a preexistência dos povos indígenas, entre outros indícios da ampla diversidade de cidadãos.[235]

---

235 Em relação ao sistema argentino, Gelli aponta: "as disposições constitucionais e legais sobre ações afirmativas não implicam necessariamente discriminações inversas, mas geralmente as estabelecem. Essas providências levantam muitas dúvidas do ponto de vista da igualdade clássica e da real conveniência e eficácia que teriam para derrubar barreiras culturais, uma vez que podem produzir o efeito oposto ao desejado, ao solidificar categorias e reforçar os preconceitos diferenciadores. O estabelecimento de cotas a favor de determinadas categorias de pessoas em detrimento de outras suscita questionamentos que podem ser levados à justiça, através dos quais se pode questionar a razoabilidade dos meios utilizados para diferenciar entre essas cotas. As diretrizes de proporcionalidade entre o sacrifício dos direitos daqueles que devem cedê-los para resolver discriminações passadas e o interesse estatal urgente em promover a igualdade de oportunidades fornecem instrumentos adequados de controle. De outra perspectiva, as cotas colidem com o princípio de idoneidade, a menos que sejam aplicadas a favor de indivíduos da categoria beneficiada quando eles possuam os mesmos requisitos ou

Esses dispositivos visam mostrar essa diversidade, mas também, por meio da técnica de interferência estatal, elevar os níveis de proteção e promoção dos direitos daqueles setores da sociedade que, por multiplicidade de fatores, aparecem em desigualdade de origem. As convenções internacionais a esse respeito propõem o quadro mínimo de ação do Estado para a proteção, promoção e garantia de certos direitos. A prevenção administrativa é a ferramenta dessa equalização nas sedes das Administrações Públicas.[236]

Nesse ponto, a convencionalidade constitucionalizada nos colocou às portas dos procedimentos e processos administrativos e judiciais, respectivamente, como tuteladores dos direitos fundamentais como garantia *ius fundamental*. A tutela judicial e administrativa efetiva centra o eixo de sua razão de ser no povo e em suas circunstâncias, na medida em que ambos estão sujeitos a proteções específicas pela ordem da convencionalidade e pela constitucionalidade.

No quadro da tutela judicial, estamos perante um processo judicial de pretendentes e não de pretensões.

A verdade é que, como tem explicado a jurisprudência da Corte IDH, a centralidade do olhar processual repousa sobre a pessoa e sua situação, e se uma ou outra é destinatária de uma proteção específica na ordem internacional dos direitos humanos.

---

qualidades dos preteridos" (GELLI, María Angélica. *Constitución de la Nación Argentina*. tomo II Comentada e concordada. Buenos Aires: La Ley, 2018, p. 290).

236 Ivonega expressa corretamente ao falar sobre a paridade de gênero: "a consagração da igualdade obriga a transformações racionais para que, em termos convencionais e constitucionais, a paridade não se torne apenas uma solução temporária, mas sim integral, na qual ninguém seja instituído como proprietário ou proprietária, mas que seja construída com defensoras e defensores dentro do contexto de uma sociedade democrática e justa" (IVANEGA, Miriam Mabel (Coord.). *Igualdad y género*. Buenos Aires: La Ley, 2019, p. 181).

> Como este Tribunal já estabeleceu noutras ocasiões, e de acordo com o princípio da não discriminação consagrado no art. 1.1 da Convenção Americana, para garantir o acesso à justiça aos membros das comunidades indígenas, é essencial que os Estados concedam proteção efetiva que leve em conta suas particularidades, suas características econômicas e sociais, bem como sua situação de especial vulnerabilidade, seu Direito Consuetudinário, seus valores, seus usos e costumes. Além disso, o Tribunal afirmou que "os Estados devem abster-se de ações que, de qualquer forma, visem, direta ou indiretamente, criar situações de discriminação *de jure* ou *de facto*".[237]

Isso é absolutamente transferível e aplicável ao campo das Administrações Públicas justamente por meio de tutela administrativa efetiva, com o alcance e as origens que indicamos.

Esse fenômeno da proteção diferencial – insistimos, administrativa e judicial – também é observado no constitucionalismo moderno, ao identificar sujeitos sobre os quais se projetam microssistemas processuais diferenciais. Assim, consumidores, usuários, crianças, mulheres, idosos, pessoas com deficiência, gerações próximas ou futuras e a fruição de um meio ambiente sustentável são destinatários de tratamento diferenciado, tanto da construção de políticas públicas quanto da ação das Administrações Públicas e do Judiciário.

Os processos judiciais devem ser suficientemente permeáveis às circunstâncias que envolvem a pessoa sob tutela jurisdicional, uma vez que estão sujeitos a tratamento especial por parte do PSJCR. O desafio é colocar o olhar processual e substancial sobre a pessoa e as circunstâncias que a cercam, a fim de transformar os processos e procedimentos padronizados em diferentes, que sejam eficazes e

---

237 Corte IDH, 30/08/2010, "Fernández Ortega *et alii* vs. México" (Excepción preliminar, fondo, reparaciones y costas), série C, nº 215, parágrafo 200. Disponível em: www.corteidh.or.cr/docs/casos/articulos/seriec_215_esp.pdf.

tempestivos em termos da efetiva proteção do valor da justiça perseguida no caso concreto.[238]

A diversidade assim buscada e pensada se expressa dentro de uma unidade sistêmica, permitindo escapar à ideia da possível fragilização da nova ordem constitucional e jurídica convencional. A tutela administrativa e judicial extemporânea e homogênea gera maior vulnerabilidade e, consequentemente, responsabilidade estatal no cenário internacional.

Nos pronunciamentos da Corte IDH, essas proteções especiais a que nos referimos são refletidas, exigindo nesse sistema regional medidas positivas dos Estados para sustentar políticas de maior igualdade social. As tutelas especiais estão interligadas, uma vez que os diferentes sujeitos especialmente protegidos de acordo com sua vulnerabilidade estão inter-relacionados. Há a obrigação de traduzir essas proteções especiais em tutela administrativa e judicial.

A Corte IDH já declarou desde 1984:

> Nem todo tratamento jurídico diferente é devidamente discriminatório, pois nem toda distinção de tratamento pode, por si só, ser considerada uma ofensa à dignidade humana. (...) Há, de fato, certas desigualdades de fato que podem legitimamente ser traduzidas em desigualdades de tratamento jurídico sem que tais situações sejam contrárias à justiça.[239]

Desde sua criação, cunhou o conceito de vulnerabilidade (por condição social, idade, sexo, capacidade), que pode exigir uma

---

238 MUÑOZ, Jaime Rodríguez-Arana. "Sobre el concepto de los derechos sociales fundamentales". *Anuario da Facultade de Dereito da Universidade da Coruña*, nº 19, 2015, pp. 115-140.

239 Corte IDH, OC-4/84, 19/01/1984, "Proposta de modificação à Constituição Política da Costa Rica relacionada com a naturalização", parágrafo 56. Disponível em: www.corteidh.or.cr/docs/opiniones/seriea_04_esp.pdf.

resposta corretiva diferenciada do Direito; a falta dela implicaria discriminação.

A Corte IDH refere-se a uma pluralidade de grupos ou sujeitos sob a designação de "vulneráveis". Na jurisprudência, a vulnerabilidade aparece como uma categoria que requer proteção especial.[240]

O Tribunal apontou que a vulnerabilidade pode ser agravada se houver certos fatores que se somam a outros.[241]

A Corte IDH, no caso "Furlan e a Família vs. "Argentina", indicou que os menores se encontram numa "situação agravada de vulnerabilidade", sobretudo quando se trata de "menores com deficiência que vivem numa família de baixos recursos econômicos", e acrescenta que corresponde "ao Estado o dever de adotar todas as medidas adequadas e necessárias para fazer face a esta situação".[242]

Podemos observar que, no depoimento, por um lado, é marcante a situação de vulnerabilidade agravada na condição de sujeito

---

240 Para ampliar sobre a vulnerabilidade na jurisprudência da Corte IDH, pode-se consultar ESTUPIÑAN-SILVA, Rosmerlin. "La vulnerabilidad en la jurisprudencia de la Corte Interamericana de Derechos Humanos: esbozo de una tipología". *Derechos Humanos y Políticas Públicas*, 2014; BASSET, Úrsula Cristina. "La vulnerabilidad como perspectiva: una visión latinoamericana del problema – Aportes del Sistema Interamericano de Derechos Humanos". *In*: BASSET, Úrsula; FULCHIRON, Hugues; BIDAUD-GARON, Christine; LAFFERRIÈRE, Jorge N. (Coord.). *Tratado de la vulnerabilidad*. Buenos Aires: La Ley, 2017.

241 Estes fatores multiplicadores de vulnerabilidade são denominados "interseccionalidade da discriminação"; pode-se ampliar em VERA, Georgina Vargas. "Interseccionalidad de la discriminación, formas agravadas de vulnerabilidad: El caso Gonzales Lluy y otros vs. Ecuador". *IurisDictio*, nº 18, dez. 2016, pp. 143 e ss.

242 Corte IDH, 31/08/2012, "Furlan e parentes vs. Argentina" (Excepciones preliminares, fondo, reparaciones y costas), série C, nº 246, parágrafo 269. Disponível em: www.corteidh.or.cr/docs/casos/articulos/seriec_246_esp.pdf.

menor, pessoa com deficiência e pobreza. Por outro lado, a exigência ao Estado de medidas para enfrentar essa situação.

Os migrantes, especialmente aqueles sem documentos ou em situação irregular, foram identificados pela Corte IDH como um grupo em situação de vulnerabilidade. Para o efeito, considerou a sua exposição a violações potenciais ou reais de direitos, nomeadamente devido a diferenças no acesso a recursos administrados pelo Estado em comparação com residentes ou nacionais.

Em relação aos migrantes, a Corte IDH destaca o seguinte:

> Migrantes sem documentos ou irregulares foram identificados como um grupo vulnerável. (...) Note-se que as violações de direitos humanos cometidas contra migrantes muitas vezes ficam impunes devido, *inter alia*, à existência de fatores culturais que justificam esses atos, à falta de acesso a estruturas de poder em uma determinada sociedade e a impedimentos normativos e fáticos que tornam ilusório o acesso efetivo à justiça.[243]

E também afirmou:

> [Os Estados podem] conceder tratamento diferente a migrantes documentados de migrantes sem documentos, ou entre migrantes e nacionais, desde que esse tratamento diferenciado seja razoável, objetivo, proporcional e não infrinja os direitos humanos.[244]

---

243 Corte IDH, 23/11/2010, "Vélez Loor vs. Panamá" (Excepciones preliminares, fondo, reparaciones y costas), série C, nº 218, parágrafo 98. Disponível em: www.corteidh.or.cr/docs/casos/articulos/seriec_218_esp2.pdf.

244 Corte IDH, OC-18/03, 17/09/2003, "Condição jurídica e direitos dos migrantes indocumentados", solicitada pelos Estados Unidos Mexicanos, parágrafo 119. Disponível em: https://www.acnur.org/fileadmin/Documentos/BDL/2003/2351.pdf.

Foi afirmado que o dever de respeitar e assegurar o princípio da igualdade perante a lei e da não discriminação é independente do estatuto migratório de uma pessoa num Estado.[245]

Por sua vez, a CIDH também tem proporcionado proteção especial aos migrantes, considerando-os pessoas em situação de vulnerabilidade de forma intersetorial com outros grupos especialmente protegidos, como crianças e adolescentes, idosos e o princípio da proteção familiar.

As mulheres também receberam proteção especial da Corte IDH, que estabeleceu as obrigações dos Estados para casos de investigação criminal por violência sexual.

No caso "González *et al.* ('Campo Algodonero')", afirma-se o seguinte:

> A Corte considera que o dever de investigar efetivamente. (...) Tem um alcance adicional quando se trata de uma mulher que sofre uma morte, maus-tratos ou comprometimento de sua liberdade pessoal no contexto de um contexto geral de violência contra a mulher.[246]

Mais detalhadamente, a Corte IDH indica o seguinte no caso "Fernández Ortega *et al.* vs. México":

> [Assim] em uma investigação criminal por violência sexual é necessário que: (i) o depoimento da vítima seja feito em ambiente confortável e seguro, que proporcione privacidade e

---

245 Corte IDH, 8/9/2005, "Caso das Meninas Yean e Bosico vs. República Dominicana", série C, nº 130, parágrafo 155. Disponível em: https://www.corteidh.or.cr/docs/casos/articulos/seriec_130_esp.pdf.

246 Corte IDH, 16/11/2009, "González e outras ('Campo Algodonero') vs. México" (Excepción preliminar, fondo, reparaciones y costas), série C, nº 205, parágrafo 293. Disponível em: www.corteidh.or.cr/docs/casos/articulos/seriec_205_esp.pdf.

> confiança; (ii) o depoimento da vítima seja registrado de forma a evitar ou limitar a necessidade de repetição; (iii) seja prestado atendimento médico, de saúde e psicológico à vítima, tanto emergencial quanto contínuo, se necessário, por meio de um protocolo de atendimento que vise reduzir as consequências da violação; iv) um exame médico e psicológico completo e pormenorizado seja imediatamente efetuado por pessoal qualificado e treinado, na medida do possível, do sexo indicado pela vítima, oferecendo-se para ser acompanhado por alguém da sua confiança, se assim o desejar; (v) os atos investigativos são documentados e coordenados e as provas são tratadas com celeridade, colhendo amostras suficientes, realizando estudos para determinar a possível autoria do ato, garantindo outras provas, como a roupa da vítima, investigando imediatamente o local dos fatos e garantindo a correta cadeia de custódia, e vi) proporcionando acesso à assistência jurídica gratuita à vítima durante todas as etapas do processo.[247]

Por sua vez, adverte:

> [Portanto,] em casos de violência sexual, a investigação deve tentar evitar ao máximo a revitimização ou revivência da profunda experiência traumática cada vez que a vítima se lembra ou testemunha sobre o que aconteceu.[248]

A Corte Interamericana impôs aos Estados a obrigação de implementar programas e políticas públicas voltados ao combate

---

247 Corte IDH, 30/08/2010, "Fernández Ortega *et alii* vs. México" (Excepción preliminar, fondo, reparaciones y costas), série C, nº 215, parágrafo 194. Disponível em: https://www.corteidh.or.cr/docs/casos/articulos/seriec_215_esp.pdf.

248 Corte IDH, 30/08/2010, "Fernández Ortega *et alii* vs. México" (Excepción preliminar, fondo, reparaciones y costas), série C, nº 215, parágrafo 196. Disponível em: https://www.corteidh.or.cr/docs/casos/articulos/seriec_215_esp.pdf.

à violência de gênero e estabeleceu a necessidade de treinamento específico nessa área.[249]

Com relação a crianças e adolescentes, a Corte IDH destacou a situação de vulnerabilidade em que se encontram e impôs deveres específicos à sociedade e ao Estado para lhes garantir o exercício de seus direitos. Nesse sentido, apontou que "as crianças possuem os direitos que correspondem a todos os seres humanos – menores e adultos – e também têm direitos especiais derivados de sua condição, aos quais correspondem deveres específicos da família, da sociedade e do Estado", pois as crianças, por "sua imaturidade e vulnerabilidade, necessitam de proteção que garanta o exercício de seus direitos".[250]

Impôs às Administrações Públicas e aos sistemas de justiça o dever de diligência e celeridade nos processos relativos à criança e ao adolescente, especialmente os relativos à adoção e à guarda.

A Corte IDH afirma no caso "Fornerón e filha vs. Argentina":

> Por outro lado (...) tendo em vista a importância dos interesses em questão, os procedimentos administrativos e judiciais relativos à proteção dos direitos humanos dos menores, em especial os processos judiciais relativos à adoção e guarda de crianças na primeira infância, devem ser conduzidos com excepcional diligência e celeridade pelas autoridades.[251]

---

249 Para uma análise específica e completa sobre igualdade e gênero, ver IVANEGA, Miriam Mabel (Coord.). *Igualdad y género*. Buenos Aires: La Ley, 2019.

250 Corte IDH, OC-17/02, 28/08/2002, "Condição jurídica e direitos humanos da criança", solicitada pela Comissão Interamericana de Direitos Humanos, parágrafos 54 e 93. Disponível em: https://www.corteidh.or.cr/docs/opiniones/seriea_17_esp.pdf.

251 Corte IDH, 27/04/2012, "Fornerón e filha vs. Argentina" (Fondo, reparaciones y costas), série C, nº 242, parágrafo 51. Disponível em: https://corteidh.or.cr/docs/casos/articulos/seriec_242_esp.pdf.

No que diz respeito às crianças migrantes, na OC-21/14 expressa:

> Os direitos e garantias das crianças no contexto da migração e/ou que necessitam de proteção internacional (...) ao projetar, adotar e implementar suas políticas migratórias relativas a menores de 18 anos, os Estados devem priorizar uma abordagem de direitos humanos de uma perspectiva que leve em conta de forma transversal os direitos das crianças e, em particular, sua proteção e desenvolvimento integral, que devem ter precedência sobre qualquer consideração de nacionalidade ou *status* migratório, a fim de assegurar o pleno exercício de seus direitos.[252]

Registou igualmente a particular gravidade da situação das crianças indígenas.[253] Em relação aos indígenas, considerou-os vulneráveis e obrigou os Estados a implementarem mecanismos administrativos eficazes e céleres para proteger e garantir seu direito aos territórios, o reconhecimento de sua personalidade e a obrigação de consultá-los antes da execução de políticas públicas que os incluam, inter-relacionando e estabelecendo deveres de maior proteção para grupos de crianças, adolescentes e mulheres indígenas.[254]

---

252 Corte IDH, OC-21/14, 19/08/2014, "Direitos e garantias das crianças em contexto da migração e/ou em necessidade de proteção internacional", solicitada pela República da Argentina, pela República Federativa do Brasil, pela República do Paraguai e pela República Oriental do Uruguai, parágrafo 68. Disponível em: www.acnur.org/fileadmin/Documentos/BDL/2014/9758.pdf?view=1.

253 Corte IDH, 17/06/2005, "Comunidade indígena Yakye Axa vs. Paraguai" (Fondo, reparaciones y costas), série C, nº 125, parágrafo 172. Disponível em: www.corteidh.or.cr/docs/casos/articulos/seriec_125_esp.pdf.

254 No caso Corte IDH, 06/02/2020, "Comunidades indígenas membros da Associação Lhaka Honhat (Nuestra Tierra) vs. Argentina" (Fondo, reparaciones y costas), série C, nº 400, parágrafo 116. Disponível em: www.corteidh.or.cr/docs/casos/articulos/seriec_400_esp.pdf, o Tribunal estabeleceu que "para materializar os direitos territoriais dos povos indígenas protegidos no art. 21 da Convenção, os Estados devem prever

A Corte IDH também considerou as pessoas com deficiência como vulneráveis e exigiu que os Estados tomassem medidas positivas para prevenir todas as formas possíveis de discriminação contra essa comunidade, a qual é devido tratamento preferencial e adequado. Considerou que o modelo social de abordagem da deficiência, tal como estabelecido pela Convenção sobre os Direitos das Pessoas com Deficiência, deve ser tido em conta. Obrigou os Estados a promoverem a inclusão das pessoas com deficiência por meio da igualdade de condições, oportunidades e participação em todas as esferas da sociedade, a fim de garantir que elas não tivessem limitações. Encorajou-os a promover práticas de inclusão social, adotar medidas de diferenciação para remover barreiras e capacitar funcionários nesse sentido.[255]

Nas palavras da Corte IDH:

> Das obrigações gerais de respeitar e garantir os direitos derivam deveres especiais, determináveis de acordo com as necessidades particulares de proteção do sujeito de direito, seja em razão de sua condição pessoal, seja em razão da situação específica em que se encontra.[256]

---

um mecanismo efetivo, através da adoção de medidas administrativas necessárias" (); além disso, condenou o Estado pela violação dos direitos de participação na vida cultural, referente à identidade cultural, ao meio ambiente saudável, à alimentação adequada e à água, estabelecidos no art. 26 da CADH, em relação ao art. 1°, inciso 1, do mesmo tratado.

255 Ver Corte IDH, 31/08/2012, "Furlan e parentes vs. Argentina" (Excepciones preliminares, fondo, reparaciones y costas), série C, n° 246. Disponível em: www.corteidh.or.cr/docs/casos/articulos/seriec_246_esp.pdf. É interessante também consultar o resolvido sobre o direito à educação de uma pessoa com deficiência em STEDH, 25/06/2019, "Stoiane vs. Rumania", n° 289/14. Disponível em: https://hudoc.echr.coe.int/eng?i=001-194062.

256 Corte IDH, 25/11/2013, "Familia Pacheco Tineo vs. Estado Plurinacional da Bolívia" (Excepciones preliminares, fondo, reparaciones y costas), série C, n° 272, parágrafo 128. Disponível em: www.corteidh.or.cr/docs/casos/articulos/seriec_272_esp.pdf.

Efetiva tutela administrativa e judicial dos indivíduos e suas diversas circunstâncias constitucional e convencionalmente promovidas e protegidas: eis o mandato jurídico interno e internacional que deve estruturar os procedimentos administrativos e a organização das próprias Administrações Públicas. É consequência de seu papel preventivo a adequação dos mecanismos (procedimentos) que protegem os direitos fundamentais, segundo estes pertencem às circunstâncias mais heterogêneas que cercam a pessoa.

2.2.8 A intersecção da proteção administrativa com os deveres humanos: a cogestão como mandamento convencional

Essa é uma das contribuições que acreditamos de maior significado inadvertido do PSJCR no campo de nossas Administrações Públicas e sua relação com os cidadãos. A verdade é que deixou de ser uma construção axiológica ou doutrinária a concordância de um e de outro na realização do bem-estar geral.

Convencionalmente, exige-se internamente dos Estados em suas Administrações Públicas – competências – e das pessoas – deveres humanos – a concorrência no mesmo espaço com os mesmos fins: a cogestão do bem-estar geral.

Veremos que não se trata de uma abordagem filosófica ou avaliativa; pelo contrário, é um mandamento da ordem da convencionalidade internamente exigível pelo Direito interno.

Os deveres humanos conectam os direitos com sua realização social. Os direitos assumem o desafio da sua própria dimensão comunitária e humana, e não apenas na sua dimensão liberal. Surgem os deveres humanos, que se projetam a partir dos direitos para com a família, a comunidade e a humanidade, e que têm o grau de convencionalidade (art. 32, § 2, PSJCR).

A realização coletiva e universal dos direitos é explicada a partir dos deveres de cada pessoa, de saber que somos limitados em nossos direitos. Essas limitações visam à realização do bem-estar geral, tanto de nossa comunidade quanto da própria humanidade. É aí que surge a intersecção entre direitos humanos e deveres com a própria finalidade das Administrações Públicas.

Expressado de outra forma, a cogestão do mesmo interesse por cidadãos e Administrações Públicas aparece como um mandamento convencional. Esse interesse consiste na realização do bem-estar comum como extensão dos direitos de toda a comunidade e da própria humanidade. São características que caracterizam uma nova função constitucional e convencional de nossas Administrações Públicas que chamamos de papel preventivo.

> Em suma, nem o detentor do poder – governo ou Administração – deve se apropriar do interesse geral ou do interesse público, como se fossem de seu domínio, nem pode negligenciar em favor do interesse privado, abdicando ilegitimamente de sua função.[257]

Para isso, faz-se necessário descrever o objetivo legítimo que é possível perseguir na intervenção administrativa preventiva segundo o próprio PSJCR.

É nas restrições de direitos que essas finalidades legítimas são explicadas.

Embora os tratados ofereçam certa margem de apreciação aos Estados ao estabelecerem restrições,[258] possibilitando os arts. 30 e 32, § 2, da CADH, a busca do interesse geral, da segurança de todos

---

257 GIL, José Luis Meilán. "Intereses generales e interés púbico desde la perspectiva del derecho público español". *A&C – Revista de Direito Administrativo & Constitucional*, vol. 10, nº 40, 2010, p. 174.

258 STEDH, 19/12/1997, "Brualla Gómez de la Torre vs. España", nº 26737/95, parágrafo 33. Disponível em: https://hudoc.echr.coe.int/eng?i=001-58127.

ou do bem comum para uma sociedade democrática, é importante fazer alguns esclarecimentos nesse nível para evitar conclusões equivocadas. A interpretação harmônica efetivada pela Corte IDH nos leva a descartar essa possibilidade, uma vez que, em termos convencionais, o bem comum em uma sociedade democrática é o gozo de direitos em uma dimensão individual, coletiva e universal.

> Na dimensão das Administrações Públicas: o princípio geral que rege toda a atividade estatal, exercida através da Administração Pública, é o bem comum. A existência de uma Administração Pública só faz sentido com base numa distribuição justa e equitativa entre os cidadãos dos direitos e benefícios sociais. As altas e numerosas tarefas administrativas não seriam bem-sucedidas sem a orientação de princípios de ação capazes de oferecer garantias exequíveis de um Estado justo e igualitário.[259]

Para a Corte IDH, o bem comum

> deve ser interpretado como elemento integrante da ordem pública do Estado democrático, cuja finalidade principal é "a proteção dos direitos essenciais do homem e a criação de circunstâncias que lhe permitam progredir espiritual e materialmente e alcançar a felicidade".[260]

Tal proteção dos "*direitos alheios*" prevista no art. 32, § 2, da CADH, é o fundamento das limitações da finalidade que o Estado deve exibir quando quer entrar no círculo de direitos reconhecidos

---

259 BACELLAR FILHO, Romeu Felipe. *Reflexões sobre Direito Administrativo*. Belo Horizonte: Fórum, 2009, p. 21.

260 Corte IDH, OC-6/86, 09/05/1986, "A expressão 'leis' no art. 30 da Convenção Americana sobre Direitos Humanos", solicitada pelo Governo da República Oriental do Uruguai, parágrafo 29. Disponível em: www.corteidh.or.cr/docs/opiniones/seriea_06_esp.pdf.

ao indivíduo pelas Constituições e tratados. De acordo com essas premissas, deve-se considerar que

> no confronto entre privilégios da Administração e direitos fundamentais da pessoa, estes prevalecem. Caso contrário, a Administração não estaria usando seu poder para servir ao interesse geral, definido principalmente pelos direitos fundamentais.[261]

As atividades das Administrações Públicas devem visualizar os direitos das pessoas e articulá-los com os deveres. Nessa reconceituação surge a cogestão com os cidadãos, uma nova dimensão social da realização institucional do bem-estar comum como extensão dos direitos de toda a comunidade.

Estamos diante de um direito do cidadão, mas ele também faz parte dos deveres assumidos. O direito de influenciar e controlar tem sua própria contrapartida em matéria de deveres. É dever humano da pessoa contribuir efetivamente para a realização do bem comum, como se pode ver no mesmo texto do PSJCR. Controle implica fiscalização, mas ao mesmo tempo significa interferência válida e efetiva no que é controlado.[262]

Como aponta Meilán Gil:

> A realização do interesse geral exige, em suma, uma relação de Estado e sociedade que não seja perturbada pelo radicalismo de um ou outro sentido. Abordagens ideológicas pesam nessa relação público-privada que não deve ser ignorada. É desejável uma colaboração (...). Voltamos à noção de bem comum

261 GIL, José Luis Meilán. "Intereses generales e interés púbico desde la perspectiva del derecho público español". *A&C – Revista de Direito Administrativo & Constitucional*, vol. 10, nº 40, 2010, p. 182.

262 Ver IVANEGA, Miriam Mabel. "Control del poder". *LLonline*, AR/DOC/778/2010.

mencionada no início como ideia integradora de interesses públicos e privados. Se o Estado ignorasse o interesse geral, não seria social, se o monopolizasse, não seria democrático.[263]

2.2.9 Os efeitos "extrapartes" da Corte Interamericana de Direitos Humanos e a prevenção

Os mandamentos de respeito, garantia e proteção dos direitos consagrados nas convenções sobre o tema vinculam todos os Estados e geram efeitos em relação a terceiros, inclusive particulares, o que significa que as obrigações inerentes a esses tratados – que normalmente têm seus efeitos nas relações entre Estados e pessoas sujeitas à sua jurisdição – também têm seus efeitos sobre os laços interindividuais. O Estado, de acordo com os arts. 1º, § 1, e 2º do PSJCR, tem o dever de respeitar e assegurar o respeito aos direitos, o que obviamente se estende tanto ao Poder Público quanto aos particulares em relação aos demais indivíduos.[264]

Temos, então, pelo controle interno da convencionalidade, as decisões da Corte IDH integradas à interpretação que as normas convencionais por ela proporcionaram. Ou seja, a regra interpretada pela Corte IDH expande esse controle para além do Estado-membro que fez parte de "um caso". Então, as Administrações Públicas, sendo aquelas que aplicam a convencionalidade em seu próprio campo de competência, seja de ofício ou porque a pessoa assim afirma como sua própria garantia, incorporam em suas ações preventivas esses critérios e diretrizes interpretativas da Corte Interamericana.

---

263 GIL, José Luis Meilán. "Intereses generales e interés púbico desde la perspectiva del derecho público español". *A&C – Revista de Direito Administrativo & Constitucional*, vol. 10, nº 40, 2010, pp. 197/198.

264 Corte IDH, OC-18/03, 17/09/2003, "Condição jurídica e direitos dos migrantes indocumentados", solicitada pelos Estados Unidos Mexicanos. Disponível em: https://www.acnur.org/fileadmin/Documentos/BDL/2003/2351.pdf.

Em suma, as decisões jurisdicionais e os pareceres consultivos da Corte IDH têm efeitos para além do caso e para além dos Estados Partes. Essas decisões, na medida em que estabelecem padrões interpretativos em conjunto com a Convenção interpretada na fase consultiva da Corte IDH, são incorporadas e internalizadas no âmbito das Administrações Públicas.

Essa natureza expansiva das obrigações internacionais tem efeitos sobre o próprio Estado e sobre suas relações com os cidadãos.

Isso também gera consequências diretas para o Estado e para as diversas autoridades vinculadas pelo dever genérico de garantia dos arts. 1º e 2º do PSJCR em relação às ações e omissões dos particulares em determinados casos. É a falta de diligência para evitar a violação ou para tratá-la nos termos exigidos pela Convenção.[265]

A Corte Interamericana tem se pronunciado sistematicamente sobre a devida diligência para prevenir violações de direitos humanos. Em particular, na OC-23/17 afirmou:

> Os Estados estão obrigados a cumprir suas obrigações sob a Convenção Americana com a devida diligência. O conceito geral de devida diligência no Direito Internacional está tipicamente

265 Sobre os padrões da Corte IDH com respeito à falta de devida diligência, ver CEJIL. *Debida diligencia en la investigación de graves violaciones a derechos humanos*. Buenos Aires: Cejil, 2010. Disponível em: www.corteidh.or.cr/tablas/r25129.pdf. Acessado em: 27.11.2023; VERA, Oscar Parra. "La jurisprudencia de la Corte Interamericana respecto a la lucha contra la impunidad: algunos avances y debates". *Revista Jurídica de la Universidad de Palermo*, ano 13, nº 1, nov. 2012, pp. 5-51. Disponível em: www.corteidh.or.cr/tablas/r30797.pdf. Acessado em: 27.11.2023. O princípio de devida diligência relacionado com o direito à vida na Corte IDH se analisa em CORTE IDH. *Cuadernillo de Jurisprudencia de la Corte Interamericana de Derechos Humanos nº 21*: Derecho a la vida. San José da Costa Rica: Corte IDH - Cooperación Alemana (GIZ), 2018. Disponível em: www.corteidh.or.cr/sitios/libros/todos/docs/cuadernillo21.pdf.

> associado à possível responsabilidade de um Estado frente a obrigações de conduta ou comportamento, em contraste com obrigações de resultado que exigem a conquista de um objetivo específico. O dever de um Estado de agir com devida diligência é um conceito cujo conteúdo foi determinado pelo Direito Internacional e tem sido utilizado em várias áreas, tanto no Direito Internacional humanitário, no Direito do mar e no Direito Internacional do meio ambiente, entre outros. No Direito Internacional dos direitos humanos, o dever de agir com devida diligência foi abordado em relação aos direitos econômicos, sociais e culturais, em relação aos quais os Estados se comprometem a adotar "todas as medidas apropriadas" para alcançar progressivamente a plena efetividade dos direitos correspondentes. Além disso, como ressaltado por esta Corte, o dever de agir com a devida diligência também corresponde, de maneira geral, à obrigação de garantir o livre e pleno exercício dos direitos reconhecidos na Convenção Americana a todas as pessoas sob sua jurisdição, segundo a qual os Estados devem adotar todas as medidas apropriadas para proteger e preservar os direitos consagrados na Convenção, bem como organizar todas as estruturas através das quais se manifesta o exercício do Poder Público, de forma que sejam capazes de assegurar juridicamente o livre e pleno exercício dos direitos humanos.[266]

No que diz respeito ao uso da força como obrigação de prevenção, a Corte IDH afirma que

> é essencial que o Estado: a) tenha um arcabouço jurídico adequado que regule o uso da força e garanta o direito à

266 Corte IDH, OC-23/17, 15/11/2017, "Obrigações estatais com relação ao meio ambiente no contexto da proteção e garantia dos direitos à vida e à integridade pessoal – interpretação e alcance dos arts. 4º.1 e 5º.1, com relação aos arts. 1º.1 e 2º da Convenção Americana sobre Direitos Humanos", solicitada pela República da Colômbia, parágrafo 123. Disponível em: www.corteidh.or.cr/docs/opiniones/seriea_23_esp.pdf.

> vida; b) forneça equipamento adequado aos funcionários encarregados do uso da força; e c) selecione, capacite e treine adequadamente esses funcionários.[267]

Em casos de violência contra as mulheres a Corte IDH afirmou:

> Os Estados devem adotar medidas abrangentes para cumprir a devida diligência em casos de violência contra a mulher. Em particular, devem dispor de um quadro jurídico adequado para a proteção, com a sua aplicação efetiva e com políticas e práticas de prevenção que permitam uma ação eficaz face às denúncias. Os Estados também devem tomar medidas preventivas em casos específicos em que seja claro que certas mulheres e meninas podem ser vítimas de violência. Tudo isso deve levar em conta que, em casos de violência contra a mulher, os Estados têm, além das obrigações genéricas contidas na Convenção Americana, uma obrigação reforçada a partir da Convenção de Belém do Pará.[268]

Sobre o assunto que estamos desenvolvendo, o dever de garantia previsto no art. 1º, § 1, do PSJCR, uma de cujas formas de observação é prevenir violações, em caso mais recente a Corte IDH assinalou:

> Esse dever é projetado para a "esfera privada", a fim de evitar que "terceiros violem os direitos jurídicos protegidos (...) abrange todas as medidas de natureza jurídica, política, administrativa e cultural que promovam a salvaguarda dos direitos humanos e que garantam que quaisquer violações

267 Corte IDH, 27/08/2014, "Irmãos Landaeta Mejías *el alii* vs. Venezuela" (Excepciones preliminares, fondo, reparaciones y costas), série C, nº 281, parágrafo 126. Disponível em: https://corteidh.or.cr/docs/casos/articulos/seriec_281_esp.pdf.

268 Corte IDH, 16/11/2009, "González e outras ('Campo Algodonero') vs. México" (Excepción preliminar, fondo, reparaciones y costas), série C, nº 205, parágrafo 258. Disponível em: www.corteidh.or.cr/docs/casos/articulos/seriec_205_esp.pdf.

> dos mesmos sejam efetivamente consideradas e tratadas como um ato ilícito".[269]

Nessa linha, a Corte IDH afirmou que, em certos casos, os Estados têm a obrigação de estabelecer mecanismos adequados para supervisionar e fiscalizar determinadas atividades, a fim de garantir os direitos humanos, protegendo-os das ações de entidades públicas, bem como de pessoas privadas. Ele também especificou:

> A obrigação de prevenir recai sobre o meio ou comportamento, e não é demonstrada apenas pelo simples fato de um direito ter sido violado. Como o acima exposto é aplicável a todos os direitos consagrados na Convenção Americana, é importante deixar claro que também se refere aos direitos à alimentação adequada, à água e à participação na vida cultural.[270]

Assim, a responsabilidade do Estado também pode decorrer de atos de particulares não atribuíveis, em princípio, ao Estado. A esse respeito, a Corte IDH declarou:

> A obrigação de garantia se estende além da relação entre os agentes estatais e as pessoas submetidas à sua jurisdição, abrangendo também o dever de prevenir, no âmbito privado, que terceiros violem os bens jurídicos protegidos.[271]

---

269 Corte IDH, 06/02/2020, "Comunidades indígenas membros da Associação Lhaka Honhat (Nuestra Tierra) vs. Argentina" (Fondo, reparaciones y costas), série C, nº 400, parágrafo 207. Disponível em: www.corteidh.or.cr/docs/casos/articulos/seriec_400_esp.pdf.

270 Corte IDH, 06/02/2020, "Comunidades indígenas membros da Associação Lhaka Honhat (Nuestra Tierra) vs. Argentina" (Fondo, reparaciones y costas), série C, nº 400, parágrafo 207. Disponível em: www.corteidh.or.cr/docs/casos/articulos/seriec_400_esp.pdf.

271 Corte IDH, 28/08/2014, "Defensor de direitos humanos *et alii* vs. Guatemala" (Excepciones preliminares, fondo, reparaciones y costas), série C, nº 283, parágrafo 140. Disponível em: www.corteidh.or.cr/docs/casos/articulos/seriec_283_esp.pdf.

De acordo com a jurisprudência da Corte IDH, é claro que um Estado não pode ser responsável por qualquer violação de direitos humanos cometida entre indivíduos sob sua jurisdição.

As obrigações convencionais implicam respeito, garantia por meio de normas de proteção e garantia da efetividade dos direitos e, portanto, projetam seus efeitos para além da relação direta entre a pessoa e o Poder Público, manifestando-se na "obrigação positiva do Estado de adotar as medidas necessárias para assegurar a efetiva proteção dos direitos humanos nas relações interindividuais".[272]

Assim, os casos de responsabilidade do Estado pela violação dos direitos consagrados na Convenção podem ser tanto as ações ou omissões atribuíveis a órgãos ou funcionários do Estado quanto a "falha do Estado em impedir que terceiros violem os direitos legais que protegem os direitos humanos".[273]

O TEDH também reconheceu a aplicabilidade de sua Convenção às relações interindividuais,[274] salientando que, embora a dinâmica do Tratado de Roma resida inicialmente na proteção do indivíduo contra a interferência arbitrária das autoridades públicas, além de se abster de tal interferência, o Estado deve cumprir obrigações

---

272 Corte IDH, 04/07/2006, "Ximenes Lopes vs. Brasil", série C, nº 149, parágrafo 85. Disponível em: www.corteidh.or.cr/docs/casos/articulos/Seriec_149_esp.pdf; Corte IDH, 31/01/2006, "Caso do massacre de Pueblo Bello vs. Colômbia", série C, nº 140, parágrafo 113. Disponível em: www.corteidh.or.cr/docs/casos/articulos/seriec_140_esp.pdf; entre outros casos.

273 Corte IDH, 04/07/2006, "Ximenes Lopes vs. Brasil", série C, nº 149, parágrafo 86. Disponível em: www.corteidh.or.cr/docs/casos/articulos/Seriec_149_esp.pdf.

274 STEDH, 13/08/1981, "Young, James e Webster vs. Reino Unido", nº 7601/76. Disponível em: https://hudoc.echr.coe.int/spa?i=001-57608; STEDH, 21/02/2017, "Rubio Dosamante vs. España", nº 20996/10. Disponível em: https://hudoc.echr.coe.int/eng?i=001-171528.

positivas inerentes ao efetivo respeito dos direitos, o que pode envolver a adoção de medidas até mesmo nas relações entre indivíduos.[275]

Os direitos convencionais projetam – em face da garantia de seu respeito pelos indivíduos nas relações com seus pares – obrigações concretas à frente do Estado, consistentes – no que nos interessa neste trabalho – na adoção de medidas preventivas tendentes a dar efetividade a esse dever genérico de garantia e, assim, evitar possíveis equívocos internacionais.

2.3 Recapitulação

Agora temos condições de sistematizar tudo o que foi tratado até o momento:

a) O controle da convencionalidade internacional na própria sede da Corte IDH importa um novo controle da atividade das Administrações Públicas, localizadas fora das fronteiras dos Estados Partes e dentro do sistema de proteção dos direitos humanos.

b) O controle interno da convencionalidade, no interior das Administrações Públicas, opera como controle interno destas para aplicação espontânea e de boa-fé que se espera que aconteça "fronteiras para dentro" na atividade dos diversos poderes. É o cumprimento interno voluntário e espontâneo dos compromissos assumidos pelos Estados: subsidiariedade e complementariedade.

c) O controle da convencionalidade no campo das Administrações Públicas é simétrico ao exercido pelo Poder Judiciário: eles só

275 STEDH, 26/03/1985, "X e Y vs. Países Baixos", nº 8978/80. Disponível em: https://hudoc.echr.coe.int/eng?i=001-165105; STEDH, 05/09/2017, "Bărbulescu vs. Romênia", nº 61496/08. Disponível em: https://hudoc.echr.coe.int/eng?i=001-177082.

podem implantá-lo em sua própria sede no "quadro de suas próprias competências".

d) As Administrações Públicas fazem parte das autoridades obrigadas a internalizar as obrigações internacionais de forma espontânea, subsidiária e complementar. Esses adjetivos não devem ser ditos de passagem; pelo contrário, são o marco que explica o âmbito dessa nova atividade, a sua finalidade e, na verdade, os seus limites: a prevenção.

e) O SIDH enfatizou a atividade de prevenção, que deve incluir todas as medidas de diferentes tipos que promovam a salvaguarda dos direitos humanos e que garantam que quaisquer violações desses direitos sejam efetivamente consideradas e passíveis de resultar em sanções e compensação por suas consequências prejudiciais. Essa é a novidade que queremos contribuir, sustentando seus fundamentos e características: dentro das medidas de caráter diferenciado estão aquelas que devem ser adotadas pelas Administrações Públicas.

f) A prevenção é uma externalização do dever genérico de garantia, que, à frente das Administrações Públicas, assume uma dimensão não notada, ao nosso ver, até agora e cujas consequências acreditamos que o Direito Administrativo terá muito a tematizar nos próximos tempos.

g) O dever de respeitar e adaptar as diversas obrigações em matéria de direitos humanos nos sistemas domésticos constitui um claro limite à atividade estatal, de qualquer natureza, independentemente do órgão ou funcionário que expresse tal poder.[276] A validade das garantias em qualquer processo está

---

276 A Corte IDH afirmou: "o respeito aos direitos humanos constitui um limite à atividade estatal, o que vale para todo órgão ou funcionário que se encontre em uma situação de poder, em razão de seu caráter oficial, em relação às demais pessoas. Assim, é ilícita qualquer forma de exercício do Poder Público que viole os direitos reconhecidos pela Convenção"

diretamente ligada a um grande eixo das convenções de direitos humanos: a interdição da arbitrariedade.

h) O devido processo legal projeta suas consequências em todo o sistema jurídico interno, tanto no plano individual quanto fora dele. Estamos diante de uma garantia da hierarquia do Direito Internacional que os Estados-membros do PSJCR não podem e não devem limitar com escopo processual inadequado. O devido processo legal é um censor contra a arbitrariedade do poder e uma ferramenta do sistema democrático. Assim, hierarquicamente é tido como princípio geral de Direito. A tutela administrativa efetiva é uma expressão disso.

i) O PSJCR garante os direitos da pessoa tanto nas esferas não judiciais quanto nas judiciais em todas as matérias, e o padrão que atrai a aplicação das garantias próprias do art. 8º é a existência de uma atuação tendente a determinar direitos e obrigações. Essa atividade, e não o órgão que a aborda, é o ponto do qual se analisa a aplicação da tutela judicial efetiva, que evolutivamente tem dado lugar à tutela administrativa efetiva. Ela abrange as áreas das Administrações Públicas na medida em que envolvam a determinação de direitos.

j) A violação do art. 8º da CADH está vinculada ao dever geral dos arts. 1º, § 1 e 2º, no que diz respeito à obrigação de promover e preservar direitos, removendo qualquer obstáculo, não apenas sob o dever de adaptar a ordem interna. O conteúdo das ações de remoção devem ser adotadas pelas Administrações públicas de forma ativa.

k) Os Estados assumiram o dever de consagrar normativamente e assegurar a aplicação adequada de recursos e garantias eficazes

---

(Corte IDH, 28/08/2013, "Caso do Tribunal Constitucional (Camba Campos *et alii*) vs. Equador" (Excepciones preliminares, fondo, reparaciones y costas), série C, nº 268, parágrafo 166. Disponível em: www.corteidh.or.cr/docs/casos/articulos/seriec_268_esp.pdf).

do devido processo legal perante as autoridades competentes que protegem todas as pessoas sob sua jurisdição, contra atos que violem seus direitos fundamentais ou que impliquem a determinação de seus direitos e obrigações. A tutela administrativa efetiva é expressão do direito de recurso, em sentido evolutivo; portanto, não pode ser suspenso em momentos de emergência.

l) Há uma nova posição das Administrações Públicas no contexto atual: o controle interno da convencionalidade. Implementada de forma espontânea e complementar, surge a atividade preventiva, ajustando-se, assim, ao dever genérico de garantia como mandamento convencional.

m) A tarefa das Administrações Públicas é constitucional e convencional. Aplicam-se, de ofício, os parâmetros dos direitos humanos, com base no princípio do oficialidade que se projeta a partir da função tuteladora, preventiva, própria do PSJCR. Essa função preventiva é expressão do dever genérico de garantia, concretizado na implantação em sede própria do controle interno de convencionalidade. Tudo isso estrutura o papel preventivo das Administrações Públicas.

n) Os deveres humanos indicam a obrigação convencional em concorrência com as competências das Administrações Públicas na cogestão cidadã do bem-estar geral.

o) A heterogeneidade marca a necessidade de múltiplos dispositivos de acordo com as circunstâncias que cercam as pessoas e as próprias proteções constitucionais e convencionais.

p) A juridicidade que vincula as Administrações Públicas em suas atuações foi seriamente ampliada pelo chamado *corpus iuris* interamericano.

CAPÍTULO III

AFIRMAÇÕES

3.1 Afirmações demonstradas

Ao longo deste trabalho passamos por possíveis respostas a determinadas perguntas, nos encarregamos de responder críticas concretas e substantivas ao controle interno da convencionalidade, construímos um conceito próprio disso e buscamos projeções no campo das Administrações Públicas e dos cidadãos.

Agora é hora de sistematizar aquelas afirmações que sustentam boa parte da proposta feita, não porque algumas sejam mais importantes que outras, mas porque estas, por sua vez, são conclusivas do próprio trabalho. As demais foram expressadas em cada recapitulação do primeiro e segundo capítulos.

3.1.1 Do despacho dos juízes

O controle interno da convencionalidade atravessa as esferas do Estado de acordo com as regras nacionais de competência. Por meio dele, é possível escrutinar a compatibilidade entre normas e comportamentos internos com os padrões normativos e interpretativos do SIDH na adaptação espontânea e de boa-fé ao PSJCR.

É um dever dos juízes, que devem realizá-lo de ofício, dentro de sua própria competência interna.

A nosso ver, deve ser simétrico e sinérgico no que diz respeito à constitucionalidade.

Simétrico, na medida em que devem ser encontradas correspondências substantivas e processuais entre um e outro.

Sinérgico, uma vez que a implantação de cada um deles produz efeitos superiores aos que são gerados a partir de cada individualidade.

A simetria e a sinergia falam de influências recíprocas em um eixo comum que se fortalece: a linguagem dos direitos e garantias fundamentais na dinâmica da aplicação pelas Administrações Públicas e pelo controle interno e externo, da função orgânica e materialmente administrativa.

> O sistema da Convenção Europeia não se baseia na reciprocidade e na bilateralidade, como fazem as regras tradicionais do Direito Internacional, mas nas relações multilaterais entre um grupo de Estados signatários: uma rede de compromissos mútuos: o mesmo ocorre no Sistema Interamericano. Em ambos os sistemas, pretende-se que prevaleça a regra que concede proteção mais intensa – ou mais ampla – ao direito, deslocando os demais (art. 53 da CEDH, art. 29 da CADH, mais claramente art. 52 da Carta dos Direitos Fundamentais da União, doravante CDFUE). Uma ideia que na América Latina se expressa com o princípio *pro homine ou pro persona*. Nesse contexto, há uma evidente circulação de normas e uma dialética das interações: as normas que reconhecem direitos interagem e acabam interpretando cada uma delas à luz das outras.[277]

---

277 GARCÍA ROCA, Javier. "Del diálogo entre los tribunales constitucionales y las cortes supranacionales de derechos: algunas cuestiones para disputar". *In*: USERA, Raúl Canosa; MUÑOZ, Jaime Rodríguez-Arana

A adoção de um sistema judicial com controle de constitucionalidade difuso estabelece que cada juiz é um juiz da Constituição ao mesmo tempo que é, no âmbito de nosso estudo, do próprio PSJCR. Aplica e interpreta de acordo com o sistema constitucional, que é uma expressão do sistema de convencionalidade, com os alcances explicados neste trabalho. Essa simetria e sinergia do controle judicial no processo judicial típico implica controle de constitucionalidade e convencionalidade de forma difusa.

O juiz com competência em matéria administrativa é um juiz constitucional-convencional de competência específica. Não há dúvidas sobre esse ponto, sejam elas funcionais ou interpretativas.

A invocação dessa jurisdição constitucional-convencional do processo administrativo é, em diversos sistemas, de ofício.

Agora, o controle da convencionalidade é uma garantia das pessoas. Portanto, são elas que invocam perante os tribunais a efetiva aplicação do controle interno de convencionalidade ao caso concreto, sem prejuízo de sua aplicação de ofício pelos tribunais. A garantia cidadã é aquela que "provoca" o controle judicial convencional das Administrações Públicas no processo típico do controle da atividade administrativa. É uma das afirmações que fizemos depois de explicarmos a origem do controle interno da convencionalidade como uma obrigação estatal.

Tudo isso produz múltiplos efeitos, tanto em aspectos substanciais quanto procedimentais, no controle judicial.

1) Na *dimensão substancial*, produz os seguintes efeitos:

   a) Interpretar de acordo com esta dimensão constitucional e convencional.

   b) Não aplicar a norma envolvida por inconstitucionalidade.

(Coord.). *Jurisdicción de la libertad en Europa e Iberoamérica*. Madrid: Reus, 2014, p. 124.

c) Não aplicar norma por inconvencionalidade.

d) Declarar a inconstitucionalidade com efeitos para o caso concreto.

e) Declarar a inconvencionalidade com efeitos para o caso concreto.

Isto sem deixar de lembrar que a declaração de inconstitucionalidade deve ser a *ultima ratio* e que, portanto, esta é aplicável também à declaração de inconvencionalidade; regra de aparente controvérsia na doutrina a partir da qual se postula o controle de constitucionalidade e convencionalidade e a eventual declaração de inconstitucionalidade ou inconvencionalidade como *prima ratio*.[278]

No entanto, a partir do princípio da interpretação conforme e sua relação com os diferentes métodos de interpretação constitucional aplicáveis à interpretação convencional, a declaração de inconstitucionalidade ou inconvencionalidade aparece como a *ultima ratio* do processo, mas *prima ratio* da efetividade do *corpus iuris* interamericano de direitos humanos.

Até agora a simetria parece ser a regra, o que é mais simples nesse tipo de modelo de controle judicial.

O problema pode apresentar maior complexidade em sistemas com controle concentrado. Nestes, os juízes em geral não têm competência para declarar a inconstitucionalidade das normas, apenas aqueles que possuem esta competência constitucional. Aqui, no entanto, parece que eles podem fazê-lo a partir da inconvencionalidade, em resposta à determinação da Corte IDH de que todos os juízes devem exercer o controle da convencionalidade.

Essa contradição pode ser evidente, uma vez que:

---

278 Ver GIL DOMÍNGUEZ, Andrés. "Control de constitucionalidad y convencionalidad de oficio". *LLonline*, AR/DOC/5968/2012.

a) Todos os juízes podem interpretar a convencionalidade e constitucionalidade de uma norma.

b) Podem não aplicar a norma por tais motivos.

c) Apenas e exclusivamente os juízes que possuem exclusivamente essa competência constitucional interno poderão declarar inconstitucionalidade e inconvencionalidade.

Ou seja, apenas um aspecto do controle da convencionalidade não poderia ser realizado pela generalidade dos juízes, mas sim a outra gama de ações que permite ao juiz o controle de tal dimensão. Isso é reforçado pela primeira expressão do controle interno de convencionalidade feita pela Corte IDH, quando a descreve como "uma espécie", e depois sustenta que tal controle deve ser realizado de acordo com as regras de competências internas de cada Estado-membro do SIDH.

Estamos diante da substancial unidade sistêmica constitucional-convencional da ordem internacional-interna no subsistema dos direitos humanos. O controle interno da convencionalidade é uma expressão disso, obrigando-nos a pensar sentenças dialógicas entre "o fora" e o "dentro" das jurisdições de cada ordem jurídica.

A esse respeito, se tem dito no múltiplo espaço europeu para a proteção dos direitos fundamentais:

> Essa convivência de várias jurisdições leva a subscrever a recomendação de redação de sentenças com mentalidade dialógica, verdadeira diretriz operacional. O imenso oceano de direitos na Europa não pode ser navegado em um único navio pilotado por um único tribunal, nenhum possui verdades absolutas, embora cada um possa impô-las em seu ordenamento.[279]

279 GARCÍA ROCA, Javier. "Del diálogo entre los tribunales constitucionales y las cortes supranacionales de derechos: algunas cuestiones para disputar". *In*: USERA, Raúl Canosa; MUÑOZ, Jaime Rodríguez-Arana

Nesse contexto, apontamos que estamos diante do desafio de concretizar o mandamento convencional de "olhar" – articulação convergente – a partir dos direitos das competências públicas e não orgânico institucional ou territorial em que estão contidas.

Isso nos leva a pensar pelo menos em duas direções.

A primeira, dos direitos, vistos a partir da proteção destes em seus conteúdos mínimos por meio de garantias. Estas, no que nos interessa, são acionadas a partir da proteção desse direito, seja no campo judicial, a tutela jurisdicional, seja no outro, o administrativo, tutela administrativa. Os mesmos objetivos são buscados em diferentes áreas.

A afetação de direitos e deveres deve ser assegurada por critérios de independência e imparcialidade, com a devida e fundamentada justificação, sendo previamente ouvido e tendo produzido provas, para obter uma decisão justa em prazo razoável. A razoabilidade desse prazo é decidida observando-se o tempo despendido em diferentes poderes, processo administrativo e processo judicial, como unidade global contínua.

A segunda direção, do ponto de vista convergente, é partir desses direitos e não de disputas orgânicas, sejam elas *intra* Estados ou *extra* Estados. Nesse sentido, a distribuição de competências do Estado é explicada tanto orgânica quanto territorialmente como expressão da garantia, promoção e proteção dos direitos fundamentais. Assim, as competências podem e devem ser interpretadas com os equilíbrios próprios da divisão de competências na máxima extensão possível de suas competências, a fim de, espontaneamente e de boa-fé, adaptar ou remover obstáculos, sejam eles regulatórios ou de qualquer outra ordem, e promover essa sinergia e simetria dos níveis constitucionais e convencionais.

(Coord.). *Jurisdicción de la libertad en Europa e Iberoamérica*. Madrid: Reus, 2014, p. 149.

2) Na *dimensão processual*. Está intimamente ligada à tutela jurisdicional efetiva, em todas as suas fases, inclusive na execução de sentenças, gerando um processo administrativo voltado aos requerentes e não para os processos de pretensão.[280]

> Nesse sentido, a Corte reitera que a execução das sentenças deve ser regida por normas específicas que permitam a efetivação dos princípios, *inter alia*, da tutela judicial, do devido processo legal, da segurança jurídica, da independência judicial e do Estado de Direito. A Corte concorda com o Tribunal Europeu de Direitos Humanos ao considerar que, para alcançar plenamente a eficácia da sentença, a execução deve ser completa, perfeita, integral e sem demora.[281]

A heterogeneidade deve alimentar a organização dos poderes judiciais e procedimentos flexíveis que se expressam em processos judiciais que tutelam pessoas e as circunstância que as rodeiam, de acordo com o tratamento dado pelos textos constitucionais e convencionais. Insistimos na transcendência que possui, em nosso critério, a afirmação efetuada pela Corte IDH no caso "Furlan e familiares vs. Argentina".

> No presente caso, a Corte enfatiza que os menores e as pessoas com deficiência devem gozar de verdadeiro acesso à justiça e ser beneficiários do devido processo legal em igualdade de condições com aqueles que não enfrentam essas desvantagens. Para atingir seus objetivos, o processo deve reconhecer

---

280 Coincidem com essa apreciação GARCÍA PULLÉS, Fernando (Coord.). *El contencioso administrativo en la Argentina*: análisis del sistema federal, de las veintitrés provincias y de la Ciudad Autónoma de Buenos Aires. Buenos Aires: AbeledoPerrot, 2012, pp. 123 e ss.

281 Corte IDH, 31/08/2012, "Furlan e parentes vs. Argentina" (Excepciones preliminares, fondo, reparaciones y costas), série C, nº 246, parágrafo 210. Disponível em: www.corteidh.or.cr/docs/casos/articulos/seriec_246_esp.pdf.

> e resolver a real desigualdade daqueles que são levados à Justiça. A presença de condições de real desigualdade obriga à adoção de medidas compensatórias que contribuam para reduzir ou eliminar os obstáculos e deficiências que impeçam ou diminuam a efetiva defesa dos próprios interesses.[282]

Isso em clara conexão com o direito à igualdade e à não discriminação com os alcances que a Corte IDH lhe atribuiu:

> A esse respeito, a Corte considera que o direito à igualdade e à não discriminação engloba duas concepções: uma concepção negativa relacionada à proibição de diferenças arbitrárias de tratamento e uma concepção positiva relacionada à obrigação dos Estados de criar condições de igualdade real em relação a grupos historicamente excluídos ou que correm maior risco de serem discriminados.[283] No entanto, o que mais desejamos destacar é a necessidade de incorporar "vínculos" processuais que facilitem a função dialógica dos órgãos decisórios internos com os órgãos internacionais no mundo dos direitos fundamentais.

No SIDH, foco de nossa atenção, foram identificadas várias ferramentas que permitem, por um lado, executar sentenças condenatórias contra um Estado-membro específico e, por outro lado, concretizar os efeitos expansivos das sentenças e opiniões consultivas.

Em primeiro lugar, é importante destacar a disposição do PS-JCR em delegar aos mecanismos próprios de execução de sentenças

---

282 Corte IDH, 31/08/2012, "Furlan e parentes vs. Argentina" (Excepciones preliminares, fondo, reparaciones y costas), série C, nº 246, parágrafo 268. Disponível em: www.corteidh.or.cr/docs/casos/articulos/seriec_246_esp.pdf.

283 Corte IDH, 31/08/2012, "Furlan e parentes vs. Argentina" (Excepciones preliminares, fondo, reparaciones y costas), série C, nº 246, parágrafo 267. Disponível em: www.corteidh.or.cr/docs/casos/articulos/seriec_246_esp.pdf.

em cada sistema jurídico doméstico, da nossa parte, estendemos essa abordagem a todas as condenações com base no princípio evolutivo dos direitos humanos. Além disso, criar legislação na ordem interna para incorporar via, por exemplo, o recurso de revisão, a instrumentalização no âmbito judicial das sentenças da Corte IDH. Tudo isso, exceto quando houver mecanismos existentes que ofereçam maior proteção, seguindo o princípio *pro homine*, também inerente ao SIDH.

O segundo está relacionado com a realização dos efeitos expansivos das sentenças da Corte IDH e das opiniões consultivas. A ferramenta mais apropriada para tal fim é, sem dúvida, o controle interno de convencionalidade como garantia das pessoas. O que é certo é que, como afirmado nesta obra, o *corpus iuris* do SIDH importa e comporta uma nova dimensão da juridicidade.

Em síntese, de tudo o que foi exposto até aqui ao longo desta obra, diremos:

1) O controle judicial interno das Administrações Públicas assume novas dimensões próprias da convencionalidade.

2) O controle interno de convencionalidade é uma obrigação dos juízes e é uma garantia cidadã.

3) É simétrica e sinérgica no que diz respeito ao controle de constitucionalidade, de modo a fortalecer o *status* constitucional e convencional dos direitos e das respectivas garantias fundamentais. De fato, um não pode ser aceito e o outro rejeitado; exigir de um requisitos e efeitos para o seu exercício diferentes do outro. Eles se fortalecem e enfraquecem reciprocamente. Ambos são conectores, a nosso ver, que nos permitem sustentar a visão sistêmica em uma multiplicidade de subsistemas.

4) É preventiva, pois permite aos Estados Partes adaptarem espontaneamente e de boa-fé suas dimensões normativas e outras expressões da experiência nacional aos compromissos

assumidos internacionalmente pelo próprio Estado. O controle de convencionalidade interna coloca o juiz em um papel de protagonista na concessão de efeitos úteis ao SIDH. O juiz interno é um juiz de constitucionalidade e um juiz da convencionalidade do SIDH.

5) Os critérios jurisprudenciais internos são expressão dessa convencionalidade. Da mesma forma, as normas interpretativas da Corte IDH devem refletir o produto do amadurecimento em um dado momento das sociedades e de suas diversas culturas. A convergência requer métodos de aproximações recíprocas amplas, abertas e dinâmicas na confluência em um espaço comum dos Estados-membros e da Corte IDH: direitos fundamentais em torno do princípio *pro homine*.

6) O valor pedagógico do controle interno de convencionalidade não deve passar despercebido: a não repetição de condutas violadoras dos direitos humanos é, por si só, uma forma de prevenir novas violações dos compromissos internacionais assumidos soberanamente pelos Estados. É uma mensagem interna ao próprio Poder Judiciário, e externa aos demais poderes do Estado – principalmente as Administrações Públicas – e à própria cidadania na proteção e promoção de seus direitos, mas também como uma interpelação dos deveres humanos que cada um possui em relação à comunidade e à humanidade como um todo.

A contribuição, no primeiro capítulo, foi focar o controle de convencionalidade a partir dos direitos, a necessária e possível convergência de critérios; fundamos a crítica negativa a partir das visões orgânicas das discussões de supostas "hierarquias" entre cortes nacionais e internacionais.

Aproveitamos as críticas negativas ao controle de convencionalidade interno para afirmar que essa é a expressão de uma tradição na América Latina: a proteção de novas garantias e novos direitos no constitucionalismo regional via criação jurisprudencial.

O princípio evolutivo dos direitos humanos alavanca o surgimento de novos direitos e garantias no SIDH, princípio ao qual os Estados-membros se submeteram no momento de sua adesão ao PSJCR e de aceitação da jurisdição contenciosa da Corte IDH.

Dessa forma, constrói-se um processo judicial com competência em diversas questões administrativas. Nele, a dignidade das pessoas, aliada ao padrão de fugir à responsabilidade internacional do Estado, permite que elas entrem de forma diferente no controle da atividade administrativa.

Na realidade, acreditamos que estamos lidando com juízes que aplicam a partir das estruturas judiciárias domésticas todo um complexo sistema normativo, dentro do qual uma parcela trata de um Direito que é construído em parte – não exclusivamente – *fora dos marcos institucionais internos* dos Estados-membros do PSJCR.

3.1.2 Da ordem das Administrações Públicas

Iniciamos o capítulo II deste trabalho com a ideia de detectar possíveis projeções no campo das Administrações Públicas dessa dimensão convencional.

O motivo está ligado à necessidade de trabalhar a área delas e suas relações com pessoas no plano convencional. O fato é que o estudo dessa convencionalidade é frequentemente observado em outros níveis que não as áreas específicas das funções administrativas. Como se fossem, muitas vezes, realidades separadas.

Por isso, o início no capítulo II é precedida da análise do instrumento de controle interno da convencionalidade e da demonstração de que ele atravessa o Estado.

As Administrações Públicas, como membros do Estado obrigado, são um dos protagonistas na produção de efeitos úteis ao PSJCR e a todo o SIDH.

Possuem um potencial diferenciador dos demais poderes integrantes do Estado, baseado no imediatismo, continuidade, flexibilidade e dinamismo com que a função material e organicamente administrativa pode ser caracterizada nos tempos atuais.

Mostramos que o dever de garantia se manifesta na prevenção. Este dever no domínio das Administrações Públicas se concretiza através da adoção de medidas para adaptar e remover qualquer tipo de obstáculo às funções assumidas.

Nas palavras da Corte IDH, elas devem cristalizar em seus procedimentos internos e nas diversas atividades o fato de estarem vinculadas por obrigações convencionais como obrigação de cumprir de boa-fé o Direito Internacional.[284]

Isso se conecta com o dever de maior diligência, de acordo com as afetações de direitos e as vulnerabilidades das pessoas. A esse respeito, a Corte IDH afirmou que

> as autoridades administrativas deviam levar em consideração que Sebastián Furlan era uma pessoa com deficiência e baixos recursos econômicos, o que o colocava em uma situação de vulnerabilidade que implicava maior diligência das autoridades estatais.[285]

Nesse contexto, perguntávamo-nos se seria possível pensar na aplicação, no próprio campo das Administrações Públicas, do controle interno de convencionalidade e, em caso afirmativo, qual seria o seu alcance. Demos uma resposta afirmativa, com a cautela

---

284 Corte IDH, res. de 18/10/2017, "Fontevecchia e D'Amico vs. Argentina", supervisão de cumprimento de acórdão, consid. 13. Disponível em: www.corteidh.or.cr/docs/supervisiones/fontevecchia_18_10_17.pdf.

285 Corte IDH, 31/08/2012, "Furlan e parentes vs. Argentina" (Excepciones preliminares, fondo, reparaciones y costas), série C, nº 246, parágrafo 215. Disponível em: www.corteidh.or.cr/docs/casos/articulos/seriec_246_esp.pdf.

própria às regras de competências internas dos Estados e seguindo a mencionada simetria constitucional, mas agora no âmbito das Administrações Públicas.

Nesse quadro geral, afirmamos que as competências das Administrações Públicas em termos de sua direção têm sido impactadas pelos compromissos internacionais assumidos pelo Estado.[286]

Pouco se tem explorado sobre esses aspectos, a nosso ver, por isso acreditamos que esta seja uma contribuição no estudo de nossa disciplina de Direito Administrativo.

As projeções no próprio campo das Administrações Públicas são múltiplas. De nossa parte, optamos por nos deter em destacar os seguintes aspectos:

1) A centralidade da dignidade das pessoas, o seu alcance, as exclusões especiais das pessoas jurídicas no SIDH,[287] que estão inclusas na jurisprudência do TEDH, e o direito a um ambiente saudável como direito autônomo e fundamental para a existência da humanidade no SIDH, e protegido de outros direitos pelo TEDH.

2) As consequências de essas autoridades estarem vinculadas pelo PSJCR.

3) Os novos desafios interpretativos na própria sede destas.

4) O salto cultural da dimensão homogênea para a heterogênea daquelas na medida em que é reflexo da diversidade existente

286 Cabe recordar a afirmação de Cassese que explica em parte o fenômeno: "um espaço jurídico aberto substitui a natureza fechada dos territórios nacionais" (CASSESE, Sabino. *Derecho administrativo*: historia y futuro. Sevilla: Instituto Nacional de Administración Pública – Derecho Global, 2014, p. 458).

287 Com exceção dos sindicatos e das comunidades indígenas e triviais (OC-22/16).

na composição das sociedades atuais cujo bem-estar geral deve ser satisfeito;

5) A interpretação convencional na realização dos direitos humanos a partir dos deveres, e como estes encontraram a cogestão com as do bem-estar geral.

6) A tutela administrativa efetiva.

Não são interpelações axiológicas; pelo contrário, são exigíveis a partir do plano convencional.

A tutela administrativa efetiva é o resultado da evolução da tutela judicial efetiva aplicável a todos os domínios e matérias em que se determinam direitos e obrigações. O poder sancionatório das Administrações Públicas, entre outras competências destas, já não se aplica às garantias que se integram no art. 8º do PSJCR para interpretação extensiva; pelo contrário, trata-se da aplicação simples e direta de todas e cada uma das garantias do devido processo legal; agora com a roupagem do procedimento administrativo. Isso implica uma clara ferramenta de interdição de possíveis arbitrariedades administrativas.

A Corte IDH, em primeiro lugar – no precedente "Baena" –, a estabelece para o poder sancionador. Depois, adquire dimensões em todas as áreas das Administrações Públicas onde são determinados direitos e obrigações para os cidadãos.[288]

É importante destacar a tutela administrativa como dever das Administrações Públicas de assegurar aos cidadãos na interação que concorre a possibilidade real, concreta e sem exceções do efetivo gozo dos direitos fundamentais da pessoa, dentro de um prazo razoável em que seja garantido o direito de ser ouvido em sentido amplo, no

288 Sobre o tema da potestade disciplinar, remetemos a IVANEGA, Miriam Mabel. *Cuestiones de potestad disciplinaria y derecho de defensa*. Buenos Aires: RAP, 2010.

âmbito da heterogeneidade exigida pelo *corpus iuris* interamericano de direitos humanos, em que os processos são corrigidos para incluir a pluralidade, igualando-se a partir das diferenças, e então emitindo uma decisão suficiente e razoavelmente fundamentada.

Note-se que temos afirmado que a tutela administrativa efetiva é expressão do direito de recurso entendido evolutivamente; portanto, não pode ser suspensa em etapas de emergência, urgência, estados de exceção e expressões similares que falem de circunstâncias excepcionais.[289]

Para além do âmbito da efetiva proteção administrativa, afirmamos que isso implica uma mudança cultural na gestão dos espaços públicos.

O direito a novos direitos – e garantias – apresenta um desafio interessante para as Administrações Públicas de duas ordens: 1) a primeira está ligada à obrigação de satisfazer, no âmbito de suas próprias competências, o conteúdo desses novos direitos não previstos "formalmente" nem no orçamento de sua gestão nem no horizonte da juridicidade expressa; e 2) sua própria competência para trazer novas proteções de direitos dentro de sua própria esfera de competência, na medida em que não acreditamos que seja vetada a eles.

A verdade é que a abertura internacional decidida a partir das próprias fontes soberanas nacionais dá uma nova dimensão às Administrações Públicas, elevando significativamente o seu potencial em termos de direitos humanos. Tornam-se tudo, menos abstencionistas, pois devem se comportar ativamente para incorporar espontaneamente os deveres regionais e universais de direitos humanos.

Como dissemos, as Administrações Públicas têm uma importante ancoragem territorial e sociológica, que fala precisamente de uma atividade dinâmica, flexível, aberta, direta e permanente. Elas

---

289 Ver VALIM, Rafael. *Estado de exceção*: a forma jurídica do neoliberalismo. São Paulo: Contracorrente, 2017.

têm, ao contrário de outros poderes estatais, a alta capacidade de perceber e internalizar imediatamente essas mudanças na sociedade, suas necessidades e seus sentimentos. Dessa forma, são protagonistas na conquista de condições de melhor convivência cidadã.

As Administrações Públicas talvez sejam um dos poderes em que o governo se organiza com maior permeabilidade e ductilidade para enfrentar justamente o desafio imposto pela nova ordem, na qual as dimensões internas se integram com as internacionais, sejam elas regionais ou universais.

A ideia de pensar as Administrações Públicas principalmente a partir de suas funções e organicidade deve ser abandonada, para incorporar no concreto a dinâmica da linguagem dos direitos e deveres humanos, para promover a partir daí uma governança flexível, dinâmica, horizontal e dialógica. Tematizar consciente ou inconscientemente valores constitucionais e convencionais, estaticamente "aprisionados" em estruturas orgânicas de poder, burocratiza negativamente a realização, a nosso ver, do bem-estar geral.

O desafio parece ser imaginar o trânsito de um sistema de Administrações Públicas renovadas, destinadas a gerir os interesses dos cidadãos e o seu bem-estar geral, a partir de uma governaça executada a partir da ideia colaborativa, sob o princípio da solidariedade.

Em nossas democracias, a diversidade social e cultural existem. Enriquecemo-nos porque nos alimentamos das diferenças; elas nos tornam mais iguais, mais livres. A solidariedade é o transporte a ser utilizado se quisermos mais igualdade e liberdade.[290]

Por sua vez, Calamandrei, ao falar em liberdade e legalidade, tematiza a solidariedade com esses alcances:

---

290 Ver, em um determinado sentido, COVIELLO, Pedro José Jorge. "El principio de solidaridad en el derecho administrativo: una visión personalista". *Revista Iberoamericana de Gobierno Local*, nº 18, dez. 2020.

> A única maneira de o indivíduo se sentir solidário com a comunidade é desfrutar da possibilidade de expressar sua opinião livremente dentro dela e sentir que pode de alguma forma contribuir para formar a vontade da comunidade de acordo com seus meios.[291]

Assim afirmou Rodríguez-Arana Muñoz:

> A solidariedade, como sabemos aqueles de nós que trabalham a partir dos postulados do pensamento aberto, plural, dinâmico e complementar no âmbito das ciências sociais, é a chave para entender o alcance da liberdade das pessoas. Com efeito, longe das abordagens radicalmente individualistas e, consequentemente, das utilitárias, entendo – precisamente porque afirmo a dimensão pessoal do indivíduo humano – que uma concepção de liberdade que abstrai da solidariedade é antissocial e, consequentemente, cria condições de injustiça. Nesse sentido, a liberdade, sendo um bem primário, não é um bem absoluto, mas um bem condicionado pelo necessário e inescapável compromisso social para que o ser humano possa realizar-se plenamente como tal. Se se pode dizer que o homem e a mulher são seres constitutivamente livres, na mesma medida, são constitutivamente solidários.[292]

A solidariedade é um princípio da ordem constitucional, convencional e ética universal que atravessa as relações cidadão-Administrações Públicas? Trata-se de um tema intenso, denso e polêmico

---

291 CALAMANDREI, Piero. *Sin legalidad no hay libertad*. Trad. P. Andrés Ibáñez. Madrid: Trotta, 2016, p. 51.

292 MUÑOZ, Jaime Rodríguez-Arana. "El Estado solidario, DPI Cuántico". *Constitucional y Derechos Humanos*, nº 149, 15 mai. 2017. Disponível em: https://dpicuantico.com/area_diario/columna-de-opinion-diario-constitucional-y-derechos-humanos-nro-149-15-05-2017/. Acessado em: 27.11.2023.

que certamente merecerá reflexões futuras,[293] mas que, de nossa parte, antecipamos que tem ancoragem convencional: os deveres para com a comunidade e a humanidade toda estão expressos no PSJCR.

3.1.3 Da ordem da cidadania e suas Administrações Públicas

Também no capítulo II, analisamos os indivíduos como titulares de pelo menos duas novas garantias emergentes do SIDH e que foram adicionadas aos Estados Partes. Assim, tanto a garantia de uma efetiva fiscalização administrativa quanto o controle interno da convencionalidade são verificados em sua titularidade.

Ambas permitem a tutela diferenciada dentro das próprias Administrações Públicas, em que os procedimentos internos e os diversos dispositivos devem ser suficientemente permeáveis à pessoa e às circunstâncias que a cercam. A verdade é que estas, geralmente determinadas por decisão constitucional e convencional, fornecem proteção especial para certos grupos ou pessoas e suas circunstâncias. Isso gera uma tutela diferenciada, heterogênea. Essa tutela é resguardada pelo SIDH e deve ser o caso nos sistemas nacionais no que diz respeito às Administrações Públicas a partir do conceito de vulnerabilidade e seus multiplicadores intersetoriais.

Nas palavras da própria Corte IDH, já citadas, mas que aqui reforçamos nas conclusões:

---

293 É interessante aquilo que levou Bandeira de Mello a afirmar, em relação à Constituição, que declara que o Estado brasileiro possui compromissos formalmente explicitados com os valores nela enunciados, obrigando a que as ordens econômicas e sociais sejam articuladas de forma a realizar os objetivos mencionados. Isso ocorre como consequência do art. 219 da Constituição do Brasil em relação ao mercado, que expressa: "o mercado interno integra o patrimônio e será incentivado de forma a tornar viável o desenvolvimento cultural e socioeconômico, o bem-estar da população e a autonomia tecnológica do país, nos termos da lei federal" (BANDEIRA DE MELLO, Celso Antônio. *Curso de Direito Administrativo*. São Paulo: Malheiros, 2008, p. 783).

> Das obrigações gerais de respeitar e garantir os direitos derivam deveres especiais, determináveis de acordo com as necessidades particulares de proteção do sujeito de direito, seja por sua condição pessoal, seja pela situação específica em que se encontra.[294]

As pessoas, por outro lado, de seus deveres para com a comunidade e a humanidade, concorrem na gestão do bem-estar geral em conjunto com as Administrações Públicas. Estamos diante da constatação disso como uma extensão dos direitos da comunidade e da humanidade todos em intersecção com a finalidade da ação administrativa que gere esse mesmo interesse.

Esse nos parece um dos pontos marcantes no impacto interno do subsistema de direitos humanos centralizado no PSJCR e que, nos próximos tempos, muito terá que ser tematizado. Contém, a nosso ver, o princípio da solidariedade inerente à formulação social dos Estados constitucionais e convencionais de Direito.

A harmonização dos direitos individuais a partir do dever que uma mesma pessoa tem para com sua comunidade e humanidade permite realizar o teste da razoabilidade, por exemplo, da proporcionalidade das medidas adotadas pelas Administrações Públicas em busca do bem-estar geral. Esse bem-estar geral não é uma abstração, mas, como indicamos, um objetivo dedutível da constitucionalidade e da convencionalidade sob a centralidade da dignidade da pessoa.

A relação entre cidadãos e Administrações Públicas no âmbito dos direitos humanos e deveres do sistema convencional constitucionalizado é alimentada por organizações regionais de direitos humanos.

---

294 Corte IDH, 25/11/2013, "Familia Pacheco Tineo vs. Estado Plurinacional da Bolívia" (Excepciones preliminares, fondo, reparaciones y costas), série C, nº 272, parágrafo 128. Disponível em: www.corteidh.or.cr/docs/casos/articulos/seriec_272_esp.pdf.

3.1.4 Da juridicidade das Administrações Públicas convencionais

A ampliação do conteúdo da juridicidade é um dos efeitos concretos da dimensão convencional na constitucionalidade atual. Isso também motivou nossa análise no capítulo II, uma vez analisada a dimensão da interligação do sistema constitucional interno com o da convencionalidade do PSJCR.

O controle interno de convencionalidade impacta na atividade das Administrações Públicas, permitindo estudar os níveis de compatibilidade das normas e comportamentos internos com os padrões normativos interpretados na própria sede do PSJCR.

Estamos diante de um novo salto qualitativo, precedido pelo realizado entre legalidade e juridicidade constitucional, agora chamado de juridicidade convencional e constitucional.

O ponto central aqui é a ampliação notável que gera nas Administrações Públicas o chamado *corpus iuris* interamericano, por um lado, e o *corpus iuris* internacional dos direitos humanos, por outro.

Sobre o primeiro, o controle interno de convencionalidade, ao compor-se no nível da "normatividade" – Convenção e protocolos – quanto da interpretação – opiniões consultivas e padrões estabelecidos em diversas sentenças contenciosas e de supervisão –, tem um "fator organizador" com consensos suficientes na ordem dos Estados que integram o SIDH.

Em relação ao segundo, gera resistência, como mencionado no processo dialógico com os Estados no âmbito do controle de convencionalidade.

Independentemente de adotarmos o critério mais restrito ou mais amplo, o que certamente ocorreu é que, por meio do controle de convencionalidade, os contornos que contêm o princípio da juridicidade foram ampliados.

Essa extensão implica, na "cabeça" das Administrações Públicas, um alargamento das suas obrigações de adaptação e remoção que atinge toda a sua atividade, na medida em que os direitos fundamentais estão comprometidos na matéria administrativa específica ou na regulamentação que se pretende estabelecer.

A forma de articular essa nova dimensão da juridicidade é, a nosso ver, a partir do papel preventivo das Administrações Públicas. Estas expressam convencionalidade e constitucionalidade. As normas constitucionais são invocáveis, aplicáveis e exequíveis perante elas, da mesma forma que tudo o que representa, pelo menos, o *corpus iuris* do SIDH, sobre o qual se gerou consenso suficiente de sua existência e exigibilidade.

3.1.5 O papel preventivo das Administrações Públicas

Assim, finalmente, chegamos à afirmação de que estamos diante de um novo papel das Administrações Públicas. Trata-se de um papel ativo, presente, exigido da dimensão convencional – dever de garantia –, cuja dimensão mais específica é o controle interno da convencionalidade aplicado nas esferas das Administrações Públicas.

É importante o reordenamento em parte das funções destas e da própria organização que as contém. O fato é que o mandamento de "suprimir normas e práticas de qualquer natureza", juntamente com o de "emitir normas e adotar práticas", projeta, a partir da atividade preventiva, ações concretas, tanto de natureza regulamentar quanto as diversas ferramentas que as Administrações públicas possuem. Por isso, consideramos que estas se encontram em uma posição inigualável para dar efetividade certa ao mandamento do efeito útil a todo o *corpus iuris* interamericano.

Esse papel preventivo das Administrações Públicas, cujo objetivo central é assumir o dever de garantia imposto pelo PSJCR e torná-lo realidade em seu próprio campo de competência, importa a articulação das atividades clássicas resumidas no conceito de função administrativa, tanto material quanto orgânica. Dentro desse papel, está a própria atividade preventiva, mas esta exerce tração articulada com as já existentes. Ao mesmo tempo, a perspectiva preventiva é exigida deles em cada uma de suas implantações.

Essa nova função das Administrações Públicas, como coadjuvante das heterogêneas atividades que cumprem, está diretamente relacionada com o dever de diligência que o SIDH exige, ancorado no já mencionado dever genérico de garantia dos arts. 1° e 2° do PSJCR na prevenção de violações dos direitos humanos. A Corte IDH enfatizou que esse dever corresponde, de maneira geral, à obrigação de garantir o livre e pleno exercício dos direitos reconhecidos na CADH a todas as pessoas sujeitas à sua jurisdição[295] (além de exigir dos Estados a adoção de todas as medidas apropriadas para proteger e preservar os direitos humanos nas relações interpessoais).[296] Portanto, em relação às Administrações Públicas, foi exigido o dever de diligência devida em relação ao meio ambiente, ao uso da força[297] (função de polícia administrativa), ao direito à saúde,[298] ao

---

295 Corte IDH, OC-23/17, 15/11/2017, "Obrigações estatais com relação ao meio ambiente no contexto da proteção e garantia dos direitos à vida e à integridade pessoal – interpretação e alcance dos arts. 4°.1 e 5°.1, com relação aos arts. 1°.1 e 2° da Convenção Americana sobre Direitos Humanos", solicitada pela República da Colômbia. Disponível em: www.corteidh.or.cr/docs/opiniones/seriea_23_esp.pdf.

296 Corte IDH, 04/07/2006, "Ximenes Lopes vs. Brasil", série C, n° 149, parágrafo 85 e ss. Disponível em: www.corteidh.or.cr/docs/casos/articulos/Seriec_149_esp.pdf; Corte IDH, 31/01/2006, "Caso do massacre de Pueblo Bello vs. Colômbia", série C, n° 140, parágrafo 113. Disponível em: www.corteidh.or.cr/docs/casos/articulos/seriec_140_esp.pdf.

297 Corte IDH, 27/08/2014, "Hermanos Landaeta Mejías *et alii* vs. Venezuela" (Excepciones preliminares, fondo, reparaciones y costas), série C, n° 281, parágrafo 126. Disponível em: https://corteidh.or.cr/docs/casos/articulos/seriec_281_esp.pdf.

298 CORTE IDH. *Cuadernillo de Jurisprudencia de la Corte Interamericana de Derechos Humanos n° 28*: Derecho a la salud. San José da Costa Rica: Corte IDH - Cooperación Alemana (GIZ), 2020. Disponível em: www.corteidh.or.cr/sitios/libros/todos/docs/cuadernillo28.pdf.

direito à água[299] (serviço público) e em relação a pessoas e grupos vulneráveis (fomento).

O papel preventivo de nossas Administrações Públicas nos permite dar certa virtualidade ao efeito expansivo dos critérios da Corte IDH,[300] e isso não é um fato menor. Por um lado, porque gera uma consciência orgânica e cidadã daquilo que é a base do sistema democrático: os direitos fundamentais não estão disponíveis para maiorias e minorias nas regras das democracias. Por outro lado, porque gera a não repetição de infrações cometidas por outros Estados-membros do SIDH. É o que chamamos de valor pedagógico do controle interno de convencionalidade, expresso, agora, na prevenção administrativa. Daí a importância de as Administrações Públicas incorporarem rapidamente seus próprios critérios jurídicos internos em questões relacionadas a direitos fundamentais que foram estabelecidos como doutrina jurídica pela mais alta corte constitucional nacional.

O mandamento regional de direitos humanos impõe requisitos ao nível da juridicidade interna como expressão da atividade das Administrações Públicas. Atividades clássicas seguem latentes; a elas se somam as preventivas. Ambas precisam ser reorientadas. A

---

299 Corte IDH, 06/02/2020, "Comunidades indígenas membros da Associação Lhaka Honhat (Nuestra Tierra) vs. Argentina" (Fondo, reparaciones y costas), série C, nº 400. Disponível em: www.corteidh.or.cr/docs/casos/articulos/seriec_400_esp.pdf.

300 Conforme explicado, o contexto dos tribunais regionais de direitos humanos colocou os Estados Partes em uma tarefa intensa de efetivar as normas por meio de suas ferramentas de controle interno de convencionalidade e, no caso da Europa, do efeito da "coisa" interpretada. Eles são os principais responsáveis por aplicar esses tratados. A evolução que temos observado no SIDH (Sistema Interamericano de Direitos Humanos) do controle de convencionalidade permite conferir certa virtualidade à coisa julgada internacional e ao resto da doutrina estabelecida pela Corte IDH, independentemente de qual Estado tenha sido condenado. Não estamos diante do poder interpretativo da coisa julgada, mas sim diante de uma ferramenta concreta de aplicação interna dos critérios interpretativos da Corte.

verdade é que, se as Administrações Públicas são expressão de um modelo constitucional e este assumiu os direitos fundamentais – do próprio texto e os que advêm dos tratados de direitos humanos constitucionalizados – em sua centralidade, só resta concluir que estes se dirigem a elas.

Como conseguir isso? Prevenção é exteriorização do dever de garantia do PSJCR, mas é também exteriorização dos mandamentos constitucionais internos de efetivação dos direitos fundamentais, tanto os vinculados às liberdades e direitos políticos quanto os direitos sociais, econômicos e culturais.

Essa prevenção se expressa por meio da convencionalidade aplicada no âmbito das Administrações Públicas, da mesma forma que a constitucionalidade se expressa no âmbito de suas próprias competências: de ofício, de boa-fé, espontaneamente, afastando obstáculos de qualquer natureza que afetem aquela juridicidade.

A prevenção nas sedes das Administrações Públicas gera, como fenômeno integral, um mecanismo de permeabilidade recíproca entre o Direito interno do Estado e o Direito dos Direitos Humanos no sistema PSJCR. Esse não é um fato menor: a busca de convergência entre construções "internas" e "internacionais" se concretiza por meio da prevenção, mas já no campo das Administrações Públicas.

3.2 A expansão do Direito Administrativo rumo à convencionalidade

O Direito Administrativo interno deve ser relido à luz do Direito Internacional dos Direitos Humanos e da jurisprudência da Corte IDH?[301]

301 O então juiz García Ramírez assim se perguntou, mas com relação ao Direito Penal interno no voto fundamentado do caso Corte IDH, 24/09/2009, "Dacosta Cadogan vs. Barbados" (Excepciones preliminares, fondo, reparaciones y costas), série C, nº 204. Disponível em: www.corteidh.or.cr/docs/casos/articulos/seriec_204_esp.pdf.

Cassese, referindo-se ao desenvolvimento do Direito Administrativo, tanto inglês quanto francês, afirma:

> Além disso, os dois Direitos Administrativos estão sujeitos à Convenção Europeia de Direitos Humanos, que tem uma influência direta e indireta sobre eles; a primeira é alcançada tanto pela obrigação de cumprimento assumida pelos Estados aderentes à Convenção quanto pela técnica de incorporá-la às legislações nacionais; a segunda está prevista no art. 6º, CO.2, TUE, pelo qual a União respeita os direitos fundamentais consagrados na Convenção Europeia para a Proteção dos Direitos do Homem e das Liberdades Fundamentais, assinada em Roma, em 4 de novembro de 1950, da qual resultam duas tradições constitucionais comuns aos Estados-membros, no que respeita aos princípios gerais do Direito Comunitário.[302]

O mandamento regional de direitos humanos impõe requisitos ao nível da juridicidade interna como expressão da atividade das Administrações Públicas. As atividades clássicas convivem com a preventiva na forma que assumem na ordem interna-internacional dos direitos humanos.

Como lembra Valim,[303]

> se, nos séculos XVIII e XIX, a liberdade era entendida como uma exigência da dignidade humana, hoje se pensa que a dignidade humana (materializada em princípios socioeconômicos) é condição para o exercício da liberdade.[304]

---

302 CASSESE, Sabino. *Derecho administrativo*: historia y futuro. Sevilla: Instituto Nacional de Administración Pública – Derecho Global, 2014, p. 111.

303 VALIM, Rafael. “La actividad administrativa de fomento en el contexto del covid-19: en defensa de la renta básica universal”. *Revista de la Escuela del Cuerpo de Abogados del Estado*, nº 4, out. 2020, p. 716.

304 GARCÍA-PELAYO, Manuel. *As transformações do Estado contemporâneo*. Rio de Janeiro: Forense, 2009, p. 14.

Essa centralidade da pessoa e de sua dignidade deve nortear todo o Direito Administrativo.

Se nos for permitido, chamaremos a esse fenômeno de administrativização da convencionalidade interna dos direitos humanos em um contexto de crescente interdependência interna e internacional.

Esta administrativização da convencionalidade requer recolher e valorizar as diversas experiências no fazer das Administrações Públicas, os dispositivos inovadores da gestão pública e como estes impregnam de interpretações adequadas às realidades imperantes o próprio texto constitucional e convencional.

Esta influência, proveniente da especificidade, se se quer metodológica, de um ramo do Direito Público, o Direito Administrativo, pode até mesmo orientar a atualização contínua do próprio princípio evolutivo dos direitos humanos, para, dessa forma, adequar o texto convencional às exigências do bem-estar geral democrático em um tempo determinado.

Aponta-se com clareza:

> A integração na sistemática do Direito Administrativo das mudanças ocorridas nas tarefas administrativas deve ser feita por meio de uma série de passos intermediários, condicionados mais pela imaginação e plausibilidade do que por deduções dogmáticas rígidas.[305]

O impacto do Direito Administrativo em relação à centralidade do sistema constitucional e convencional permite nutri-lo a partir da dinâmica material, direta, contínua, permanente, aberta e flexível do funcionamento das Administrações Públicas em sua relação

305 SCHMIDT-ASSMANN, Eberhard. *La teoría general del derecho administrativo como sistema*. Trad. Mariano Bacigalupo *et al.* Madrid: Instituto Nacional de Administración Pública – Marcial Pons, 2003, p. 179.

com as pessoas. Isso gera a reatualização, a partir das necessidades que devem ser atendidas, dos diversos conteúdos constitucionais e convencionais. Dessa forma, o conceito e alcance do bem-estar geral são atualizados em termos de realização colaborativa entre os deveres das pessoas para com sua comunidade e humanidade e as competências das Administrações Públicas.

O conceito próprio que apresentamos do controle de convencionalidade interna reflete essa perspectiva dinâmica atualizada a partir dessa espécie de administrativização do sistema constitucional e convencional.

> É um dever estatal e uma garantia cidadã. É interno, diferenciando-se do externo e próprio, que se desenvolve na instância internacional após esgotados os recursos nacionais. É desempenhado de ofício principalmente pelos juízes e demais autoridades que desenvolvem materialmente atividade judicial. As Administrações Públicas devem, no âmbito de suas competências próprias, aplicá-lo. É uma ferramenta adequada que confere efeitos úteis a todo o SIDH, incluindo a execução das sentenças no plano interno. Sua finalidade é o estudo da compatibilidade entre o Direito comum dos direitos humanos do SIDH e o Direito interno dos Estados-membros. É simétrico e sinérgico com o controle de constitucionalidade.

A tutela administrativa efetiva, juntamente com o direito à boa Administração, são algumas das ferramentas que propõem, em nossa opinião, um salto qualitativo na qualidade institucional de nossas Administrações Públicas.

A primeira busca impor uma proibição não apenas sobre a atuação arbitrária da Administração, mas, antes disso, prevenir que isso ocorra. A "construção" das decisões, especialmente nos sistemas fortemente presidencialistas, a partir do núcleo sólido das garantias englobadas na tutela administrativa efetiva, gera um atenuante dessa realidade latino-americana.

O segundo, embora sem reconhecimento convencional a nível regional do SIDH, o que a União Europeia conseguiu, possui, na Carta Ibero-Americana dos Direitos e Deveres do Cidadão em Relação às Administrações Públicas, um quadro de referência,[306] tanto para legisladores como para juízes, as Administrações Públicas e os cidadãos.

O fundamental é que essas ferramentas gerarão, mais cedo ou mais tarde, uma transformação cultural do fazer e ser das Administrações Públicas.

O Direito Administrativo se redefinirá mais cedo ou mais tarde, mas o fará, porque o contexto a partir do qual estuda metodologicamente essa porção do Direito Público foi transformado. Nas palavras de Pérez Hualde:

> O compromisso constitucional com novas formas de abordar a relação entre Estado e economia, a moderna percepção dos direitos fundamentais, o papel da Administração Pública e dos grandes grupos de poder globalizados em relação a eles, a internacionalização do Direito e dos procedimentos de prevenção e solução de conflitos causada pelo deslocamento dos centros de decisão e fontes normativas para além das fronteiras dos Estados, nos oferecem um panorama que exige uma redefinição do campo de atuação do Direito Administrativo em geral. Isso acontece porque nem sua visão como um catálogo de garantias para o indivíduo contra a

306 Adotada pela XXIII Cúpula Ibero-Americana de Chefes de Estado e de Governo, na cidade do Panamá, em 18 e 19 de outubro de 2013: "a presente Carta constitui um marco de referência que possibilita, na medida em que não se oponha ao disposto nas legislações de cada um dos países da região, uma ordenação dos direitos e deveres do cidadão em relação à Administração Pública, os quais podem ser adequados às particularidades das normas relacionadas à Administração Pública e à idiossincrasia de cada um dos países ibero-americanos".

Administração Pública nem a do Estado como seu gendarme têm permanecido inalteradas.[307]

Como afirma Cassese:

> O ponto de partida do Direito Administrativo é simples: o Direito Administrativo nasce vinculado ao Estado, à lei e aos juízes. O Direito Administrativo é um Direito estatal, é a manifestação do poder vinculada à lei e, para terminar, está submetido ao controle dos juízes. (...) O Direito Administrativo é cada vez menos estatal, mas não por isso se desvincula do Direito. Está, pelo contrário, ligado a múltiplos direitos e ordenamentos. (...) O Direito Administrativo encontra-se cada vez mais submetido às decisões judiciais, com a consequência de que administrar e julgar tendem a se tornar atualmente uma só coisa. (...) A irrupção de novos vínculos (constitucionais e comunitários) e a direção da administração assumida pelos juízes reduzem o espaço da gestão administrativa precisamente quando é mais necessária.[308]

As Administrações Públicas, juntamente com os cidadãos conscientes de seus direitos e deveres humanos, convergem para tornar realidade um mandamento universal. Esse mandamento consiste em que os direitos fundamentais representam a base indisponível das democracias e da organização interna dos Estados.

O Direito Administrativo e seu campo de atuação transcendem as formulações restritas exclusivamente a um território e a partir de uma determinada organização interna de funções de um Estado: são

307 PÉREZ HUALDE, Alejandro. "La necesaria determinación de la desigualdad para el tratamiento equitativo de los derechos fundamentales". *Anuario Iberoamericano de Derecho Administrativo Social*, nº 2, 2019.

308 CASSESE, Sabino. *Derecho administrativo*: historia y futuro. Sevilla: Instituto Nacional de Administración Pública – Derecho Global, 2014, pp. 350, 351 e 357.

expressões da convencionalidade constitucionalizada, representada por problemas, soluções, interpretações e intensos fluxos de construções de múltiplos ordenamentos jurídicos que convivem em um mesmo sistema.

Estes são problemas globais, soluções globais a partir da multilateralidade e da cooperação; problemas internos, soluções internas através da correta articulação do princípio da solidariedade e colaboração em vez do autoritarismo e hiperindividualismo, cientes de que as dimensões internas e globais devem ser nutridas por uma influência recíproca. Caso contrário, ocorrerá a imposição de uns sobre os outros, consolidando espaços hegemônicos.

O Direito Administrativo, por outro lado, deve criar dispositivos que gerem fluidez na influência recíproca dentro de espaços dialógicos, abertos, dinâmicos, flexíveis, plurais e colaborativos.

REFERÊNCIAS BIBLIOGRÁFICAS

ABRAMOVICH, Víctor. "Comentarios sobre 'Fontevecchia', la autoridad de las sentencias de la Corte Interamericana y los principios de derecho público argentino". *Pensar en Derecho*, nº 10, 2017. Disponível em: http://repositoriouba.sisbi.uba.ar/gsdl/collect/pensar/index/assoc/HWA_2929.dir/2929.PDF. Acessado em: 24.11.2023.

ALBANESE, Susana. *Garantías judiciales*. Buenos Aires: Ediar, 2010.

BACELLAR FILHO, Romeu Felipe. *Reflexões sobre Direito Administrativo*. Belo Horizonte: Fórum, 2009.

BALBÍN, Carlos F. *Tratado de derecho administrativo*. Buenos Aires: La Ley, 2015.

BANDEIRA DE MELLO, Celso Antônio. *Curso de Direito Administrativo*. São Paulo: Malheiros, 2008.

______. *Eficácia das normas constitucionais e direitos sociais*. São Paulo: Malheiros, 2015.

BAQUER, Lorenzo Martín-Retortillo. *La interconexión de los ordenamientos jurídicos y el sistema de fuentes del derecho*. Madrid: Civitas, 2004.

BASSET, Úrsula Cristina. "La vulnerabilidad como perspectiva: una visión latinoamericana del problema – Aportes del Sistema Interamericano de Derechos Humanos". *In*: BASSET, Úrsula; FULCHIRON, Hugues; BIDAUD-GARON, Christine; LAFFERRIÈRE, Jorge N. (Coord.). *Tratado de la vulnerabilidad*. Buenos Aires: La Ley, 2017.

BASSET, Úrsula Cristina; FULCHIRON, Hugues; BIDAUD-GARON, Christine; LAFFERRIÈRE, Jorge N. (Coord.). *Tratado de la vulnerabilidad.* Buenos Aires: La Ley, 2017.

BAZÁN, Víctor. "El control de convencionalidad como instrumento para proteger derechos esenciales y prevenir responsabilidad internacional del Estado". *Anuario Iberoamericano de Justicia Constitucional*, nº 19, 2015.

BIDART CAMPOS, Germán J. *Teoría general de los derechos humanos.* 2ª ed. Buenos Aires: Astrea, 2020.

BREWER-CARÍAS, Allan Randolph. *Instituciones políticas y constitucionales.* Caracas: Editorial Jurídica Venezolana Universidad Católica de Tachira, 1996.

______."La justicia constitucional en América Latina". *In*: ______. *Instituciones políticas y constitucionales.* Caracas: Editorial Jurídica Venezolana Universidad Católica de Tachira, 1996.

BREWER-CARÍAS, Allan Randolph; SANTOFIMIO GAMBOA, Jaime Orlando. *Control de convencionalidad y responsabilidad del Estado.* Bogotá: Universidad Externado de Colombia, 2013.

BURGORGUE-LARSEN, Laurence; MAUÉS, Antonio; SÁNCHEZ MOJICA, Beatriz Eugenia (Coord.). *Derechos Humanos y Políticas Públicas.* Manual. Barcelona: Red de Derechos Humanos y Educación Superior, 2014.

CALAMANDREI, Piero. *Sin legalidad no hay libertad.* Trad. P. Andrés Ibáñez. Madrid: Trotta, 2016.

CALDERÓN GAMBOA, Jorge F. "Medio ambiente frente a la Corte Interamericana de derechos humanos: una ventana de protección". *In*: CANÇADO TRINDADE, Antônio A.; BARROS LEAL, César (Coord.). *Derechos humanos y medio ambiente.* Fortaleza: Expressão, 2017.

CANARIS, Claus-Wilhelm. *El sistema en la jurisprudencia.* Madrid: Consejo General del Notariado, 1998.

CASSAGNE, Juan Carlos. "Consideraciones sobre la justicia administrativa en la Argentina y en otros países de Iberoamérica". *In*: GONZÁLEZ PÉREZ, Jesús; CASSAGNE, Juan Carlos. *La justicia administrativa en Iberoamérica.* Buenos Aires: LexisNexis Abeledo-Perrot, 2005.

______. "La proyección de los principios generales al acto administrativo". *LLonline*, AR/DOC/2346/2012.

______. *El principio de legalidad y el control judicial de la discrecionalidad administrativa*. Buenos Aires: Marcial Pons, 2009.

______. *Servicios públicos y policía*. Buenos Aires: El Derecho, 2006.

______. *Curso de derecho administrativo*. Buenos Aires: La Ley, 2016.

______. *Derecho administrativo*: historia y futuro. Sevilla: Instituto Nacional de Administración Pública – Derecho Global, 2014.

______. *El derecho global*: Justicia y democracia más allá del Estado. Sevilla: Derecho Global, 2010.

CASTIELLA, Íñigo Del Guayo; CARBALLAL, Almudena Fernández (Coord.). *Los desafíos del derecho público en el siglo xxi*. Madrid: Instituto Nacional de Administración Pública, 2019.

CEJIL. *Debida diligencia en la investigación de graves violaciones a derechos humanos*. Buenos Aires: Cejil, 2010. Disponível em: www.corteidh.or.cr/tablas/r25129.pdf. Acessado em: 27.11.2023.

CIDH. "Informe preliminar sobre pobreza, pobreza extrema y derechos humanos en las Américas". *CIDH*, 2016. Disponível em: www.oas.org/es/cidh/desc/docs/Pobreza-DDHH-InformePreliminar-2016.pdf. Acessado em: 04/12/2023.

COMADIRA, Julio Rodolfo. "El derecho administrativo como régimen exorbitante en el servicio público". *In*: ______. *Servicio público, policía y fomento*. Buenos Aires: RAP, 2004.

______. *Servicio público, policía y fomento*. Buenos Aires: RAP, 2004.

CONTROL DE CONVENCIONALIDAD de normas jurídicas internas. *Diálogo Jurisprudencial*, nº 6, jan./jun. 2009.

CORTE IDH. *Cuadernillo de Jurisprudencia de la Corte Interamericana de Derechos Humanos nº 5*: Niños, niñas y adolescentes. San José da Costa Rica: Corte IDH - Cooperación Alemana (GIZ), 2018. Disponível em: https://www.corteidh.or.cr/sitios/libros/todos/docs/cuadernillo5.pdf.

______. *Cuadernillo de Jurisprudencia de la Corte Interamericana de Derechos Humanos nº 21*: Derecho a la vida. San José da Costa Rica: Corte IDH - Cooperación Alemana (GIZ), 2018. Disponível em: www.corteidh.or.cr/sitios/libros/todos/docs/cuadernillo21.pdf.

______. *Cuadernillo de Jurisprudencia de la Corte Interamericana de Derechos Humanos nº 28*: Derecho a la salud. San José da Costa Rica: Corte IDH - Cooperación Alemana (GIZ), 2020. Disponível em: www.corteidh.or.cr/sitios/libros/todos/docs/cuadernillo28.pdf.

CORTE SUPREMA DE JUSTICIA DE LA NACIÓN. *Sentencias piloto de la Corte Europea de Derechos Humanos*. Disponível em: www.csjn.gob.ar/dbre/Sentencias/cedhSentenciasPiloto.html. Acessado em: 08.12.2023.

COURTIS, Christian. "Apuntes sobre la aplicación del Convenio 169 de la OIT sobre pueblos indígenas por los tribunales de América Latina". *Sur – Revista Internacional de Derechos Humanos*, ano 6, nº 10, jun. 2009. Disponível em: www.corteidh.or.cr/tablas/r23739.pdf. Acessado em: 23.11.2023.

COVIELLO, Pedro José Jorge. "El principio de solidaridad en el derecho administrativo: una visión personalista". *Revista Iberoamericana de Gobierno Local*, nº 18, dez. 2020.

DE CASAS, Ignacio; TOLLER, Fernando. *Los derechos humanos de las personas jurídicas*: Titularidad de derechos y legitimación en el Sistema Interamericano. México: Porrúa, 2015.

DELPIAZZO, Carlos E. "La Constitución como fuente principal del derecho administrativo uruguayo". *A&C – Revista de Direito Administrativo & Constitucional*, vol. 10, nº 40, 2010.

DÍAZ REVORIO, Francisco Javier (Coord.). *Jurisprudencia del Tribunal Europeo de Derechos Humanos*. Lima: Palestra, 2004.

______. "El Tribunal Europeo de Derechos Humanos: significado y trascendencia". *In*: ______. (Coord.). *Jurisprudencia del Tribunal Europeo de Derechos Humanos*. Lima: Palestra, 2004.

DIEZ, Manuel Maria. *Derecho administrativo*. Buenos Aires: Plus Ultra, 1987.

DIOS VIEITEZ, María Victoria. "Crisis sanitaria y derechos sociales a la luz del derecho público". *In*: ROSO, Jessica Vivas (Coord.). *Derecho público en tiempos de pandemia*: reflexiones jurídicas sobre la COVID-19. Caracas: Centro para la Integración y el Derecho Público – Asociación Venezolana de Derecho Administrativo, 2020.

EFECTOS DE LA COSA JUZGADA INTERNACIONAL para determinar las reparaciones en el ámbito interno. *Diálogo Jurisprudencial*, nº 5, jul./dez. 2008.

ENTRENA CUESTA, Rafael. *Curso de derecho administrativo*. Madrid: Tecnos, 1970.

ESTUPIÑAN-SILVA, Rosmerlin. "La vulnerabilidad en la jurisprudencia de la Corte Interamericana de Derechos Humanos: esbozo de una tipología". *Derechos Humanos y Políticas Públicas*, 2014.

FERNÁNDEZ CARBALLAL, Almudena. "Un aspecto de la planificación en la contratación pública como garantía de la realización del derecho social fundamental a la calidad de vida y el acceso a los servicios esenciales". *Anuario Iberoamericano de Derecho Administrativo Social*, nº 1, 2018.

FERRAJOLI, Luigi. *Derechos y garantías*: la ley del más débil. Trad. Perfecto Andrés Ibáñez e Andrea Greppi. Madrid: Trotta, 2004.

FIGUEIREDO, Marcelo. *O Controle de Constitucionalidade e de Convencionalidade no Brasil*. São Paulo: Malheiros Editores, 2016.

______. *O Direito Transnacional e algumas de suas dimensões*. São Paulo: D'Plácido, 2019.

FIORINI, Bartolomé A. *Derecho administrativo*. Buenos Aires: Abeledo-Perrot, 1995.

FLEINER, Fritz. *Instituciones de derecho administrativo*. Trad. Sabino Álvarez-Gendín. Barcelona: Labor, 1933.

FREY, Raymond G. *Rights, killing & suffering*. Oxford: Basil Blackwell, 1983.

FUEYO, María del Camino Vidal. "Ruiz-Mateos c. España (STEDH de 23 de junio de 1993): las garantías del proceso equitativo ante la jurisdicción constitucional". *In*: GUIRAO, Rafael Alcácer; ROJO, Margarita Beladiez; TOMÁS, José Miguel Sánchez (Coord.). *Conflicto y diálogo con Europa*: las condenas a España del Tribunal Europeo de Derechos Humanos. Madrid: Civitas, 2013.

GALLEGOS FEDRIANI, Pablo. *Recursos directos (aspectos sustanciales y procesales)*. Buenos Aires: RAP, 2008.

GARAY, Alberto. "En ocasiones necesitamos educarnos en lo obvio". *LLonline*, AR/DOC/492/2017.

GARCÍA DE ENTERRÍA, Eduardo. *La lucha contra las inmunidades del poder*. Madrid: Civitas, 1983.

GARCÍA DE ENTERRÍA, Eduardo; CLAVERO ARÉVALO, Manuel (Coord.). *El derecho público de finales de siglo*: una perspectiva iberoamericana. Madrid: Civitas, 1997.

GARCÍA DE ENTERRÍA, Eduardo; FERNÁNDEZ, Tomás-Ramón. *Curso de derecho administrativo*. Madrid: Civitas, 2017.

GARCÍA PÉREZ, Marta. "El reto de una ciudad inclusiva para las personas con discapacidad: algunas claves desde el derecho público español". *In*: CASTIELLA, Íñigo Del Guayo; CARBALLAL, Almudena Fernández (Coord.). *Los desafíos del derecho público en el siglo xxi*. Madrid: Instituto Nacional de Administración Pública, 2019.

GARCÍA PULLÉS, Fernando (Coord.). *El contencioso administrativo en la Argentina*: análisis del sistema federal, de las veintitrés provincias y de la Ciudad Autónoma de Buenos Aires. Buenos Aires: AbeledoPerrot, 2012.

GARCÍA RAMÍREZ, Sergio. "El control judicial interno de convencionalidad". *IUS – Revista del Instituto de Ciencias Jurídicas de Puebla*, ano V, nº 28, 2011. DOI: 10.35487/rius.v5i28.2011.68.

GARCÍA ROCA, Javier. "Del diálogo entre los tribunales constitucionales y las cortes supranacionales de derechos: algunas cuestiones para disputar". *In*: USERA, Raúl Canosa; MUÑOZ, Jaime Rodríguez-Arana (Coord.). *Jurisdicción de la libertad en Europa e Iberoamérica*. Madrid: Reus, 2014.

GARCÍA ROCA, Javier; SANTOLAYA, Pablo (Coord.). *La Europa de los derechos*: el Convenio Europeo de Derechos Humanos. Madrid: Centro de Estudios Políticos y Constitucionales, 2005.

GARCÍA, Ricardo Alonso. *El juez nacional en la encrucijada europea de los derechos fundamentales*. Madrid: Civitas, 2014.

GARCÍA-PELAYO, Manuel. *As transformações do Estado contemporâneo*. Rio de Janeiro: Forense, 2009.

GARGARELLA, Roberto. "La autoridad democrática frente a las decisiones de la Corte Interamericana". *LLonline*, fev. 2017, AR/DOC/497/2017.

GARRIDO FALLA, Fernando. "Sobre el derecho administrativo y sus ideas cardinales". *Revista de Administración Pública*, nº 7, 1952.

GARRIDO FALLA, Fernando. *Tratado de derecho administrativo*. Madrid: Tecnos, 2002.

GARZÓN VALDÉS, Ernesto. "¿Cuál es la relevancia moral del concepto de dignidad humana?" *In*: ______. *Propuestas*. Madrid: Trotta, 2011.

GARZÓN VALDÉS, Ernesto. *Propuestas*. Madrid: Trotta, 2011.

GELLI, María Angélica. "Las reparaciones simbólicas por la violación estatal de los derechos humanos". *LLonline*, AR/DOC/1116/2007, mar. 2007.

______. "Los alcances de la obligatoriedad de los fallos de la Corte Interamericanay la reivindicación simbólica de la Corte argentina". *LLonline*, AR/DOC/500/2017.

______. *Constitución de la Nación Argentina*. tomo 2. Comentada e concordada. Buenos Aires: La Ley, 2018.

GIL DOMÍNGUEZ, Andrés. "Control de constitucionalidad y convencionalidad de oficio". *LLonline*, AR/DOC/5968/2012.

GIL, José Luis Meilán. "Intereses generales e interés púbico desde la perspectiva del derecho público español". *A&C – Revista de Direito Administrativo & Constitucional*, vol. 10, nº 40, 2010.

GONZÁLEZ PÉREZ, Jesús; CASSAGNE, Juan Carlos. *La justicia administrativa en Iberoamérica*. Buenos Aires: LexisNexis Abeledo-Perrot, 2005.

GOODPASTER, Kenneth; SAYRE, Kenneth M. *Ethics & problems of the 21st century*. South Bend: University of Notre Dame Press, 1979.

GORDILLO, Agustín. "Hacia la unidad del orden jurídico mundial". *In*: ______. *Tratado de derecho administrativo*. Buenos Aires: Fundación de Derecho Administrativo, 2009.

______. "La corrupción como delito de lesa humanidad". *Revista Jurídica de SanLuis*, nº 1, 2017. Disponível em: https://ar.ijeditores.com/articulos.php?Hash=f041d9712800ddbf989f16732f8a394f&hash_t=08f7a9d-8d94e32fe3694afa782b4e465.Acessado em: 27.11.2023.

______. *Tratado de derecho administrativo*. Buenos Aires: Fundación de Derecho Administrativo, 2009.

______. "Los tribunales administrativos como alternativa a la organización administrativa". *In*: UNIVERSIDADD AUSTRAL. *Organización administrativa, función pública y dominio público*. Buenos Aires: RAP, 2005.

GUIRAO, Rafael Alcácer; ROJO, Margarita Beladiez; TOMÁS, José Miguel Sánchez (Coord.). *Conflicto y diálogo con Europa*: las condenas a España del Tribunal Europeo de Derechos Humanos. Madrid: Civitas, 2013.

GUTIÉRREZ COLANTUONO, Pablo Ángel. "El acceso a la información pública: una doble mirada convencional y del derecho argentino". *In*: VALIM, Rafael; MALHEIROS, Antonio Carlos; BACARIÇA, Josephina (Coord.). *Acceso à informação pública*. Belo Horizonte: Fórum, 2015.

______. "El control social". *RAP*, nº 403, 2012.

______. "El derecho a la ciudad y un anclaje posible desde el Pacto de San José de Costa Rica". *Anuario Iberoamericano de Derecho Urbanístico*, nº 1, 2018. Disponível em: http://gutierrezcolantuono.com.ar/pdfs/Anuario-Iberoamericano-Desarrollo-Urbanistico-2018.pdf. Acessado em: 27.11.2023.

______. “El valor de la jurisprudencia de la Corte Interamericana de Derechos Humanos y su aplicación en los ámbitos nacional y local”. *El derecho administrativo hoy, 6 años después*, organizada pela Universidad Austral Facultad de Derecho, Buenos Aires, RAP, 2013.

HÄBERLE, Peter. “La jurisdicción constitucional en la fase actual de desarrollo del Estado constitucional”. *In*: HESSE, Konrad; HÄBERLE, Peter. *Estudios sobre la jurisdicción constitucional*: con especial referencia al tribunal constitucional alemán. Trad. Joaquin Brage Camazano. México: Porrúa, 2005.

HACHEM, Daniel Wunder; TELLO, Diana Carolina Valencia. “Reflexiones sobre el derecho fundamental a la buena Administración pública en el derecho administrativo brasilero”. *Revista Digital en Derecho Administrativo*, nº 21, 2019. Disponível em: https://revistas.uexternado.edu.co/index.php/Deradm/article/view/5700/7096. Acessado em: 27.11.2023.

HESSE, Konrad; HÄBERLE, Peter. *Estudios sobre la jurisdicción constitucional*: con especial referencia al tribunal constitucional alemán. Trad. Joaquin Brage Camazano. México: Porrúa, 2005.

HIGHTON, Elena. “Sistemas concentrado y difuso de control de constitucionalidad”. *In*: VON BOGDANDY, Armin; MC-GREGOR, Eduardo Ferrer; ANTONIAZZI, Mariela Morales (Coord.). *La justicia constitucional y su internacionalización*: hacia un ius constitutionale commune en América Latina? México: IIJ-Unam, 2010.

INFOJUS. “Aportes para la sistematización de la normativa contencioso administrativa federal”. *Infojus*, Buenos Aires, 2015.

IVANEGA, Miriam Mabel (Coord.). *Igualdad y género*. Buenos Aires: La Ley, 2019.

______. “Control del poder”. *LLonline*, AR/DOC/778/2010.

______. “Reflexiones acerca del derecho administrativo y el régimen exorbitante de derecho privado”. *RAP*, nº 23, 2007.

______. *Cuestiones de potestad disciplinaria y derecho de defensa*. Buenos Aires: RAP, 2010.

JORDANA DE POZAS, Luis. “Ensayo de una teoría del fomento en el derecho administrativo”. *Revista de Estudios Políticos*, nº 48, 1949.

KINGSBURY, Benedict; KRISCH, Nico; STEWART, Richard B. "El surgimiento delderecho administrativo global". *In*: KINGSBURY, Benedict; STEWART, Richard. *Hacia el derecho administrativo global*: fundamentos, principios y ámbito de aplicación. Sevilla: Derecho Global, 2016.

KINGSBURY, Benedict; STEWART, Richard. *Hacia el derecho administrativo global*: fundamentos, principios y ámbito de aplicación. Sevilla: Derecho Global, 2016.

LODOÑO, María C.; FORERO, Brenda; IBARZÁBAL, Milagros. "Quinta etapa (2007-2012): Nuevas fronteras, nuevos derechos". *In*: SANTIAGO, Alfonso Bellocchio, Lucía (Coord.). *Historia de la Corte Interamericana de Derechos Humanos (1978-2018)*. Buenos Aires: La Ley, 2018.

LÓPEZ GUERRA, Luis. *Las sentencias básicas del Tribunal Constitucional*. Madrid: Centro de Estudios Políticos y Constitucionales, 2008.

LÓPEZ LATORRE, Andrés F.; IBARZÁBAL, Milagros. "Sexta etapa (2013-2018: La Corte de la igualdad". *In*: SANTIAGO, Alfonso; BELLOCCHIO, Lucía (Coord.). *Historia de la Corte Interamericana de Derechos Humanos (1978-2018)*. Buenos Aires: La Ley, 2018.

LORENZETTI, Ricardo Luis. *Justicia colectiva*. Santa Fe: Rubinzal-Culzoni, 2010.

______. *Teoría de la decisión judicial*: fundamentos de derecho. Santa Fe: Rubinzal-Culzoni, 2006.

MAC-GREGOR, Eduardo Ferrer. "Eficacia de la sentencia interamericana y la cosa juzgada internacional: vinculación directa hacia las partes (res iudicata) e indirecta hacia los Estados parte de la Convención Americana (res interpretata) (sobre el cumplimiento del Caso Gelman vs. Uruguay)". *Estudios Constitucionales*, ano 11, nº 2, 2013.

______. "Interpretación conforme y control difuso de convencionalidad. El nuevo paradigma para el juez mexicano". *Estudios Constitucionales*, ano 9, nº 2, 2011. Disponível em: https://scielo.conicyt.cl/pdf/estconst/v9n2/art14.pdf. Acessado em: 23.11.2023.

MACHADO, Santiago Muñoz. *Constitución*. Madrid: Iustel, 2004.

MANILI, Pablo Luis. "Sentencias de la Corte Interamericana de Derechos Humanos ante la Corte Suprema de Justicia de la Nación. A propósito del fallo 'Fontevecchia'". *LLonline*, AR/DOC/693/2017.

MARÍN ASÍS, José R. “La adhesión de la Unión Europea al Convenio de Roma: el cumplimiento de las obligaciones derivadas del Convenio Europeo de Derechos Humanos en el Ordenamiento Jurídico de la UE”. *Revista de Derecho Comunitario Europeo*, nº 44, 2013.

______. *Vías concurrentes para la protección de los derechos humanos*: perspectivas españolas y europeas. Madrid: Civitas, 2006.

MASUCCI, Alfonso. “Formación y evolución del derecho administrativo en Francia y Alemania”. *Revista de Administración Pública*, nº 184, 2011.

MOLANO CAMARGO, Frank. “El derecho a la ciudad: de Henri Lefebvre a los análisis sobre la ciudad capitalista contemporánea”. *Folios – Revista de la Facultad de Humanidades*, nº 44, 2016.

MUÑOZ, Jaime Rodríguez-Arana. “Derecho administrativo y derechos sociales fundamentales”. *Ius Humani*, vol. 6, 2017. Disponível em: https://www.iushumani.org/index.php/iushumani/article/view/113/162. Acessado em: 27.11.2023.

______. “El Estado solidario, DPI Cuántico”. *Constitucional y Derechos Humanos*, nº 149, 15 mai. 2017. Disponível em: https://dpicuantico.com/area_diario/columna-de-opinion-diario-constitucional-y-derechos--humanos-nro-149-15-05-2017/. Acessado em: 27.11.2023.

______. “Sobre el concepto de los derechos sociales fundamentales”. *Anuario da Facultade de Dereito da Universidade da Coruña*, nº 19, 2015.

______. *Derecho administrativo y derechos sociales fundamentales*. Sevilla: Derecho Global, 2015.

______. *El buen gobierno y la buena administración de instituciones públicas*. Cizur Menor: Thomson-Aranzadi, 2006.

O’DONNELL, Daniel. *Derecho internacional de los derechos humanos*: normativa, jurisprudencia y doctrina de los sistemas universal e interamericano. México: Oficina del Alto Comisionado de las Naciones Unidas para los Derechos Humanos – Tribunal Superior de Justicia del Distrito Federal, 2012.

PALACIO DE CAEIRO, Silvia B.; CAEIRO PALACIO, María V. (Coord.). *Tratado de derechos humanos y su influencia en el derecho argentino*. Bueno Aires: La Ley, 2017.

PASTOR, Juan Alfonso Santamaría. *Principios de derecho administrativo*. Madrid: Centro de Estudios Ramón Areces, 2002.

PEÑALVA, Gerónimo Leandro. "Ciudades, políticas públicas urbanas y derechos económicos, sociales y culturales". *Revista de Derecho Público*, 2017.

PÉREZ HUALDE, Alejandro. "La necesaria determinación de la desigualdad para el tratamiento equitativo de los derechos fundamentales". *Anuario Iberoamericano de Derecho Administrativo Social*, nº 2, 2019.

QUERALT JIMÉNEZ, Argelia. "Las sentencias piloto como ejemplo paradigmático de la transformación del Tribunal Europeo de Derechos Humanos". *Teoría y Realidad Constitucional*, nº 42, 2018.

______. *El Tribunal de Estrasburgo*: una jurisdicción internacional para la protección de los derechos fundamentales. Valencia: Tirant lo Blanch, 2003.

REYES, Manuel Aragón. "Estado y democracia". *In*: GARCÍA DE ENTERRÍA, Eduardo; ARÉVALO, Manuel Clavero (Coord.). *El derecho público de finales de siglo*: una perspectiva iberoamericana. Madrid: Civitas, 1997.

ROSO, Jessica Vivas (Coord.). *Derecho público en tiempos de pandemia*: reflexiones jurídicas sobre la COVID-19. Caracas: Centro para la Integración y el Derecho Público – Asociación Venezolana de Derecho Administrativo, 2020.

SACRISTÁN, Estela B. "Ejecutando sentencias de la Corte Interamericana de Derechos Humanos: una contestación de oficio muy especial". *ED-Constitucional*, 2017.

SAGÜÉS, María Sofía. "Diálogo jurisprudencia y control de convencionalidad a la luz de la experiencia en el caso argentino". *In*: VIÑAS, Miriam Henríquez; ANTONIAZZI, Mariela Morales (Coord.). *El control de convencionalidad*: un balance a 10 años de Almonacid Arellano vs. Chile. Santiago de Chile: Der, 2017.

______. "Dificultades operativas del 'control de convencionalidad' en el sistema interamericano". *LLonline*, AR/DOC/5213/2010.

______. "Las sentencias constitucionales exhortativas (apelativas o con aviso), y su recepción en Argentina". *LL*, 2005.

SANMARTINO, Patricio M. "Proceso administrativo en el Estado constitucional social de derecho. Apuntes iniciales". *Aportes para la sistematización de la normativa contencioso administrativa federal*, Buenos Aires, 2015.

SANTAMARÍA DE PAREDES, Vicente. *Curso de derecho administrativo según sus principios generales y la legislación actual de España*. Madrid: Establecimiento Tipográfico de Ricardo Fe, 1903.

SANTIAGO, Alfonso. "¿Desobediencia debida? ¿Quién tiene la última palabra?" *LLonline*, fev. 2017, AR/DOC/493/2017.

SANTIAGO, Alfonso; BELLOCCHIO, Lucía (Coord.). *Historia de la Corte Interamericana de Derechos Humanos (1978-2018)*. Buenos Aires: La Ley, 2018.

SCHMIDT-ASSMANN, Eberhard. *La teoría general del derecho administrativo como sistema*. Trad. Mariano Bacigalupo *et al*. Madrid: Instituto Nacional de Administración Pública – Marcial Pons, 2003.

SINGER, Peter. "Not for human only: the place of nonhumans in environmental issues". *In*: GOODPASTER, Kenneth; SAYRE, Kenneth M. *Ethics & problems of the 21st century*. South Bend: University of Notre Dame Press, 1979.

STEWART, Richard B. "El derecho administrativo de los Estados Unidos: ¿un modelo para el derecho administrativo global?" *In*: KINGSBURY, Benedict; STEWART, Richard B. *Hacia el derecho administrativo global*: fundamentos, principios y ámbitos de aplicación. Sevilla: Derecho Global, 2016.

TRINDADE, Antônio Augusto Cançado. "La persona humana como sujeto del derecho internacional: avances de su capacidad jurídica internacional en la primera década del siglo xxi". *Revista IIDH*, nº 46, jul./dez. 2007.

TRINDADE, Antônio Augusto Cançado; LEAL, César Barros (Coord.). *Derechos humanos y medio ambiente*. Fortaleza: Expressão, 2017.

URBINA, Natalia. "El proceso de supervisión de cumplimiento de sentencias de la Corte Interamericana de Derechos Humanos: breve recorrido por resoluciones emitidas entre 2013/2016". *Revista IIDH*, nº 65, 2017.

URIARTE, Joana Abrisketa. "Las sentencias piloto: el Tribunal Europeo de Derechos Humanos, de juez a legislador". *Revista Española de Derecho Internacional*, vol. LXV/1, 2013.

USERA, Raúl Canosa; MUÑOZ, Jaime Rodríguez-Arana (Coord.). *Jurisdicción de la libertad en Europa e Iberoamérica*. Madrid: Reus, 2014.

VALIM, Rafael. "La actividad administrativa de fomento en el contexto del covid-19: en defensa de la renta básica universal". *Revista de la Escuela del Cuerpo de Abogados del Estado*, nº 4, out. 2020.

______. *Estado de exceção*: a forma jurídica do neoliberalismo. São Paulo: Contracorrente, 2017.

______. *La subvención en el derecho administrativo*. Buenos Aires: BdeF, 2017.

VALIM, Rafael; MALHEIROS, Antonio Carlos; BACARIÇA, Josephina (Coord.). *Acesso à informação pública*. Belo Horizonte: Fórum, 2015.

VERA, Georgina Vargas. "Interseccionalidad de la discriminación, formas agravadas de vulnerabilidad: El caso Gonzales Lluy y otros vs. Ecuador". *IurisDictio*, nº 18, dez. 2016.

VERA, Oscar Parra. "La jurisprudencia de la Corte Interamericana respecto a la lucha contra la impunidad: algunos avances y debates". *Revista Jurídica de la Universidad de Palermo*, ano 13, nº 1, nov. 2012. Disponível em: www.corteidh.or.cr/tablas/r30797.pdf. Acessado em: 27.11.2023.

VIÑAS, Miriam Henríquez; ANTONIAZZI, Mariela Morales (Coord.). *El control de convencionalidad*: un balance a 10 años de Almonacid Arellano vs. Chile. Santiago de Chile: Der, 2017.

VON BOGDANDY, Armin; MC-GREGOR, Eduardo Ferrer; ANTONIAZZI, Mariela Morales (Coord.). *La justicia constitucional y su internacionalización*: hacia un ius constitutionale commune en América Latina? México: IIJ-Unam, 2010.

YSERN, Enrique Rivero; MUÑOZ, Jaime Rodríguez-Arana. *El compromiso social del derecho administrativo*. Madrid: Bubok, 2016.

ZANOBINI, Guido. *Corso di diritto amministrativo*. Milano: Giuffrè, 1958.

A Editora Contracorrente se preocupa com todos os detalhes de suas obras! Aos curiosos, informamos que este livro foi impresso no mês de março de 2024, em papel Pólen Bold 90g.